U0504183

2014年广州市宣传文化出版
资金资助项目

A Study on the Mechanism and
Organizational Strategies of
Social Work to Involve in the Hazards

灾害社会工作

介入机制及组织策略

周利敏 著

社会科学文献出版社
SOCIAL SCIENCES ACADEMIC PRESS (CHINA)

摘　要

　　近年来，随着灾害的频发，灾害研究日益成为国内外学术界相当感兴趣的议题，过去很少被重视的灾害社会工作研究也逐渐从边缘成为研究的主流。本书的研究问题是：社会工作组织介入灾害的机制是什么？灾害社会工作实务模式有哪些？社会工作组织灾害服务策略有哪些？如何反思这些年的实务经验和提炼本土理论？本书主体部分分为七章，每章主要内容如下。

　　第一章是全文的导论，对国外与国内有关灾害社会工作、灾害社会学的理论进行了综述，论述了研究问题的提出逻辑与依据，接着提出全文分析思路，也对研究对象、研究方法和实证研究等方面作了交代，为论文的写作做进一步铺垫。本章强调国内学者已经注意到社工非营利组织的重要性，但将社工非营利组织引入灾后重建的研究却才刚刚开始，在实践中社工非营利组织参与灾后重建也不是一种普遍现象，还没有形成良好的氛围，因此，本研究具有一定的理论和实践意义。

　　第二章主要探讨了灾害服务中社会工作组织的介入问题。首先，社会工作组织介入角色主要包括资源输送者、服务支持者、资源整合者、建构者、心灵重建者、增权者、个案管理者和规划倡导者等。其次，社会工作组织介入类型主要分为组织性与非组织性两类，从介入的主导力量看则可分为政府主导、社会组织主导和高校主导等模式。再次，灾害社会工作服务介入阶段主要有准备计划期、紧急救难期、危机处理期、灾后应变期、短期安置期和后期安置期等，社会工作组织需要具备组织化、专业化和可持续发展能力才能有效介入。同时，本土化、制度化和社会化是社会工作服务持续介入的三个突破口。最后，本章认为在灾害服务中引入增权理念，能够增强灾民自我发展和自我解决问题的能力。

第三章主要探讨了灾害社会工作的介入范围及服务对象，灾害社会工作服务范围往往比较广泛和复杂，它主要有心理抚慰、社区重建、社会就业、社会救助、学校教育服务、社区营造和医疗卫生服务等，灾害社会工作服务对象主要包括丧亲群体、青少年群体、老年人群体、残疾人群体及妇女群体等，社工应该根据这些群体的不同特性开展有针对性的服务。本章强调灾后重建不仅需要物质援助、身体治疗和政府关心，更需要专业人士的心灵抚慰、压力疏导和情绪宣泄等，以帮助灾民缓解压力和恢复心理健康，精神上的救助往往比物质救助更为重要。

第四章主要探讨的是灾害服务的社会工作方法问题，本章认为在目前状况下，社工组织主要以直接或初级服务为主，直接面对案主，在接触过程中达到服务目的，如个案工作、小组工作、社区工作及各种治疗、辅导和咨询等方法。其中，灾害个案工作的原则主要有案主参与、照顾协调、资源整合和包裹式服务等。灾害小组工作主要有青少年成长团体、单亲妇女支持团体和悲伤辅导团体等形式，小组工作服务内容主要有音乐治疗、家庭服务、教育成长、技能传授和团康游戏等。灾害社区工作内容主要包括调查社区需求、建构社区组织、住房与社区自治辅导、链接社区资源、社区教育服务、建设社区信息平台和培养社区意识等。社区工作的目标是社区营造，它不只是营造一个社区，更需要营造一个新社会，营造一种新文化和营造一个新的人。

第五章主要探讨的是灾害服务中社会工作组织的组织策略问题。本章认为通过公私协力策略即建构政府—民间、民间—民间的联系桥梁，充分动员和整合公私部门的专业人才、技术等资源形成的协力组织能发挥整合性力量，从而达到公私共同参与灾害救助的效果并将灾害损失降到最低。社会资源整合策略主要有倡导、沟通、联合工作、合作、协调、增权、网络工作和建立伙伴关系等，这种策略期待为共同目标进行适当的改变，并通过分享资源、权力及权威一起实现目标。社会工作专业要实现社会服务、社会支持和助人自助的目标和功能，在地化是必需的条件之一。因此，社会工作者需要开发和培育当地的社工人才资源，为灾后重建服务提供可持续的人力资源保障。

第六章主要探讨了灾害社会服务的危机管理策略问题。首先，本章从社会工作、灾害危机发生机制和应对策略入手探讨了灾害危机预防、预警、监测、应对规律及策略等。其次，社会工作危机介入包括减灾期、整备期、应变期和复原重建期等四个阶段，心理创伤危机干预则包括高危人群的识别、了解创伤后的正常反应、施压与纾解、恢复安全感、心理降压技术、心理干预原则和心理干预行动等，社会工作者应在"全人"视角下整合不同专业和不同资源为案主提供全面而深入的心理服务。最后，本章强调社工组织如果在灾害服务中找到合适的切入点，就能"化危机为转机"，不仅有利于提高社会工作的社会认同，而且能促进社会工作专业化和职业化的深入发展。

第七章是结论部分，本章认为在灾害社会工作服务中主要存在三大问题，第一个是社工组织自身的问题，如组织的功利性、组织教育、公平政策倡导、专业性、社会认同和在地深耕性等问题。第二个问题是服务危机问题，主要有服务对象、服务效率、服务融入性、服务持续性、服务不均衡性、服务布局、发展预防及受灾群众转化等方面的问题。第三个问题是灾害社会工作的服务制度问题，包括服务经费制度、服务标准和服务介入制度原则等方面的问题。本章最后强调社工组织需要在多变的灾害环境中选择不同的介入机制和行为策略，通过"自省"和"自我观照"等方式，为组织发展提供良好的机遇。

关键词：灾害　灾害社会工作　灾害服务　灾害介入机制
灾害组织策略

ABSTRACT

Hazards, because of their frequent occurrence have attracted world-wide attention. Accordingly, study on hazards has been the main field of social work. The main points of this project are as follows: How does the social work intervene in the hazards? What are the practical modes in the social work for hazards? What are the organizational strategies of the social work institutions in offering services to victims? The main body of the paper is divided into seven chapters.

Chapter 1 is the introduction to the paper. It mainly deals with the review of the theories on social work for hazards at home and abroad. It analyzes the basis and framework of the study. It also discusses the object, methods and the empirical research of the study, thus laying a good foundation for the whole paper. Domestic scholars have paid attention to the importance of non-profit organizations of social workers, but the study on how to introduce such organizations into the reconstruction after disaster has just begun. In practice, it is not common for such organizations to intervene in reconstruction after disasters, so this study is of great significance in practice and theory.

Chapter 2 discusses how social work organization intervene in services for disaster. First, social work organizations play such roles in offering services as resource transportation, service providers, resources integration, constructors, psychical reconstructors, empowerment, case administrators and plan advocators. Second, the way for social workers to intervene in the reconstruction after disasters include organizational and non-organizational ones. Dominant force of reconstruction includes government, social organizations and higher educations institutions. Third, the stages of involvement of social work organizations are as follows: planing and preparation, emergent assistance, crisis management, action in emergency after disaster, short-term and later arrangement. Social work organizations should be systematic, specialized and sustainable, and only in this way, can they intervene in reconstruction effectively. Besides, the breakthroughs for sustainable involvement of social work organization should be localization, institutionalization and socialization. Last but not the least, the paper maintains that the introduction of the concept of empowerment will be helpful to strengthen victim's ability to find out and solve problems.

Chapter 3 discusses the scope and objective of the involvement of social work organizations. The involvement of social work includes psychological comfort, community reconstruction, employment, social assistance, school education, community building and medical service. Social work organization offers service to the bereaved, the young, the old, the deformed and woman. The paper argues that the victims not only need material assistance, physical treatment and care from government in the reconstruction after disasters, but also they need psychological comfort, pressure ease, emotional outlet to ease their pressure and recover their mental health. Therefore, we believe that spiritual assistance is much more important than material assistance.

Chapter 4 deals with the methods for the social work to intervene in the hazards. The paper maintains that the social work institutions achieve their goal by providing the victims direct or basic service, such as case work, team work, community work and various kinds of treat ment, tutorship and consultation. Case work on hazard, which includes group for the growth of juveniles, group to support single mothers and group to comfort client's sadness, operates on the principle of the client's participation, coordination, resource integration and package service. It offers treatment with music, provides family with service, gives advice on education and growth, instruct skills and play some games for building teamwork spirit. The content of social work for disaster includes survey on needs of community, construction of community organization, guidance for housing and community self-government, linking community resources, community education, establishment of information platform of community and development of community awareness. The goal of social work on hazard is to build a community. But such community building is not just a community—it is to build a new society, a new culture and a brand new person.

Chapter 5 deals with the organizational strategies of the social work institutions in providing victims with service. The paper argues that we can build a bridge between government and non-government, non-government and non-government to form kinds of cooperative organizations to display their integrated power by fully advocating and integrating the professionals and technology in the governmental and non-governmental organizations. In this way we can minimize the damage from hazards. Strategies for resource integration include advocacy, communication, united job, cooperation, coordination, power strengthening, online work and partnership building and so on. We can make some changes to such strategy for the common goal and achieve our goal by sharing resources, power and authority. In addition, social work needs its localization to hit its target of providing social service, social support and help others help themselves. Social workers are supposed to develop and cultivate social workers in local areas to ensure the sustainable human resources for the re-construction of hazard-struck areas.

Chapter 6 discusses the strategies for crisis management of social services in disasters. First, the paper discusses the law and strategies of prevention, warning, monitoring of and response to disasters from the perspective of social work, disaster occurrence and response strategies. Second, the involvement of social work in disasters experiences four stages, namely, relief, preparation, response and reconstruction. The psychological trauma of crisis intervention includes identifying people of high-risk, knowing normal reaction after trauma, regaining sense of safety, easing psychological pressure and having some ideas of principles and ways of psychological intervention. Based on the idea of people first, social work should integrate different majors and resources to provide in-depth psychological service for victims. Finally, we argue that if social work organizations can find out the breakthrough point in the involvement of disasters, they can find a turn to crisis, which will not only improve social identification for social work itself, but also benefit the further development of social work as a profession.

Chapter 7 is the conclusion of the paper. It especially emphasizes the integration of social work into the local cultures. The separation of social work institutions from the local cultures is an unavoidable problem we are faced with. At the same time, we are expected to pay attention to the duration of social work in offering service to victims. The paper also argues that the social work institutions should choose different strategies according to the changeable environment of hazard through the way of self-examination and self-reference. By doing so, we can not only provide the institutions with a good chance to develop, but also make the social work major accepted by the public. In a word, social work institutions' involvement in the hazard can offer itself a good chance for its development.

Key words: hazard, social work on hazard, hazard service, mechanism for the involvement in hazards, organizational strategy in hazards

前　言

　　近年来世界范围内重特大灾害频频发生，引起了政府、学界和社会各界的高度关注，尤其是 2008 年四川大地震的发生更是引起了各界前所未有的重视，社会工作研究领域也是如此。对于我来说，研究灾害社会工作是一种偶然，也是一种必然。2006 年博士毕业之后我来到广州大学工作，年底我所在的公共管理学院发动老师们申报 2007 年教育部课题。当时，我刚刚博士毕业，没有多少项目研究经验，在选择课题题目时非常纠结，到底是进一步深入研究博士期间所从事的主题，还是另辟蹊径寻找新的领域？这让我陷入左右为难的境况，以至于久久无法确定。

　　其实，在攻读社会学博士学位的时候，我就对灾害产生了浓厚的兴趣。2004 年我读博士一年级，这一年恰好发生了印度洋大海啸，对沿岸国家和地区造成了巨大破坏，引起了世界各地的高度关注，国内新闻媒体进行了铺天盖地的报道。2005 年又发生了印度孟买洪灾及巴基斯坦北部地震，这些引起了我极大的兴趣。我认为社会学应及时对这些社会"热门""要命"的"真问题"进行回应，并提供自己的独特视角和新的解释框架，为进一步丰富这一领域的研究作出积极贡献。当我带着这股冲动查阅中国期刊网时，却发现国内灾害社会学的研究非常少，心中就有了做一点相关研究的想法。但是，由于当时专业学习、课程论文及博士论文任务非常繁重，我只是加以关注，却无暇顾及，一时只能作罢。

参加工作之后，博士论文事宜已经告一段落，我又有时间来考虑深藏在心中的灾害研究兴趣问题。在久久不决之后，我也终于下定了将重心转移到这一方面来的决心。如何进行灾害研究，如何发现耳目一新的选题及找到研究突破口呢？我查阅了大量文献，进行了一段长时间的认真思索。虽然当时有一些视角和选题可供参考，但每次在小冲动之后再细细思考，却始终无法找到彻底让我兴奋的选题。我所在的广州大学公共管理学院社会学系培养的是社会工作本科生，我本人也担任着相关方面的教学任务。说实话，刚刚毕业的我对于这一领域的教学和研究还有一些陌生。但我突然有了灵感：能不能将灾害与社会工作结合起来研究？既能满足我灾害研究的兴趣，又能将教学和科研有机结合起来，从而取得一举两得的效果，这一想法令我兴奋不已。

接着就是查阅相关文献，在中国知网未曾发现灾害社会工作相关研究论文（或许查阅遗漏所致），我虽然受到新的启发，但存在着难以着手的现实。于是，我只能开始大量查阅国外、我国香港和台湾方面的文献。结果是相当令人惊喜的，虽然研究成果不多，但毕竟有了一些重要的研究文献。尤其是台湾1999年9月21日南投县发生的集集大地震，台湾社工界积极参与灾害服务，不仅积累了宝贵的实务经验，也涌现了一批研究文献。有了这些研究基础，我便坚定地将灾害社会工作作为新的研究突破口。其实，这时也遇到了一个小小的困惑，到底是用"灾变社会工作""灾难社会工作"还是"灾害社会工作"，国外及我国港台地区使用不一，前二者使用比较普遍，后者则相当稀少。我最终还是选择了"灾害社会工作"这一概念，当时觉得这一概念更加直接明了，更能贴合研究需要。但现在想来，"灾难社会工作"可能更合适一些，它既包括自然灾害，又包括人为灾害、社会灾害及各种灾害等，这也是我今后进一步深入研究的方向。

经过几个月的努力，课题申请书终于完稿。虽然缺乏相关的前期研究成果，与灾害直接有关的论文更是一篇也没有，但我对于这一课题立项充满了信心，其所具有的前瞻性、创新性和重要性不言而喻。果不其然，2007年5月这一项目获得了教育部的立项，得知消息的当天，我的心情既激动又平静，这对于刚参加工作的我来说是一个极大的激励，但我又觉得这一切是水到渠成。那时候提灾害社会工作概念，还存在着一些争议。在参加学术会议时，一些学者认为这一题目应改为"社会工作介入灾害服务"，"灾害社会工作"有生造词、制造和炒作概念之嫌。这也可以理解，毕竟在2008年以前大陆社工界还从来没有介入过灾害服务领域。随着南方冰雪灾害的发生，尤其是2008年"5·12"四川大地震发生后，灾害社会工作一下成为新兴的研究领域和一时之显学，频频出现在各种媒体和社会工作研究领域中。这是我所始料不及的，没有想到这一概念在国内"从无到有""从有到热"的速度如此之快，也非常感谢教育部社科司对这一课题的立项支持，这充分反映了其对创新课题的大力支持。

自此之后，我以灾害社会工作研究为起点，逐渐将研究领域扩展到灾害社会学，先后在CSSCI期刊发表了十多篇论文，从公私协力机制、灾害救助、非营利组织、非正式参与途径、本土化社会工作实务、集体行动、柔性治理、经典灾害社会学、社会脆弱性、社会建构主义、非结构式减灾、复合型灾害、复合型减灾、无察觉危机、社会情绪共振和风险社会等视角对灾害进行了系列研究，致力于立足国内灾害社会科学研究前沿，紧跟国外研究的最新动态，我也因此终于有了自己的研究特色、研究专长和研究领域。

毋庸置疑，这一专著无论在理论上还是实务上都存在着许多不足。由于国内实务经验和理论研究的长期缺乏，灾害社会工作服务处于"边做边学"和"边学边做"的状况，这不仅降低了服务质量，而且也制约了理论研究的深度与广度，也使得本专著的后续研究非常有必要。因此它可被视为一种探索性研究，目的是要发现真相并进行广泛讨论,进而整理实务经验并进行积极的学术研究,以累积灾害社会工作本土性知识,为未来相关服务或研究提供重要的实务借鉴和理论参考。

以上,是为自序,敬请学界同仁批评指正。

周利敏

2014 年 3 月 28 日于广州大学城广州大学榕轩居室

目　录

第一章
导　论

第一节　研究缘起

自古以来，任何社会都逃避不了各种各样灾害的侵袭，无论是自然灾害，还是人为灾害。尤其是现代以来重特大灾害更是频繁发生，如美国 1998 年中部的飓风"米其"及 2005 年的"卡特丽娜"飓风都造成了上万人的死亡。2003 年，热浪迅速蔓延到法国、意大利、德国、葡萄牙和西班牙等国，在热浪中死去的人数大约为四万五千人。到 2004 年底，南亚发生了波及七个邻近国家的大海啸，死亡人数总计超过一万四千人。海地大地震死亡人数更是达到空前的二十三万人。根据国际红十字会报告，近几年来每年全球天然灾害造成的伤亡人数屡次突破了过去的纪录。

在我国历史上，基本上所有省、市和自治区都发生过 6 级以上的地震[①]。尤其是近些年来，我国重特大灾害不断发生，有将近四分之一的国土和一半城市位于地震基本烈度 7 度以上的地区。如 2008 年初南方冰冻灾害、2008 年四川大地震、2010 年"4·14"青海玉树大地震、2010 年"8·7"甘肃舟曲泥石流和 2013 年"4·

---

① 周昌祥：《灾害危机管理中的社会工作研究——以中国自然灾害危机管理为例》，《社会工作》2011 年第 2 期，第 19 页。

20"四川芦山大地震等，这些重特大灾害损失程度和救灾难度实属历史罕见，对我国经济社会发展造成了巨大冲击。

在灾害救助过程中，一些学者过于重视政府角色的扩张，围绕庞大科层体制进行探讨而忽略了非营利部门这一重要的组织。人们往往重视政府自上而下的正式援助，而忽略了自下而上的民间社工非营利组织的非正式参与行为。虽然，一些学者对非营利组织尤其是社工组织能否在抗震救灾过程中扮演重要角色仍然有质疑，但本研究认为，根据国外经验及中国逐渐向"市民社会"转型的现实，社工组织在灾害救助中的地位将会日益突出。一方面，社工组织具有扁平式弹性结构，因此能迅速介入灾害救助工作。另一方面，它还具有自力救济（self-help）与自我组织（self-organization）的功能，在面临重大灾害时，能充分发挥人性的自助与助人精神，唤醒灾民自助意识和重新生活的勇气，使灾民从附属（subjection）到自主（subjectivity）。因此，诸如"5·12"大地震之类的灾害重建困境如果要真正得到破解，如果要真正建立应对未来的重大灾难及摆脱重建困境的有效途径，社工非营利组织的非正式参与就必须引起社会各界的高度重视。

美国和日本等国在20世纪末期经历的几次较大的地震灾害中都有社会工作组织参与灾害服务，如美国1989年旧金山大地震和日本1995年阪神大地震等。许多亚洲社工组织曾参与我国台湾地区1999年的集集大地震、2004年印度尼西亚海啸后的灾后心理支持和恢复重建工作。对于中国大陆灾害社会工作发展具有特殊意义的是2008年5月12日的四川大地震，这次8.0级特大地震灾害波及全国多个省市，同年9月4日国务院新闻办公室就汶川地震及灾害损失评估情况举行的发布会公布，四川省遇难人数达到69197人，失踪18341人，全国遇难者人数已超过8万人，受伤374643人，倒塌房屋和严重损毁不能再居住和损毁房屋涉及450万余户，千余万人无家可归，重灾区面积达13万多平方公里，导致直接经济损失8451.4亿元人民币。汶川大地震是新中国成立以来破坏性最强、波及范围最广和救灾难度最大的一次地震，也是进入21世纪以来全球人员伤亡最大的地震灾害，对经济和社会发展的"外部冲击"影响深远，同时还是中国社工界首次介入灾害服务过程，没有任何经验可以借鉴。初期的救灾与安置受到海内外各界与媒体的关注和投入，然而，进入灾后重建时期①社会各界关注热情逐渐冷却。与此同时，灾后重建项目繁杂、任务艰巨、周期长和所需资金巨大等特征也逐渐呈现出来。虽然政府的推动依然不遗余力，但灾后重建工作在实际过程中却遇到了重重困难。

因此，如何应对灾后重建困境，如何探索一条新的、高效的灾后重建之路，就成为政府、社会及学界共同关注的重大的理论和现实问题。2011 年中央 18 个部委共同出台了《关于加强社会工作专业人才队伍建设的意见》，明确了"党的领导、政府推动、社会参与、突出重点、立足基层、中国特色"的指导原则，其中就蕴含了通过发展民办社工非营利组织来吸纳社工专业人才的思路。2012 年 11 月，中国共产党第十八次代表大会也提出了"加快形成政社分开、权责明确、依法自治的现代社会组织体制"，并特别强调"引导社会组织健康有序发展"。因此，社工组织作为第三部门兴起的代表及现代社会组织体制的重要组成部分，需要大力培育与加快发展②。

对于社工界来说，如何有力、有序和有效参与灾害服务也成为自身发展及获得社会认同的重大问题。汶川大地震发生后，在没有统一规划和完整制度安排的情况下，社会工作界在专业使命感和社会责任感的驱动下参与灾害社会服务，初步形成和积累了灾害社会工作介入机制和模式的相关经验。到了今天，已经六年多了，民众对于灾难的记忆逐渐淡去，关注的热情也逐渐消退，为了使这类灾难事件的教训能更深远地影响这个社会，并且使此次实务经验成为组织学习的重要素材，学界应设法将灾难发生时

---

① 本书将灾后重建界定为涵盖公共建设、产业重建、生活重建与小区重建等四个部分。

② 韦克难、黄玉浓、张琼文：《汶川地震灾后社会工作介入模式探讨》，《社会工作》2013 年第 1 期，第 62－63 页。

繁琐复杂的表层现象进行有系统的分析和归纳。虽然在目前中国"强政府、弱社会"的社会脉络下，部分学者对灾后重建中的社工非营利组织功能相当质疑。但更多的学者认为在灾害重建中政府的能力其实相当有限，只有充分动员民间社会力量，才能有效地应对庞杂的灾后重建工作。中川翔子和肖（Nakagawa, Y. & Shaw）等学者认为，自下而上的民间非营利组织（如社工组织）能有效应对政府在减灾工作中无力顾及的各种问题，更可能在受灾公民与政府之间起到沟通桥梁的作用[①]。扎考儿（Zakour）将国际上灾害社会服务（disaster social services）的目标归纳为：提供所需资源给弱势与脆弱的人群，预防严重的身体健康与心理健康后果，联结个人与资源系统，使多种资源系统更具近便性，改变微观与宏观体系以增进案主福祉等，这些也是社工组织擅长的服务领域[②]。

　　国内学者已经注意到了社工非营利组织的重要性，但将社工非营利组织引入灾后重建的研究却刚刚开始。在我国，社工非营利组织参与灾后重建还不是一种普遍现象，还没有形成非常好的气候，非营利组织也没有能够完全有效彰显组织优势。正因为如此，才反映出本研究具有一定的理论和实践意义，能为灾害救助、灾后重建和灾害服务提供有益的借鉴。因此，在考虑国内外同行研究的基础上，本书力图回答这几个问题：第一，灾后重建为什么需要社工非营利组织参与，其介入机制或实务模式有哪些，如何反思其参与行为？第二，灾害发生后，社会工作者在面临压力情境时，个人如何去应对，回应压力的能力与方式又如何？第三，社会工作者如何在紧急救援、恢复秩序、长期重建等方面进行有效的角色介入、组织介入和服务模式介入等？

① Nakagawa, Y. & Shaw, R., Social Capital: A Missing Link to Disaster Recovery, *International Journal of Mass Emergencies and Disasters*, 2004, 22 (1): 5 – 15.

② Zakour, Michael, Geographic and Social Distance during Emergencies: A Path Model of Interorganizational Links, *Social Work*, 1996, 20 (1): 19 – 30.

第二节 研究综述

近年来，世界各地自然灾害（natural disaster）或人为灾害（man-made disaster）频频发生，使得灾害研究（disaster research）及灾害社会服务工作（disaster social service）成为国内外学术界相当感兴趣的议题。首先对自然灾害进行社会学研究的作品是地理学家怀特（Gilbert F. White）和社会学家汉思（J. Eugene Haas）在1975年出版的《自然灾难研究评鉴》（*Assessment of Research on Natural Hazard*），他们一改过去把自然灾害等同于"自然的或技术的危险"或"环境极端事件"，开启了跨自然科学与社会科学研究的先河。学者扎考尔指出，尽管如此，西方学界对于社会工作组织（简称社工组织）投入救灾行列却很少进行探讨①。

一 国外及中国台湾灾害社会工作研究综述

国外和中国台湾的灾害社会工作研究中，多数以个案研究及论述说明为主，一些学者根据不同的逻辑来整理灾害社会工作模式或工作站类型，还有一些学者从政府灾后重建政策、非营利组织角色、灾害后心理创伤与重建、社区重建、社区总体营造的运作及社会工作者自我反思与观察等角度进行了探讨。但是这些研究并没有深入探讨社会工作组织在灾害社会工作中的实务模式、介入机制与参与途径等，国外和中国台湾的社会工作研究的主要领域如下。

（一）灾害社会工作概念研究

灾害（disaster）是一种突发、无法预料及对家庭单位或个人身体安全造成严重威胁的情境，它会造成一系列严重后果，如打破原有社会秩序和造成人们死亡及财产损失，导致无家可归、失业、风俗破坏、经济活动和通讯受到严重影响。灾害不仅会在物

---

① Zakour, Michael, Geographic and Social Distance during Emergencies: A Path Model of Interorganizational Links, *Social Work*, 1996, 20（1）: 7-25.

质层面造成重大损失，还会在精神和心理层面造成危机。灾害形态可以分成自然与人为两种类型，自然灾害如台风、海啸、山崩、水灾、旱灾、寒害、龙卷风、地震和土石流等。人为灾害包括重大火灾，战争，爆炸，公用气体、油料与电气管线灾害，空难、海难与陆上交通事故，毒性化学物质灾害，汽油瓦斯外泄和瘟疫等。一般说来，大多数自然灾难表面上看是自然界形成的，实质上与人为因素密不可分。自然灾害与人为灾害相辅相成，甚至在一定程度上是相互转化的，二者不是非此即彼的关系。与灾害类型相对应的是灾区类型，主要有三种，即都市型集合式住宅区、农村型乡镇聚落及原住民部落等。

由于社工与灾区居民生活习惯及天然环境存在很大差异，因此，社工在介入灾害服务过程中可能会发展出不同的社会工作服务实务及理论内涵。在都市型集合式的住宅区，由于灾民较为集中，无论在人力资源还是资金上都相对充裕。而且，大多都有自救会组织或社区组织，社区组织、社区资源都较为发达。因此，灾民自主性较强，表达能力强，社区重建能够有步骤、有计划地快速推进。同时，还能够引进较多的相关专业人士，灾害服务资源能够较快地到达灾民手中。农村型乡镇聚落比前者更为分散，灾民相对缺乏救灾与重建信息、专业知识等。而原住民部落与农村型乡镇聚居村落相比，人口密度更低，聚居分布更加趋向分散，居民生活习性和土地资源条件与前二者差别更为明显。因此，一般性重建资源无法完全适用于这一地区。而且，由于原住民与汉族有不同的习俗与文化，很难运用一般模式而取得有效的服务成果[①]。

灾害严重地影响了民众生活，不仅在客观上会造成生命与财产损失，还会在主观上让民众觉得缺乏安全感，因此非常需要社

---

① 林世治：《部落培力社会工作重建模式之研究——以莫拉克风灾三地门乡生活重建服务中心的案例分析》，树德科技大学儿童与家庭服务系研究所硕士论文，2011，第11页。

会工作服务的介入。如果灾害没有给灾民造成主客观两方面的反应，则只能称为危险（hazard）而不是灾害[1]。事实上，灾害会打破原有社会秩序与阶层，灾害前资源较少的人往往在灾害发生过程中与发生后比一般人更容易受到伤害，脆弱性更高。并且自然灾害不一定是天然的，还有一些是人为的，如水灾和饥荒等，人为处置失当会进一步扩大人类遭受灾害冲击的程度[2]。

（二）灾害介入阶段研究

为了有利于灾害的介入和服务处理，目前社会工作界的理论和实务人士一般将灾害管理与服务工作分为四个相互连贯的阶段。

1. 灾前准备阶段（Preparedness）

这是培养和发展紧急管理能力的阶段，通过发展紧急操作系统而将生命损失与危险降到最低。在灾害发生前的预警阶段，社工需要使用这些工作方案，如大众教育、训练、演习和警报系统处理等。如果民众需要撤离原来居住的地方，就需要组织重建工作团队，为有需要的灾民提供紧急咨询及支持[3]。从组织层面而言，这一阶段还包括内部物资准备与工作准备及外部物资与沟通协调准备，主要分为物质与社会项目准备两部分。

2. 立即因应阶段（Response activities）

这一阶段是紧急救援阶段，也是灾害的暴发阶段，需要社会工作服务的直接介入，目的就是使个人和财物损失最少化。这一阶段的工作包括紧急救援、疏散、道路清除、食物与避难所的供应、医疗协助、危机咨询与处理和心理辅导等。这一阶段的时间一般不会超过二至三周，尤其是针对灾害的紧急救援。

---

[1] Coulter, M. L. & Noss, C. I., Prevention Social Work in Perceived Environmental Disasters, *Health and Social Work*, 1988, 13 (4).

[2] Wenger, D. E., Community Response to Disaster: Functional and Structural Alterations, *Disasters: Theory and Research*, 1996: 18 - 47.

[3] 林世治：《部落培力社会工作重建模式之研究——以莫拉克风灾三地门乡生活重建服务中心的案例分析》，台湾树德科技大学儿童与家庭服务系研究所硕士论文，2011，第13页。

3. 长期复原阶段（Recovery from disaster）

这一阶段属于中长期的灾后处理阶段，一般会持续好几年时间。灾后紧急救援的目的在于恢复与生命有关的最低服务，灾后重建工作则在于重建家园及恢复生计，协助灾区农产品在市面上的供应，恢复公共事业与医院基础建设，以便使社区恢复正常的生活[①]。

4. 过渡缓和阶段（Mitigation）

这一时期是从上一次灾变后的重建到准备应对下一次灾变期间，这一阶段的主要任务是减小灾害发生的可能性及减轻灾害冲击后果，主要包括提供预防长期性危机的方案，如重新安置灾民到非断层区，强化建筑物相关法规，进行减少灾民损失的各项建设及相关教育等[②]。缓和期及准备期会影响反应期和重建期的措施，因此有效的预防和准备应做好适当的应变处理，可以间接减少重建时期所需要的人力和物力等资源。这四个阶段之间是相互关联和相互影响的[③]。

（三）社工介入方法研究

皮科克（Peacock，W. C.）等人对美国佛罗里达南部（South Florida）"安德鲁"飓风（Hurricane Andrew）从灾害和复原（disaster and recovery）两个角度进行了研究[④]，指出社会工作者在灾后重建中提供的是儿童保护、妇女服务、长者服务、残疾人服务、家庭服务和心理服务等内容，使用的方法包括陪伴家属、评估、处理、倡导、安排案主治疗和注意团队成员的状况，处理的目的是协助案主表达感觉以减轻焦虑，传达希望信念并提醒案主"危

① 林世治：《部落培力社会工作重建模式之研究——以莫拉克风灾三地门乡生活重建服务中心的案例分析》，树德科技大学儿童与家庭服务系研究所硕士论文，2011，第 12 页。
② Webster, S. A., Disasters and Disaster Aid, *Encyclopedia of Social Work* (19*th*), Washington D. C.：NASW, 1995：761–771.
③ Banerjee, M. M. & Gillespie, D. F., Linking Disaster Preparedness, *Journal of Community Practice*, 1994, 1 (3)：129–142.
④ Peacock, W. C. et al., *Hurricane Andrew：Ethnicity, Gender and the Sociology of Disasters*, New York：Routledge, 1997.

机终有结束之日"。

（四）社工介入角色研究

许多国家（地区）对于社工非营利组织在灾害援助与灾害管理过程中的积极角色给予了充分肯定。普特南[①]、中川翔子和肖认为以公民自愿参加为基础形成的公民组织在灾后恢复中扮演了重要角色[②]。穆罕默德和卡里姆指出，无论在紧急救援阶段、准备阶段和缓解阶段，还是在灾后恢复重建阶段，社会工作者在帮助地震中的受灾群众时都扮演着不可或缺的角色[③]。社会工作者在灾害服务中通常扮演着教育者，使能者，增权者，信息提供者，个案管理者，团体、社区组织者，行政者和倡导者等多重角色。

（五）社工介入目的研究

李（Lee）指出在实践过程中，专业社工是弱势群体的工作伙伴，能够唤醒灾民意识、采取行动并反思实践[④]（见图 1 - 1）。社会工作介入灾害服务的主要目的有：支持受灾个人及家属，协助个人与资源链接，增加多元性资源的可及性，防止更严重的身心健康问题，预防个人、家庭、团体、组织和社区的瓦解，改变微观与宏观系统提升受灾居民的福祉[⑤]。社会工作服务的目标是回应灾民救助、照料、辅导、维权和增能等需求。在东亚一些国家，社工甚至在灾害紧急救助与服务过程中成为政府替代者而发挥着关键作用。

（六）社会工作服务功能研究

克兰德曼斯认为小规模、非正式及非阶层式的社工组织由于

---

① Putnam, R., *Making Democracy Work: Civic Traditions in Modern Italy*, Princeton: Princeton University Press, 1993.

② Nakagawa, Y. & Shaw, R., Social Capital: A Missing Link to Disaster Recovery, *International Journal of Mass Emergencies and Disasters*, 2004, 22 (1): 5 – 15.

③ Mohammad R. I. & Kazem G., Social Work in Working with Survivors of Earthquake: A Social Work Intervention: Iran, *Social Workand Society*, 2005 (2): 265 – 272.

④ Lee, J. A., *The Empowerment Approach to Social Work Practice*, New York: Columbia University Press, 1994.

⑤ Zakour, M. J., Disaster Research in Social Work, *Journal of Social Service Research*, 1996, 22 (1), 7 – 25.

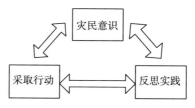

图 1-1　专业社工介入目的及功能

强调自力救济（self-help）及自我组织（self-organization），因而能更好地为灾民提供服务①。罗巴德斯等学者强调在社会工作灾后介入和研究中应澄清和准确预测不同组织之间协作的重要性②。哈勒尔和扎考儿认为，灾后非正式组织和自助网络有助于提升人们对灾害反应的参与，尤其是在孤立和边缘化的社区③。

雷扎（Reza）指出，社会工作服务是灾害援助和恢复重建的重要组成部分，可以在宏观、中观和微观层面发挥积极作用，如组织社区恢复、寻找项目、筹集津贴、倡导政策和寻求支持等。具体而言，社会工作在灾害服务过程中发挥着如下功能：第一，支持个人与家庭；第二，为有需要的个人和群体链接和获取资源；第三，预防严重的身体和心理问题的发生；第四，预防个体、家庭、团体、组织和社区的解体；第五，通过对宏观和微观系统的改善，以提升受灾群众的福祉④。

中国台湾社会工作者在 1999 年"9.21"大地震中积极参与灾后救援和重建工作，社会工作者除了扮演传统上的福利服务提供

---

① Klandermans, B., New Social Movements and Resource Mobilization: The European and the American approach, *International Journal of Mass Emergencies and Disasters*, 1986 (4): 13 - 37.

② Robards, K. J., Gillespie, D. F. & Murty, S. A., Clarifying Coordination for Disaster planning, in M. J. Zakour, ed., *Disaster and Traumatic Stress Research and Intervenetion*, New Orleans, LA: Tulane Studies in Social Welfare, 2000,: 41 - 60.

③ Harrell, E. B. & Zakour, M. J., Including Informal Organizations in Disaster Planning: Development of a Range-of-Type Measure, *Tulane Studies in Social Welfare*, 2000: 21 (2): 61 - 83.

④ Reza J., Social Work Responses to Earthquake Disasters: A Social Work Intervention in Bam, Iran, *International Social Work*, 2007 (3): 334 - 346.

者角色外，更需要发挥紧急支持、反映需求及资源整合协调的功能①。台湾许多民间组织通过各种方式积极参与灾后重建，配合政府部门进行重建的募捐、规划和总结等多项工作，在灾民家园的重建和灾民的心理康复等多方面发挥了积极作用。

（七）社会心理服务研究

国际上社会工作介入灾害有三种社会心理实践模式（psychosocial intervention practice models）。第一种是创伤后应激障碍临床模式（the PTSD lens）。这一模式主要强调受灾个体的病理学特征，从社会工作的视角来看，这一模式缺乏对灾害发生与持续过程中社会和政治脉络的关注，即只强调受灾群体的个体化特征而忽视了其社会性特征。第二种是支持性辅导模式（supportive counseling），这一模式强调为受灾群体提供一个分享他们经历与感受的机会，通过对话的方式缓解或消除他们的焦虑和悲伤。但是，面对大规模的受灾人群时，这种耗时和耗力的工作模式显得不切实际。第三种是社区发展模式（community development）。这一模式弥补了上述相关模式的不足，被国际上灾害社会心理干预工作者所引介和推广，它强调对社区民众的包容，进而通过鼓励社区参与灾害救助的所有过程，包括相关项目的设计、协调和评估等，以改善受灾地区的物质和社会条件，并进一步增进受灾群体的情绪和心理福祉，从而促进受灾地区的可持续发展。

（八）民族地区灾害社会工作研究

民族地区灾害社会工作的生活模型研究主要有：第一，生活模型分析。逻辑起点是个人的生命历程与环境的不同层面进行交换和相互适应。第二，生活模型分析的前提是承认生活压力源，即认为在与环境互动过程中个人经历生活压力，从而影响个人与环境的调和程度。生活压力源主要包括三类，即生活转变、环境压力和人际交互问题。第三，当压力源对个人与环境的适应构成

---

① 冯燕：《台湾 9.21 灾后重建中的社会工作》，http：//www. kahabu. url. tw/work-station/03_ reconstrac，2008 - 5 - 17。

非预期负面影响时，个人需要对这一压力源进行两个阶段的评估，阶段一是对压力源及压力的严重程度进行评估，阶段二是对已有的可用于回应压力源的个人及社会资源进行评估。第四，应对与反馈，即个人通过改变自身、改变环境或改变自身与环境的互动应对压力，而环境及个人的心理情绪反应成为评量应对成功与否的反馈①（见图1-2）。

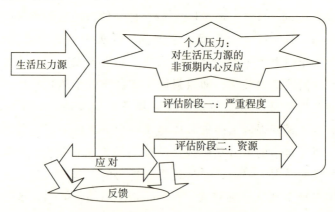

图1-2　社会工作介入的生活模型

二　灾害社会学研究综述

近年来，世界范围内重大灾害不时发生，"自然反扑"现象明显增加，引起社会和学界的高度关注。尤其是2005年美国政府对"卡特丽娜"飓风救灾失败以来，西方灾害社会科学研究有了新的繁荣和长足进步，过去很少被重视的灾害社会学（sociology of disaster）逐渐从研究边缘成为主流社会学研究的重要议题②。最先对灾害进行社会学研究的是美国学者普林斯，1920年他在社会学博士论文中论证了轮船爆炸事件所造成的社会后果。1942年，美国著名社会学家索罗金在

---

①　严樨：《民族地区灾害社会工作介入路径分析》，《社会工作》2013年第1期，第65-70页。

②　Fischer, H. W., *Response to Disaster: Fact versus Fiction & Its Perpetuation-The Sociology of Disaster*, Lanham: University Press of America, 1998: 1-12.

《灾祸中的人与社会》一书中探讨了革命、战争、瘟疫和饥荒对人们的心理、行为、生活、社会组织和社会制度等方面的影响。从那以后，西方灾害社会学研究形成了三个基本学派，即"经典灾害社会学"学派、"社会脆弱性"学派和"社会建构主义"学派（见图1-3）。

图1-3 灾害社会学发展脉络

我国对地震的社会学研究可以追溯到20世纪70年代，随着罕见的2008年四川"5·12"特大地震的发生，灾害社会学研究也引起了国内学者的重视，日益成为社会学研究的新兴领域。目前国内研究主要集中于社会资本、社会网络、集体行动、风险社会、社会组织、社会动员和社会心理等视角[1]。这些视角或范式基本属于经典灾害社会学范畴。赵延东认为自然灾害具有复杂的社会属性，并引入"社会资本"这一社会结构性资源的概念分析社会资本在灾害中的角色和作用[2]。根据大型社会调查结果，他全面分析了微观和宏观两个层面的社会资本在受灾社区居民灾后恢复过程中的作用，而对社会脆弱性的研究较为缺乏[3]，社会建构主义更是

① 周利敏：《灾后重建中的非营利组织与非正式参与途径》，《大连理工大学学报》（社会科学版）2010年第2期，第58-62页；周利敏：《公私协力：非协调约束下公私灾害救助困境的破解》，《中国地质大学学报》（社会科学版）2009年第2期，第78-82页；周利敏：《灾后重建中社工组织多元角色的实践与实务模式选择》，《华南农业大学学报》（社会科学版）2009年第3期，第104-109页；周利敏：《灾害集体行动的类型及柔性治理》，《思想战线》2011年第5期，第92-97页；周利敏：《从结构式减灾到非结构式减灾：国际减灾政策的新动向》，《中国行政管理》2003年第12期，第94-100页。

② 赵延东：《社会资本与灾后恢复——一项自然灾害的社会学研究》，《社会学研究》2007年第5期，第23-60页。

③ 张倩：《牧民应对气候变化的社会脆弱性——以内蒙古荒漠草原的一个嘎查为例》，《社会学研究》2011年第6期，第11-19页；周利敏：《从自然脆弱性到社会脆弱性：灾害研究的范式转型》，《思想战线》2012年第2期，第11-15页；周利敏：《社会脆弱性：灾害社会学研究的新范式》，《南京师大学报》（社会科学版）2012年第2期，第20-28页。

如此。就已有的灾后重建研究来看，重视直观经验的研究较多，而深层次的理论探讨极为缺乏。

形成这一局面的重要原因是国内学界对于这三个重要学派的研究严重不足，导致研究视角过于集中于某一学派，研究无法及时与国际前沿接轨。本书强调只有深入研究西方灾害社会学的基本学派及发展脉络，才能真正推动灾害社会学研究的进一步发展，才能对灾害作出更有洞察力和前瞻性的研究。在对西方灾害社会学文献梳理的基础上，本书试图回答以下几个基本问题：经典灾害社会学、社会脆弱性及社会建构主义三个学派的主要内涵是什么？它们的主要观点有何异同？理论优越性与局限性是什么？各自适应的边界在哪里？下文将详细论述之。

（一）经典灾害社会学研究

灾害研究的文献并非始于社会科学，1889 年的宾州大坝崩溃事件、1906 年的旧金山地震与火灾、1923 年的关东大地震到 1950 年代美国西部超级龙卷风所造成的灾害都曾经留下相当丰富的文献①，至今相关研究历久不衰。最早的灾害研究多来自参与救灾的政府官员、红十字会等社团领袖、新闻记者和自然科学家等，其中不少著作抱持素朴的（naive）自然主义观点，认为人类理性有限、对自然的理解不足，将灾害视为自然力量的反扑。在这些论述中，灾害成为"天灾"（natural disasters），人类则是被动的接受者②。如同社会阶层化等社会学其他重要分支，芝加哥大学的美国全国民意调查中心（National Opinion Research Center，简称 NORC）的学者们最早在第二次世界大战后投入这个领域，但这个时期的灾害社会学，无论是研究者还是主题都较为分散。

从社会学角度研究灾害始于 20 世纪初，最早的自然灾害还是社会学研究可以追溯到美国的 S. 普林斯。1920 年他发表了论证加

① Stalling, R. A., Weberian Political Sociology and Sociological Disaster Studies, *Sociological Forum*, 2002, 17（2）：281 – 305.

② Wisner, B. P., et al., *At Risk: Natural Hazards, People's Vulnerability and Disasters*, NY: Routledge, 2004.

拿大轮船爆炸事件造成的社会后果的论文。1942 年美国社会学家
P. 索罗金出版了《灾祸中的人与社会》一书，探讨了战争、革
命、饥荒和瘟疫对人们的心理过程、行为、社会组织和文化生活
的影响，提出了灾害研究的理论架构。随后有关灾害的研究逐步
扩展。进入 20 世纪 80 年代，对于灾害的研究在全球范围内广泛开
展。1963 年夸兰泰利等人在俄亥俄州立大学设立灾难研究中心
（Disaster Research Center, Ohio State University）之后，灾害社会学
才逐渐建制化。1985 年移师特拉华大学（University of Delaware）
之后，DRC 仍长期主导灾难社会学的发展[1]。这个中心被称为灾害
研究学者的苗圃（seed bed），累积了系统性的实证数据与丰硕的
研究成果[2]。

从 1960 年代开始逐渐壮大的灾害社会学或广义社会科学的灾
害研究，首先厘清了所谓的"灾害"（disaster）的概念或定义[3]，
开宗明义强调所有灾害都是社会性的，涉及政治、经济与文化等
因素而非仅物理因素，灾害的冲击引起人类社会体系的变化，如
社会学者所强调的社会秩序的干扰[4]，一直是研究的焦点。他们也
试着对灾害情境或灾害组织进行分类，并探讨了灾害的后果与灾

---

[1] Tierney, K. J. , From the Margins to the Mainstream? Disaster Research at the Cross-roads, *Annual Review of Sociology*, 2007, 33: 503 – 525; Perry, M. , Natural Disaster Management Planning: A Study of Logistics Managers Responding to the Tsunami, *International Journal of Physical Distribution & Logistics Management*, 2007, 37 (5): 409 – 433.

[2] Kreps, G. , Sociological Inquiry and Disaster Research, in *Annual Review of Sociology*, 1984, 10: 309 – 330.

[3] Kreps, G. , Disaster as a Systemic Event and Social Catalyst, In Quarantelli, Enrico L. , ed. , *What is a Disaster? Perspectives on Question.* London: Routledge, 1998; Hewitt, K. , Excluded Perspectives in the Social Construction of Disaster. In Quarantelli, Enrico L. , ed. , *What is a Disaster? Perspectives on Question.* London: Routledge, 1998.

[4] Kreps, G. A. & Drabek, T. E. , Disasters are Nonroutine Social Problems. *International Journal of Mass Emergencies and Disasters*, 1996, 14 (2): 129 – 153; Stallings, R. , Disaster and the Theory of Social Order, In Enrico L. Quarantelli, ed. , *What is a Disaster? Perspectives on Question. London*: Routledge, 1998: 6 – 135.

后重建的组织绩效①。爱特斯坦（Edelstein）利用档案数据与深度访谈，提出了"社会过程模式"（the social process model）分析框架，比较了社会大众、政府机构、社会工作者与受灾者等通过社会过程相互影响造成行动和认识上的不同反应②。除此之外，灾害对生命与财产影响的风险分析，以及灾后重建的社会过程与政治、经济以及心理后果，都是灾害社会学的核心议题③。经典灾害社会学主要有六种研究范式，提出了三个研究命题，做出了两个重要贡献。

1. 经典灾害社会学主要有六种研究范式

第一种研究范式是"社会资本"（social capital）范式。赫尔伯特（Hurlbert）等人较为系统地研究了受灾者的微观社会资本与灾后社会重建之间的关系，中川翔子等学者则探讨了宏观社会资本与灾后重建的关系④。第二种是"社会支持"（social support）范式。克雷普斯（Kreps）等学者认为当遇到灾害事件之后，如果受灾者拥有的社会支持越多，则其身心状态调节就越好⑤。社会支持又分为社会支持结构、主观知觉的社会支持以及实际的社会支持三类。第三种范式是"社会过程模式"（the social process model）。爱特斯坦等学者利用档案数据与深度访谈，通过对灾后重建中政府机构、社会大众、社会工作者与灾民相互影响的社会过程的比较研究，发现了他们在认知和行动层面上的不同反应⑥。第四种范

① Tierney, K. J., From the Margins to the Mainstream? Disaster Research at the Cross-roads, *Annual Review of Sociology*, 2007, 33: 503 – 525.

② Edelstein, *Contaminated Communities: The Social and Psychologica Limpacts of Resi-dential Toxic Exposure.* Boulder, CO: Westview Press, 1988.

③ 汤京平、蔡允栋、黄纪：《灾难与政治：九二一地震中的集体行为与灾变情境的治理》，《政治科学论丛》，2002，第137 – 162页。

④ Nakagawa, Y. & Shaw, R., Social Capital: A Missing Link to Disaster Recovery, *International Journal of Mass Emergencies and Disasters*, 2004, 22 (1): 5 – 15.

⑤ Kreps, G., Sociological Inquiry and Disaster Research, in *Annual Review of Sociolo-gy*, 1984, 10: 309 – 330.

⑥ Edelsein, M. R., *Contaminated Communities: The Social and Psychological Impacts of Residential Toxic Exposure*, Boulder, CO: Westview Press, 1988.

式是"冲突主义"范式。埃里克森（Erickson）的研究发现灾害会导致个人主义与依赖、自信与顺从、自我中心与团体取向之间的冲突①。第五种范式是"资源保留压力模型"（conservation resources stress model）。霍布福尔（Hobfoll）等人认为当人们面对灾害时会产生一连串的获取、保存及保护自己资源的反应，当资源流失时便会产生压力②。资源又分为事物资源（object resources）、条件资源（condition resources）及能量资源（energy resources）等。第六种是集体行动范式。这一范式将灾害集体行动具体化为灾区内与灾区外、利他性与利己性、组织性与非组织性等基本类型，试图建立灾害集体行动的描述类型学。此外，还有社会运动等范式。

2. DRC 学派有两个重要贡献

第一个贡献就是破除所谓的"灾难迷思"（mythology of disaster），并且开始分析灾后重建过程的"灾害管理循环"（disaster management cycles），使得灾害的社会性获得学术界一致的重视。灾害迷思大致可分为两个部分。一个部分是媒体或一般社会大众对灾民心理与行为模式的错误假设，包括认为灾民通常愿意接受警告撤离家园（evacuation），面对灾变则会落荒逃窜（panic flight）、趁火打劫（looting）、哄抬物价（price gouging）、感到孤苦无依（psychological dependence）和惊慌失措（shock）。上述也可称为"灾民失常"的迷思。早期芝加哥学派的集体行为研究也多将焦点放在群众非制度性的这一负面行为上③，例如恐慌性逃逸（panic flight）、逃窜行为（stampede behavior）与劫掠（looting）等集体性

① Erickson, K, T., *Everything in Its Path: Destruction of the Community in the Buffalo Creek Flood*, New York: Simon & Schuster, 1976.

② Hobfoll, S. E., et al., Conservation of Resources and Traumatic Stress. In Freedy, J. R. & Hobfoll, S. E, Eds., *Traumatic Stress: From Theory to Practice*. New York: Plenum Press, 1995, 21 – 38.

③ 这一学派可上溯至 Robert Park 及其学生 Herbert Blumer。而 Quarantelli 与集体行为研究著名学者 Ralph Turner 以及 Lewis Killian 则同为 Blumer 的学生。详见 Dynes, Tierney, and Fritz (1994: 10 – 11)

社会脱序现象。但承袭这一传统的杰贝克等经典灾害社会学家却发现，当灾害发生后灾民行为并未如预期般失序，反而出现了镇定有序的自力救济行为[①]。他们发现灾民极少打家劫舍，反而与家庭及社区紧密地团结在一起[②]。当灾害袭击的时候，受创伤严重地区的民众除了基于本能逃出建筑物外，并没有明显感染集体的恐慌性情绪，民众在受到惊吓之余，虽然可能有上述的某些特征，但其撤离行动并不类似球场坍塌时群众大规模的、争先恐后盲目窜逃的情形，大多仍旧能审慎评估状况的危急程度。对研究群众运动或集体行为的学者而言，这种灾后所呈现的稳定性（social stability）、持续性（continuity）及适应性（adaptation）等特征，实在是非常值得探究的灾害谜题[③]。

为了有效解释这个谜题，学者们将自然灾害归类为"共识性危机"（consensus crisis），以便与部分人为灾害（如战争和街头暴动等）所属的"异议性危机"（dissensus crisis）相互区分，联合国将战争等人为灾害称为复合性紧急状态（complex emergency）或混合式灾害（compound disaster）[④]。首先，由于共识性危机，灾区外原有的社会规范会产生微妙的转变，社会整体弥漫着同情受难者的气氛，并对给受难者提供适当援助的预期进一步升高，"希望提供援助给无辜的灾民"的"爱的论述"成为主流价值，对哄抬

① Drabek, T. E., *Human System Responses to Disaster: An Inventory of Sociological Findings*. Berlin: Springer – Verlag, 1986: 133.

② Salzer, M. S. & Bickman, L., The Short and Long-Term Psychological Impact of Disasters: Implications for Mental Health Interventions and Policy, 63 – 82, in *Response to Disaster: Psychosocial, Community, and Ecological Approaches*, edited by R. Gist and B. Lubin. Philadelphia: Brunner/Mazel, 1999; Drabek, T. E & Keith S. B., Families in Disaster: Reactions and Relatives. *Journal of Marriage and Family*, 1968, 30 (3): 443 – 451; Quarantelli, E. L., Images of Withdrawal Behavior in Disasters: Some Basic Misconceptions, *Social Problems*, 1960, 8 (1): 68 – 79.

③ 汤京平、蔡允栋、黄纪:《灾难与政治：九二一地震中的集体行为与灾变情境的治理》,《政治科学论丛》, 2002, 第 137 – 162 页。

④ Quarantelli, E., Epilogue: Where We Have Been and Where We Might Go. In Enrico L. Quarantelli, ed., *What is a Disaster? Perspectives on Question*. London: Routledge, 1998: 261.

物价、趁火打劫和乘人之危等自利性行为的谴责也会更加严厉①，人性中许多自利的倾向也会在一时之间受到不同程度的抑制②。夸兰泰利认为这是人们希望了解并克服失序情境的天性③。

其次，在共识性危机中，灾民对于灾害的诠释及救灾目标有很高的一致性，有助于形成致力于将紧急状态"正常化"（normalization）的共同愿望，希望通过对新情境的了解和定义来寻找新的行动依据。社会学家发现坚守家园而不是逃跑才是一般人面对灾害警报的正常行为④，这也提高了灾前撤离的难度。大部分的灾后研究与记录都显示灾民面对创伤时远比想象中更理智、更坚强，而且通常会勤勉合作，迅速投入救灾以收拾残局⑤。当与群体内的公共事务具有休戚与共的命运共同体关系时，社会群体往往会超越以自我利益为中心的做法，发挥组织公民精神（organizational citizenship behavior）⑥。大部分灾民能迅速适应灾害情境，受到长久以来已经存在的规范的约束，通过对他人的责任感来克服自身的恐惧，迅速投入救灾工作以减轻自身损失，甚至更愿意投身于救灾与互助合作等集体行为，这个观点被称作灾民行为的"持续性原则"（principle of continuity），也比较接近夸兰泰利强调的"正常化原则"（normalization principle），即根据灾前的规范将灾后

---

① 震灾后虽然出现大量的利他性行为，也不乏其例。然而，在媒体对焦的效果、社会激烈的挞伐等反应中，这类事件之发生频率与严重性似有夸大的可能。

② 汤京平、蔡允栋、黄纪：《灾难与政治：九二一地震中的集体行为与灾变情境的治理》，《政治科学论丛》，2002，第137－162页。

③ Quarantelli, E., *Delivery of Emergency Medical Services in Disasters: Assumptions and Realities*. Newark, DE: Disaster Research, University of Delaware, 1983.

④ Quarantelli, E. L. , Images of Withdrawal Behavior in Disasters: Some Basic Misconceptions, *Social Problems*, 1960, 8（1）: 68－79.

⑤ Drabek, T. E. , *Human System Responses to Disaster: An Inventory of Sociological Findings*. Berlin: Springer-Verlag, 1986: 136－150.

⑥ Bolino, M. C. , Turnley, W. H. & Bloodgood, J. M. , Citizenship Behavior and the Creation of Social Capital in Organization, *Academy of Management Review*, 2002, 27（4）: 505－522.

的活动常规化①。

夸兰泰利等人根据灾变情境的"连续性原则"②或"连续性论题"(continuity thesis),来探讨灾害的社会脉络并试图厘清"灾害迷思"(disaster mythology)③或"惊慌迷思"(panic mythology)④中将灾害情境想象成社会全然混乱、失序和组织解体等的刻板印象。连续性原则认为,灾区民众在自然灾害突然发生的时候,往往出奇地镇静,在行为上呈现高度的自制,并持续扮演灾前既有的社会角色⑤。

DRC学派破除的另一个迷思就是"国家全能"迷思。媒体或一般民众往往将救灾与重建视为政府的重要功能之一,因此,政府被期待或塑造成已经"控制大局"(everything is under control)的形象⑥,例如以宣布紧急命令的方式,自上而下、迅速且全面地投入军事化与高效率的救灾行动。然而,经典灾害社会学家如夸兰泰利认为,这种看法其实隐含着国家功能主义或家长制(paternalism)的预设⑦。费希尔(Fischer)等学者研究发现,政府在灾害发生之后常常陷入失常状态,如行政崩溃、信息残缺、领导混

① 汤京平、蔡允栋、黄纪:《灾难与政治:九二一地震中的集体行为与灾变情境的治理》,《政治科学论丛》,2002,第137-162页;Wegner, D. & James, T., The Convergence of Volunteers in a Consensus Crisis: The Case of the 1985 Mexico City Earthquake, In Russell Dynes & Kathleen Tierney, eds., *Disaster, Collective Behavior, and Social Organization.* Newark, Delaware: University of Delaware Press, 1994.

② Porfiriev, R., Excluded Perspectives in the Social Construction of Disaster, In Enrico L. Quarantelli, ed., *What is a Disaster? Perspectives on Question.* London: Routledge, 1998: 89-90.

③ Wegner, D., et al., *Disaster Beliefs and Emergency Planning.* Newark, Delaware: University of Delaware, 1980.

④ Drabek, T. E., *Human System Responses to Disaster: An Inventory of Sociological Findings.* Berlin: Springer-Verlag, 1986: 136-150.

⑤ Drabek, T. E., *Human System Responses to Disaster: An Inventory of Sociological Findings.* Berlin: Springer-Verlag, 1986: 133.

⑥ Quarantelli, E. L., Images of Withdrawal Behavior in Disasters: Some Basic Misconceptions, *Social Problems*, 1960, 8 (1): 68-79.

⑦ Quarantelli, E. L., Images of Withdrawal Behavior in Disasters: Some Basic Misconceptions, *Social Problems*, 1960, 8 (1): 68-79.

乱、互踢皮球与资源调度不均等，使得灾害救援工作缓慢、成效有限①。多数研究甚至显示军队抵达灾区的速度普遍晚于民间团体，在救灾过程中出现严重的"国家失灵"（state failure）。

经典灾害社会学的第二个重大贡献就是着重分析灾害过程中的"灾害管理循环"（disaster management cycles），它认为灾害防范与灾后重建的政治经济过程具有一定的顺序，通常分为灾前预防与灾后应变两部分。灾后应变（post-impacted responses）则分为抢救（relief）、安置（restoration）与重建（reconstruction）等三到五个阶段，其区分方式根据研究者强调重点的不同而不同。

3. 经典灾害社会学主要提出了三个命题

第一个是"社会资本命题"（social capital proposition），当灾难使国家与市场停摆时，家庭与邻里人际连带这种"社会资本"便成为最重要的生存依靠。除了灾民的资源动员之外，灾区外也会出现援救者的集体行动，因此，传统灾害社会学者认为灾区内外的社会网络将会有助于灾后重建，除了外来民间团体的资源进驻与分配，能够避免灾民生活陷入困境之外，灾民之间建立的网络也能够成为物质与心理健康的资源，减轻灾害带来的后果。克雷普斯的研究发现受灾者精神压力大小与其社会支持相关②，如果灾民支持网络被破坏或认知网络无法恢复功能，个人和社区心理健康会受到非常负面的影响，从而提出了社会支持恶化模型（social support deterioration model），这些可称为"社会资本命题"。

第二个是"创伤递减命题"（distress reduction proposition），除了经济分配的影响之外，灾民心理健康也是传统灾害研究的重要议题。爱特斯坦发现95%的灾民在灾后都会觉得生理和心理极大地受到灾害影响，往往觉得自己像是被关在"牢中的囚犯"，容易

① Fischer, H. W., *Response to Disaster*: *Fact versus Fiction & Its Perpetuation-The Sociology of Disaster*. Lanham: University Press of America, 1998: 1 – 12.
② Kreps, G., Sociological Inquiry and Disaster Research, *Annual Review of Sociology*, 1984, 10: 309 – 330.

形成"创伤后压力疾患"[1]。经典灾害社会学家认为虽然灾害的发生会导致灾民幸福感下降，忧郁程度上升，但这种状况会随着生活逐渐复原而得到改善。灾害确实会给灾民造成一定程度的心理创伤，但并不如人们所想象的那样持久，随着时间的流逝，创伤的严重程度会逐渐下降。灾害社会学与社会心理学的相关研究成果表明重建时间拖延越久，灾民的心理受到的冲击就越大。这被称为"创伤递减命题"。

　　第三个是"国家失灵命题"（state failure proposition）。在灾后重建过程中，资源如何动员与分配是公众关注的焦点，但国家受制于拥有的信息及能力往往达不到民众的预期。在地方派系或行政人员私心或特定利益集团运作之下，政府或民间重建资源分配可能会更加不平等。如果行政贪污腐败严重而又缺乏社会的监督，重建资源甚至会沦为政客与利益团体掠夺的对象，从而导致受灾民众贫富差距增大。施耐德（Schneider）认为，美国政府在"卡特丽娜"飓风中就因为缺乏明确的目标与资源分配的游戏规则而导致救援行动的失败[2]。因此"国家失灵命题"是指国家灾后重建的资源分配为信息不完全与利益集团所左右，在有效的监督下，资源分配对灾民有补偿性，反之将造成贫富差距的增大。

　　研究发展中国家的人类学家在田野调查的基础上形成了"灾害人类学"研究[3]，这派学者将研究灾害的人类学区分为三类：行为与组织对灾害的响应研究、灾害所造成的社会变迁研究及政治经济与环境风险的研究。还有一些学者提出了"灾害政治经济学"的

①　Edelsein, M. R., *Contaminated Communities: The Social and Psychological Impacts of Residential Toxic Exposure*, Boulder, CO: Westview Press, 1988.

②　Schneider, S. K., Administrative Breakdown in the Governmental Response to Hurricane Katrina, *Public Administration Review*, 2005（65）: 515 - 516.

③　Torry, W. I., Hazards, Hazes and Holes: A Critique of the Environment as Hazard and General Reflections on Disaster Research, *The Canadian Geographer*, 1979, 23（4）: 38 - 368.

研究设想①，认为灾害是统治精英维持政治经济制度的危机，在研究方法上鼓励对灾害的历史文献进行定性分析，并着重文化因素在灾害中的作用。这也可以算成 DRC 取向的分支，泰尔利（Tierney）称之为"经典的"（classic）灾害社会学，这些也可以算是经典灾害社会学的分支②。

（二）社会脆弱性学派

随着"安德鲁"飓风、密西西比河水灾、加州电力危机、"9·11"事件、"卡特丽娜"飓风和印度洋海啸等灾难性事件的频繁发生，尤其是 2005 年"卡特丽娜"飓风袭击中美国政府救灾失败以来，西方灾害社会科学研究有了新的繁荣和发展，"社会脆弱性"（social vulnerability）也因此受到学者们的高度重视而成为灾害研究的重要概念。然而以往的社会科学对脆弱性研究几乎不关注，1975 年以前的脆弱性研究基本上都是自然科学及工程技术取向，从这一角度进行的研究似乎最容易而又不会引发争议。随着对"脆弱性源自人类自身"的反省，学者们越来越关注灾害的社会历程及社会基础③。1976 年，以怀特（White，F. G.）和哈斯（Haas，J. E.）为首的学者成立了自然风险研究与应用中心（Natural Hazards Research and Application Center，后来改名为自然风险中心，NHC），他们主张脆弱性评估不能局限于自然领域，还应扩展到经济、政治与社会等领域，从而开启了跨学科、跨领域的自然灾害综合评估研究，尤其以发明各种脆弱性概念及相关风险分析而闻名于世④。在这派学者的影响下，1988 年德州农机大学（Texas A&M Uni-

---

① Jones, E. C. & Murphy, A. D., *The Political Economy of Hazards and Disasters*, Lanham : AltaMira Press, 2009: 31 – 59.

② Tierney, K. J., From the Margins to the Mainstream? Disaster Research at the Cross-roads, *Annual Review of Sociology*, 2007, 33: 503 – 525.

③ Adger, N. W., et al., New Indicators of Vulnerability and Adaptative Capacity. No. 7, *Tyndall Centre Technical Report*, 2004: 13 – 27.

④ Adger, N. W., Resilience, Vulnerability, and Adaptation: A Cross-Cutting Theme of the International Human Dimensions Programme on Global Environmental Change, *Global Environmental Change*, 2006, 16 (3): 268 – 281.

versity）成立了减灾与复原中心（Hazard Reduction and Recovery Center），20 世纪 90 年代，南卡罗来纳大学（University of South Carolina）设立了风险与脆弱性研究所（Hazards and Vulnerability Research Institute，HVRI），从 2006 年起联合国大学环境与人类安全研究所更是每年都在慕尼黑举行以"社会脆弱性"为主题的年度夏季讲学，社会脆弱性范式因此得到学界的一致重视。

1. 社会脆弱性概念

社会脆弱性是灾害研究中的重要概念，但学术界对这一概念却有许多争议和分歧，造成了其意义指涉具有多重性和模糊性。目前学界主要有这样几种典型定义，"冲击论"定义将社会脆弱性视为灾害对人类及其福祉的冲击或潜在威胁，"风险论"定义将之视为灾害危险发生的概率，"社会关系呈现论"定义则将之视为在灾害发生前即存在的状态，"暴露论"定义则界定为系统、次系统或系统成分暴露在灾害、干扰或压力的情形下所受到的伤害程度以及造成损失的潜在因素。综合学界不同定义，社会脆弱性概念至少包含这样几层含义：第一，它强调灾害发生的潜在因素所构成的脆弱性，潜在因素包括灾前特定的社会结构、社会地位或其他体制性力量等，如拥有社会资本越多脆弱性越低；第二，它强调特定的社会群体、组织或国家暴露在灾害冲击之下易于受到伤害或损失程度的大小，也即灾害对社会群体、组织或国家的影响而导致后者所形成的脆弱性程度，如富人的受灾几率小于穷人的受灾几率，脆弱性较穷人而言相对较低；第三，它强调灾害调适与应对能力所反映的脆弱性，应对能力越强脆弱性越低，应对能力的大小由个人和集体脆弱性及公共政策决定①。简言之，社会脆弱性既包含灾前潜在的社会因素构成的脆弱性，又包含受害者的受伤害程度所形成的脆弱性，还包含应对灾害能力的大小所反映的脆弱性。因此，本研究将社会脆弱性界定为社会群体、组织或国家暴露在灾害冲击下潜在的受灾因素、受

---

① Adger, N. W., Social and Ecological Resilience: Are They Related? *Progress in Human Geography*, 2000, 24 (3): 34 – 37.

伤害程度及应对能力的大小，这一定义的基本内涵如图1-4所示。

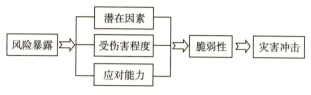

图1-4 社会脆弱性含义

学者安德森（Anderson，M. B.）认为，社会脆弱性是指人们如何响应并处理灾害背后的社会、经济、政治、文化及制度因素，并通过因素分析来评估一个地区、系统或人类群体等特定范围内既存或预期冲击或灾害的脆弱度，以便找到降低脆弱性的方法来增强人们对环境变迁的适应[1]，这一定义较为学界所接受，也与本研究的定义大致接近，但本研究的定义更为简洁明了。与脆弱性概念紧密相关的还有危险度与风险度概念，这三者的关系如图1-5所示。

图1-5 危险度、脆弱性、风险度及灾害的关系

自然脆弱性（physical or biophysical vulnerability）与社会脆弱性既有区别又有联系，自然脆弱性取决于极端自然事件本身，例如灾害发生频率、强度与空间分布等，而社会脆弱性则是指影响个人或团体受灾几率与灾后恢复能力的社会特征，是社会不平等的产物之一[2]（表1-1是二者的比较）。

① Anderson, M. B., Vulnerability to Disaster and Sustainable Development: A General Framework for Assessing Vulnerability, in Munasinghe, M. & Clarke, C., eds., *Disaster Prevention for Sustainable Development: Ecomomic and Policy Issues*. A Report from the YokohamaWorld Conference on Natural Reduction. World Bank, 1995: 41-51.

② Adger, N. W., et al., *New Indicators of Vulnerability and Adaptative Capacity*, No. 7, Tyndall Centre Technical Report, 2004: 13-27.

表1-1 社会脆弱性与自然脆弱性的比较

脆弱性类别	评估方式	决 定 因 素
自然脆弱性	一种特定类型灾害的频率与强度的函数	灾害本身、灾害的强度与灾害发生时暴露在当地的人口决定其脆弱性
社会脆弱性	可以决定灾害事件强度或结果的所有因素	人类系统固有的特质能决定灾害的结果，因此环境的变项及暴露的尺度与人类的特质是评估决定因子

卡特（Cutter）将脆弱性研究区分为三种类型，第一种是界定那些使人们或地方容易遭受极端自然事件的条件即暴露模型，第二种是测量人们对于灾害的社会抵抗力或恢复力。前者着重于自然脆弱性的研究，后者着重于社会脆弱性的研究。至于第三种类型，则是整合前面两种类型，锁定在特定的地方或区域，认为地方脆弱性是由自然脆弱性与社会脆弱性共同组成[①]，但是有足够的理由相信在决定什么人容易受到伤害的层面上，社会因素比自然因素扮演着更为重要的角色。例如，拥有较多信息与资源的人能够避免暴露在自然脆弱性高的地方。在"卡特丽娜"飓风中，新奥尔良水淹最严重的地方几乎都是贫民社区。这是因为弱势群体缺乏获取灾害信息的能力，即便拥有信息也仍然无可奈何，因为不容易被水淹的地方房价较高，弱势群体往往无力承担。

2. 社会脆弱性的基本研究命题

社会脆弱性范式背后存在一个理论假设即大自然本身是中立的，风险和危害来自社会薄弱环节，真正意义上的"自然灾害"是不存在的，一切灾害都有人为的因素和社会的影子。这一范式有两个基本研究命题即"灾害风险不平等命题"（hazard inequality proposition）与"社会分化命题"（social polarizection proposition）。

（1）**灾害风险不平等命题**。脆弱性分析总是与风险紧密结合在一起的，在脆弱性外部因素即风险、冲击和压力中运用最多的

---

① Cutter, S. L., et al., Social Vulnerability to Environmental Hazards, *Social Science Quarterly*, 2003, 84: 242-261.

就是风险。所谓灾害风险就是指灾害发生后损害产生的可能性与严重性，以往研究灾害的学者们多用"脉络中的风险"（hazards in context）、"风险社会的扩散"（social amplification of risk）和"风险社会理论"（social theory of risk）来指称，但他们的研究缺乏实证资料的支撑①。为了弥补这种缺憾，学者们将灾害风险概念整合进脆弱性经验研究框架中提出了"灾害风险不平等命题"：由于阶级、族群与性别等灾前社会不平等因素的存在，同一地区的个人与家庭受灾风险呈现不平等现象②。在灾害中，每一次受灾最深和最严重的群体都是弱势群体，如穷人、妇女、老人、儿童与少数民族等。卡特在"卡特丽娜"飓风的研究中发现新奥尔良市的灾民脆弱性程度与阶级和种族高度相关③，班柯夫（Bankof）也发现在印度洋海啸中，印度尼西亚一些地区不会游泳的女性在遇难者中占有较高的比例④。虽然这一命题很好地回答了"为什么一些特定的人群更易于遭受灾害风险"诸如此类的问题，但也受到了一些学者的质疑，如灾民受到的打击是来自受灾风险的不平等还是灾后重建资源分配的不公平？通常情况下弱势群体容易受灾，但其中的因果关系及影响机制需要更进一步的解释⑤。

（2）**社会分化命题**。社会脆弱性学派认为如果重建资源无法有效且公平地分配，弱势群体的脆弱性将会相对提升，灾前阶级、族群或性别等社会不平等现象在灾后将会更加恶化，这种恶化很

① Wisner, B. P., et al., *At Risk: Natural Hazards, People's Vulnerability and Disasters*. NY: Routledge, 2004: 345 – 379.

② Bolin, B., Race, Class, Ethnicity, and Disaster Vulnerability, in Rodriguez, H. E. L., et al., eds., *Handbook of Disaster Research*, NY: Springer, 2007: 113 – 129.

③ Cutter, S. L., et al., The Long Road Home: Race, Class, and Recovery from Hurricane Katrina, *Environment*, 2006, 48 (2): 8 – 20.

④ Bankof, G., et al., eds., *Mapping Vulnerability: Disasters, Development & People*, VA: Earthscan, 2004.

⑤ Daniels, R. J., et al., eds., *On Risk and Disaster : Lessons from Hurricane Katrina*. Philadelphia : University of Pennsylvania Press, 2006: 5 – 30.

容易导致灾后社会冲突与政治斗争，这就是所谓的"社会分化命题"①。尤其在"人祸"情境定义中，容易出现追求灾害损失赔偿与"伸张正义"等诉求的灾害集体行动。如果这种诉求具有合理性与正当性，并且能够成功动员其他社会资源，这一行动就能持续下去，从而发展成为影响深远的社会运动，不仅会对既有的政治体系造成冲击，甚至可能会引发政治危机②。菲利普与马逸莲通过对 1950～2000 年的统计资料进行分析后发现，在经济欠发达的中、低收入国家中，灾后社会不平等的恶化引发了短期与中期的暴力冲突③。简言之，脆弱性会因为政治权利的缺乏、社会剥削及不公平待遇的增加而形成新的阶级分化。

3. 社会脆弱性的主要讨论面向

围绕"社会脆弱性理论内涵是什么"这一核心问题，卡特回顾了近一百篇关于脆弱性或灾害的研究④，发现社会脆弱性主要有三个重要的讨论面向。

第一个面向：脆弱性是一种灾前既存的条件。社会脆弱性认为导致人们受灾的原因不仅来自自然因素造成的实质损害，而且也来自灾前阶级地位的差异、权利关系及社会建构的性别角色等社会因素。佩林认为社会脆弱性是指灾害发生前区域内就存在的状况，是从人类系统内部固有特质中衍生出来的⑤。当灾害来临时，某些社会群体总是更容易受到灾害风险。影响受灾风险的社会特质包括阶级、职业、族群、性别、移民身份、边缘化、保险

---

① Tierney, K. J., From the Margins to the Mainstream? Disaster Research at the Cross-roads, *Annual Review of Sociology*, 2007, 33: 503 – 525.

② 周利敏:《重大灾害中的集体行动及类型化分析》,《北京行政学院学报》2011 年第 6 期, 第 98 – 99 页。

③ Philip, N. & Marjolein, R., Natural Disasters and the Risk of Violent Civil Conflict, *International Studies Quarterly*, 2008, 52 (2): 1 – 50.

④ Cutter, S. L., Vulnerability to Environmental Hazards, *Progress in Human Geography*, 1996, 20 (4): 529 – 539.

⑤ Pelling, M., The Vulnerability of Cities: Natural Disasters and Socialresilience, Earthscan, London, UK, 2003: 3 – 19.

取得的能力及社会网络等，其中贫穷、不公平、健康、取得资源的途径、社会地位被视为是影响社会脆弱性的"一般性"决定因素（generic determinants）。简言之，灾前的社会关系将被带进灾后的社会行动中，从而使得每个社会成员对灾难的承受能力有所差异。

第二个面向：脆弱性是灾害调适与应对能力。卡特认为人类社会面对灾害时会通过修正或改变自身特质和行为来提高灾害应对能力，应对能力主要包括抗灾与恢复能力[1]。一切灾害都是社会建构的，没有人类就不会存在所谓的"灾害"，因此灾害是人类建构也是人类适应的结果。阿杰（Adger, N. W.）指出在灾害应对能力中社会固有的内部特质起着决定作用，如社会制度（social institutions）、社会资本（social capital）和文化习俗等[2]。米勒蒂（Mileti, D. S.）认为社会群体或个体采取的策略或生产资本越多样化，那么其拥有的抗灾能力也就会越强[3]。而且，脆弱性较低的群体即便暴露在较高的灾害风险下，承受灾害损失的能力也会相对较强，灾后复原的速度相对较快。相对而言，社会脆弱性较高的群体只要暴露在中等灾害风险的地方，就可能无法承受灾害伤害且灾后不易重建[4]。贾乐平（Gallopin, G. C.）强调在应对能力中还需要特别关注人类的学习能力，人类会借助过去的经验而发展出灾害应对策略。人类的学习能力能提升灾害应对能力以降低社会脆弱性，反过来，社会脆弱性的降低也是人类适应灾害的结果[5]。

---

[1] Cutter, S. L., Vulnerability to Environmental Hazards, *Progress in Human Geography*, 1996, 20（4）：529 - 539.

[2] Adger, N. W., et al., *New Indicators of Vulnerability and Adaptative Capacity*, No. 7, Tyndall Centre Technical Report, 2004：13 - 27.

[3] Mileti, D. S., *Disaster by Design*, Washington DC：Joseph Henry Press, 1999：13.

[4] Cutter, S. L, Mitchell, J. T. & Scott, M. S., Revealing the Vulnerability of People and Places：A Case Study of Georgetown County, South Carolina, *Annals of the Association of American Geographers*, 2000, 90（4）：713 - 737.

[5] Gallopin, G. C., Linkages Between Vulnerability, Resilience, and Adaptivecapacity, *Global Environment Change*, 2006, 16：293 - 303.

第三个面向：脆弱性是特定地点的灾害程度。社会脆弱性强调某一特定地点的某种脆弱性，卡特与钱伯斯（Chambers, R.）等学者在强调脆弱性是造成灾害损失的潜在因素的同时，也指出脆弱性因子多因地而异[1]。虽然某些脆弱性因子如经济发展程度与医疗资源等具有普世性意义，但脆弱性更关注的是不同区域的脆弱性因子及其影响程度，这些因子之间具有很大的差异性，导致的脆弱性程度也大为不同。特纳（Turner）也指出社会脆弱性不仅在不同社会、社区和群体间呈差异分布，而且同一地区的居民即便面对相同的灾害也会出现不同的敏感性与处理能力（coping capacities）[2]。

4. 社会脆弱性因子

如何确定社会脆弱性因子已成为社会科学定量分析面临的重要挑战，卡特（Cutter, S. L.）等学者曾根据 1990 年左右美国各州的 42 种社会与人口变量，以因子分析法浓缩为 11 个因子，并将因子分数加总而构成各州的社会脆弱性指标（Social Vulnerability Index, SoVI）[3]，然后利用地理信息系统（GIS）将较为脆弱的区域标示出来，结果正确预言"卡特丽娜"飓风受害者的地理分布而名声大震。为了呈现各个变量的个别评分价值，卡特并没有采取权重的方法，都是直接加总各项社会脆弱性评分，并将社会脆弱性评分的总和再乘以自然脆弱性评分，显示出地区脆弱性的高低程度，从而得知地区内不同危害的影响比例为何以及社会脆弱性的个体元素与危害的比例关系（表 1 - 2 是卡特所列举的脆弱性因子）。

---

① Chambers, R., Vulnerability, Coping and Policy, *IDS Bulletin*, 2006, 37 (4): 33 - 40.

② Turner, B. L. & Roger E. K., eds., *A Framework for Vulnerability Analysis in Sustainability Science*. Proceedings of the National Academy of Sciences of the United States of America, 2003, 100 (14): 8074 - 8079.

③ Cutter, S. L., et al., Social Vulnerability to Environmental Hazards, *Social Science Quarterly*, 2003, 84: 242 - 261.

表 1 - 2　脆弱性因子汇整①

因子	描　述	提高脆弱度（＋）/ 降低脆弱度（－）
社会经济地位 （收入、政治 权力、名声）	保险、社会安全网络、津贴等可以提高居民应对 灾害冲击与增加恢复力的能力。	低收入（＋）
性别	女性较男性难以从灾害中复原，因为在特定行业 工作、收入较低及负担较多的家庭照顾责任。	性别（女）（＋）
种族与人种	种族的差异强化了文化和语言障碍而形成了文化隔 阂，影响灾害资金的流向及高危害区域住宅的区位。	非白人（＋） 非美国籍（＋）
年龄	如果托儿所遭受灾害影响，父母必须花费更多时 间和金钱来照顾小孩，而老年人因为行动不便， 也需花更多时间照顾，因此缺乏恢复力。	老年人口（＋） 幼年人口（＋）
工商业发展	商业与工业建筑的价值、特性、密度为社区经济 健康提供了状态指标，商业社区存在潜在的损失 及灾后长期重建的争议。	高密度（＋） 高价值（＋/－）
职业损失	潜在的职业损失将使灾后社区失业率恶化，造成 灾后重建缓慢。	就业损失（＋）
乡村/都市	郊区居民因为收入较低或从事土地性生产而有较 高的脆弱度，都市因为高密度的建筑而使民众撤 离更为困难。	乡村（＋） 都市（＋）
居住房屋的 结构	住宅的质量、价值、特性与密度会影响灾后恢复 能力，例如：海岸边的房屋必须要花很多钱才能 重建，流动房屋很容易被摧毁。	活动的住家 （mobile homes）（＋）
基础建设和救 生网络（life- line）	下水道、桥梁、供水、通讯、交通等设施如果被 破坏会加剧灾害的损失，有些社区因为基础建设 被破坏而无法重建。	大规模的 公共建设（＋）
租房者	租房者较屋主缺乏足够的资金援助，更极端的例 子是当所租的房屋变得危险或太贵时，租房者根 本没有其他可供选择的避难所。	租房者（＋）
职业	依赖土地的农民或渔民较易受到灾害的影响，自 耕农或自耕渔民可能因此丢了生计而转向低收入 的服务业（例如：家管、保姆、园丁）。	专业或管理者（－） 劳工（＋） 服务部门（＋）

---

① Cutter, S. L., et al., Social Vulnerability to Environmental Hazards, *Social Science Quarterly*, 2003, 84：242－261.

续表

因子	描述	提高脆弱度（+）/降低脆弱度（-）
家庭成员结构	家庭中若有较多抚养人口，或者是单亲家庭且必须兼顾工作并照顾家庭成员，必须花费更多时间照顾家庭成员，其灾害恢复力相对较低。	高出生率（+）大家庭（+）单亲家庭（+）
教育	高教育程度者即有较高的社会经济地位，可以得到较多的防灾信息；低教育程度者较难获得或理解灾害预警、重建信息以及灾害救济资源。	低教育程度（+）高教育程度（-）
人口增长	人口快速增长的地区缺乏足够优质的住宅，而且社会服务网络没能针对快速增长的人口进行调整，新移民的语言隔阂及对地方机构的不了解将会影响获得援助或重建的信息，这些将增加脆弱度。	快速增长（+）
医疗服务	医疗救护的提供（包括医生、护理院、医院）密度较高可以帮助灾区快速复原，缺乏医疗服务将延长灾害医疗救助时间及灾后重建时间。	高密度医疗（-）
特殊依赖的人口	完全依赖社会服务的民众早就在经济及社会层面被边缘化了，在灾后需要额外和更多的援助。	高度依赖（+）低度依赖（-）
有特殊需求的族群	有特殊需求的族群（体弱者、过境者和无家可归者等）、难以通过统计定义的人口是灾害复原中最容易被忽略的一群人。	大型特殊需求族群（+）

在学者们共同努力下，社会脆弱性分析变得更具体，操作性更强，脆弱性因子更全面，学者德怀尔（Dwyer, A.）以系统化方式列出不同的因素导致的脆弱性结果，并集中在第一层级的社会脆弱性（the first level of social vulnerability），区分出四类可量化的因子。①家庭中的个人（individual in a household）：年龄、收入、居家形态、财产占有权、受雇用状况、英语能力、家庭形态、残障、家庭保险、健康保险、负债与存款、汽车、性别、受伤和住房受损等；②社区（community）：对等互惠、效力、合作、社会参与、市民参与、社区支持、网络规模、沟通频率与模式、情感支持、社区整合、一般行动、人际特别关系、沟通支柱、联结和隔离等；③服务的获取（access to service）：主要城市、内部区域、周边区域、偏远区域和极偏远区域；④组织/制度（organizational/

institutional）：地方政府责任、州政府补偿金/协助协议、中央层级
救济基金、捐赠物/募款原因。德怀尔的社会脆弱性分析模式如图
1-6所示。

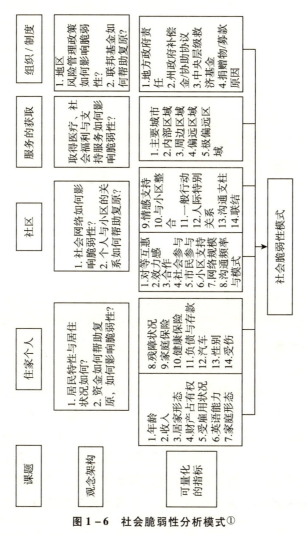

图1-6　社会脆弱性分析模式①

①　Dwyer, A., et al., *Quantifying Social Vulnerability: A Methodology for Identifying Those at Risk to Natural Hazards*, Australian Government, Geoscience Australia, 2004: 5.

5. 社会脆弱性的多元评估模型

如何通过不同模型的评估找到降低社会脆弱性的途径成为近年来西方学术领域研究的前沿议题。社会脆弱性评估是指评估一个地区、系统或社会群体在面对某一范围内现存灾害或在经过事前评估分析后确定将会发生的灾害脆弱性时如何受到影响及该如何面对形成中的灾害。目前，社会脆弱性评估研究仍然处于探索阶段，尚未形成统一的评估模式，评估模型也因此呈现多元化现象，本书归纳出如下四种基本类型。

模型 1：空间整合评估模型。"社会自身是否因为具备脆弱性而成为灾害受害者？"这样的结构性问题应该成为脆弱性评估的核心问题。基于此，卡特将脆弱性分成三个层面来评估。①自然层面：强调的是自然或灾害本身所造成的影响；②响应层面：强调的是社会结构，包括历史、文化、社会和经济等作用力，着重灾前社会结构性条件的评估；③地方层面：认为灾害应该是特定区域在自然及社会结构层面运作下的产物，是特定社会灾害的脆弱程度。在此基础上，卡特利用 GIS 套叠 12 种灾害类型与社会脆弱性指标，呈现自然与社会多重因素影响下的脆弱性空间差异[1]，抽离出不同的研究精髓并整合在一个既定的空间中来进行评估。

模型 2：灾害周期评估模型。修勒斯特（Sutherst, R. W.）等学者根据时间顺序将脆弱性评估分为灾前敏感度（susceptibility）评估、灾中应变能力评估、灾后适应能力（adaptive capacity）评估[2]。灾前敏感度评估包括灾前的减灾、防灾和备灾三部分，主要是评估人们通过灾前预防而免于受灾的能力。灾中应变包括灾情通报、避难疏散、灾害抢救、受灾建筑物及其他设施处理和支援

---

① Cutter, S. L. , Vulnerability to Environmental Hazards, *Progress in Human Geography*, 1996, 20 (4): 529 – 539.

② Sutherst, R. W. , et al. , Estimating Vulnerability under Global Change: Modular Modelling of Pests, *Agriculture Ecosystems & Environment*, 2000, 82: 303 – 319.

救灾规划等。灾后适应能力则包括灾后适应和复原能力两部分。这一模型通过对造成灾害损失不同时间段的因素进行分析以确认降低脆弱性的方法，提高社会对灾害的适应和防范能力。

模型3：微观与宏观评估模型。这一模型主要将脆弱性分为两个不同层次进行评估，主要包括个体或家庭层次的脆弱性评估以及社区或国家的空间层次的脆弱性评估[①]。前一层次的评估深受饥荒与权益（entitlements）关联性的影响，通过社会调查数据来讨论个人的阶级、族群与性别身份如何导致不同的受灾风险，后一层次的评估则讨论一个社区或者国家的经济发展程度、贫富差距、行政能力、医疗与社会福利、住宅政策等因素对社区居民或公民的非正常死亡率的影响。

模型4：函数关系评估模型。哈佛大学约翰·肯尼迪政府学院发展了这一评估架构，涵盖了暴露、敏感性及适应能力三大主要概念[②]，麦卡锡等学者（MacCarthy，J. J.）指出脆弱性评估其实就是这三者的函数，这一评估模型着重了解造成脆弱性的原因及条件。其中暴露性（exposure）是指人类或社会群体接近特定压力、干扰或灾害的程度，也是一个地方受灾害的暴露程度。暴露性概念比较容易理解与操作，它与灾害频率、强度、历时、和系统的邻近性有关。敏感性（sensitivity）指人类或社会群体受到特定压力、干扰或灾害影响时可以与之抗衡或从损害中复原的能力，敏感性评估指标包括土地利用变化趋势、人口组成、产业结构、制度与授权的能力。适应能力（adaptive capacity）是指人类社会群体对于特定压力、干扰或灾害的抵抗力（resistance）或恢复力（resilience）[③]，资产、授

---

① Adger, N. W. , Resilience, Vulnerability, and Adaptation: A Cross - Cutting Theme of the International Human Dimensions Programme on Global Environmental Change, *Global Environmental Change*, 2006, 16 (3): 268 - 281.

② Turner, B. L. & Roger E. Kasperson, eds. , A Framework for Vulnerability Analysis in Sustainability Science, Proceedings of the National Academy of Sciences of the United States of America, 2003, 100 (14): 8074 - 8079.

③ McCarthy, J. J. , et al. , eds. , *Climate Change* 2001: *Impacts, Adaptation and Vulnerability*, Cambridge: Cambridge University Press, 2001: 581 - 615.

权、多样化策略和社会资本构成了适应能力的主要操作性概念。

(三) 社会建构主义

近年来，在灾害社会学内部出现了尝试整合功能主义与脆弱性分析的社会建构主义取向 (social constructionism approach)①。社会建构主义认为一切灾害都是社会建构的，没有人类就不会存在所谓的"灾害"，灾害是人类建构也是适应的结果。灾害的社会建构性主要表现为住宅监狱化、天灾人祸化、阳宅阴宅化、环境原料化和商品化、栖息地零碎化、文明野蛮化和生活麦当劳化等，社会建构主义主要观点如下。

灾害概念的形成是社会建构的，克雷普斯指出，灾害的界定除了保留功能主义观点即将灾害视为突然发生的重大事故并足以破坏或瓦解社会体系从而引发集体性灾害因应行动之外，灾害本身也应被视为社会建构的产物，它是人类自身制造出来的风险②。灾害概念的形成是历史情形、社会对于灾害认知与实际社会后果相结合的产物，尤其与晚近现代社会文化期望的崩溃息息相关。崩溃感的产生是由于社会成员对社会体制与机构的灾害风险控制能力已经丧失了基本信心，对于"全能政府"灾害管理模式的幻想趋于破灭③。其实，不仅灾害概念的形成，而且灾害发生原因、灾害结果和减灾手段等都是社会组织"观点制造"的结果。社会建构主义的这一灾害定义具有社会内在性和人化的特征，拓宽了人们对于灾害危险源的认识。社会脆弱性学派将灾害界定为易于遭受伤害的人群与极端自然事件相互作用的结果，是人类面对环境威胁和极端事件的脆弱性表现，因此，通过调整人类自身行为

---

① Stallings, R., Collective Behavior Theory and the Study of Mass Hysteria, In Dynes, R. & Tierney, K., eds., *Disaster, Collective Behavior, and Social Organization*, Newark, Delaware: University of Delaware Press, 1994.

② Kreps, G., Disaster Archives and Structural Analysis: Uses and Limitations, In Dynes, R. & Tierney, K., eds., *Disaster, Collective Behavior, and Social Organization*, Newark, Delaware: University of Delaware Press, 1994.

③ Horlick-Jones, T., Amendola, Aniello & Casale, Riccardo, *Natural Risk and Civil Protection*, E&FN Spon, London, 1995.

能改变防灾与减灾的效果。这一定义也部分具有社会建构主义的意涵。

社会建构主义认为灾害本身也是利益集团建构的产物。因为灾害不仅是自然界将会发生或已经发生的结果，而且也是社会组织对灾害及其结果建构的产物。斯托林斯（Stallings）在研究地震与科技组织之间的关系时发现，地震强度、灾害威胁、灾害认知及管理策略等方面其实是由地理学家、地震专家、工程师、政府和社会部门共同组成的利益集团所确定的①。灾害造成的社会冲击也不是单独存在的经验事实，而是社会界定（social definition）的产物。因为在"天灾"情境定义中，利益集团的救灾行动才有功劳可言。而在"人祸"情境定义中，灾民则会将灾害责任归咎于利益集团，不仅会引起灾民的强烈不满和抗争，还会威胁到政治安全目标及社会的稳定。因此，利益集团一般会通过灾害信息的及时播报、正向解释及专家诠释等方式制造强势观点，最终达到将灾害导向"天灾"而非利益集团疏失的目的。从这个层面而言，灾害问题不是一般大众的认知结果而是利益集团建构的结果，这个过程被称为"灾害制造"。需要强调的是，这种观点并不否认引起灾害发生的自然因素，而是认为利益集团决定了灾害问题是否应被纳入公共议程及采用何种应对方式，它强调灾害发生原因和灾害损失是"被社会定义的"。亚历山大（Alexander）进一步指出，灾害发生原因具有社会性质（social in nature），它不能仅仅被视为意外的自然事件，还是一种"动态社会的结果"，人类活动是造成灾害发生的重要原因②。

在社会建构主义看来，灾害风险认知也是社会建构的。灾害风险论述和认知决定了灾害中人们的思想和行动，而风险论述和认知又是由社会脉络中"定义风险的社会关系"（relations of defi-

---

① Stallings, R., Collective Behavior Theory and the Study of Mass Hysteria, In Dynes, R. & Tierney, K., eds., *Disaster, Collective Behavior, and Social Organization*, Newark, Delaware: University of Delaware Press, 1994.

② Alexande, D., *Nature Disaster*, London: UCL Press, 1993.

nition) 决定的, 更重要的是这些社会关系背后所隐藏的利益位置 和影响机制, 它们主导了社会内部的灾害风险界定。换句话说, 不同的社会、政治和文化关系将影响灾害风险认知和灾害因应行 为的生成。而且, 任何灾害风险的界定、认知和集体建构一定是 以在地的 (local) 形式, 即根据地方特殊的社会关系和历史脉络 发展出来的。蒂尔尼 (Tierney) 在分析灾害风险时提出了风险客 体的概念, 它包括灾害事件及其可能性、灾害特征、灾害影响、 灾害损失与灾害原因等, 这些都是社会建构的产物①。此外, 灾害 风险也来自人为的决策, 也是一种自我危害的灾害。而且, 在灾 害风险分担的社会中, 人是相互影响的, 需要通过社会不同成员 之间的沟通与互动, 灾害风险才会被意识到, 才能最终变成公共 领域的问题。因此, 灾害风险认知是开放性社会建构的产物。

简言之, 社会建构主义认为灾害是一个开放的、多元的和具 备公共性的政治社会建构过程, 是从"隐藏""选择"到"共识 建构"的发展历程, 并且人们对环境灾害风险的认知、接受或拒 绝程度是在一定文化镶嵌意义下发展的。

(四) 学派比较及理论启示

对三个学派的比较有助于了解各种范式的优缺点及适用范围, 有利于推动灾害社会学研究的深入发展, 它们的主要比较如下。

1. 主要观点比较

三个学派虽然都关注灾害与社会的关系, 但经典灾害社会学 属于"弱社会建构论者"。它虽然认为灾害社会性因素与物理性因 素无法分割, 灾害的产生与社会建构存在着密切关系, 但它更注 重的是救灾过程的经验研究并重点分析灾民行为与组织重建效率 的关系, 对灾害的社会性内涵关注不够。社会建构主义则倾向于 "强社会建构论", 不仅认为灾害是一种政治经济性危机, 而且批 评脆弱性或灾害管理循环太偏重于行政管理, 符合统治精英的治

---

① Tierney, K. J., From the Margins to the Mainstream? Disaster Research at the Cross-roads, *Annual Review of Sociology*, 2007, 33: 503 – 525.

理理性（governmentality）及权力预设，缺乏对灾民自主性的研究。社会脆弱性学派虽然认为灾前既存的社会关系决定了脆弱性程度，但它强调的是不同群体应对灾害风险能力的差异，而对于利益集团如何进行灾害建构以达到维持统治秩序目的等问题则不大关注，而且认为建构主义太过于愤世嫉俗，对防灾、抗灾与救灾工作实践无济于事 [①]。

三个学派对灾害与社会不平等关系的看法也存在着明显差异，经典灾害社会学着重救灾过程的经验研究，主要集中在灾后冲击与重建资源分配的相关议题 [②]。它虽然注意到了灾后重建阶段会产生大量的社会不公现象，但是对于导致不平等的社会根源基本漠视。受公共行政与人文地理学的影响，社会脆弱性学派不仅关注灾后不平等问题，而且着重分析灾前受灾风险不平等分布状况、产生的社会根源及各种社会安全的危机管理问题等，强调灾区内社会不平等的恶化不仅来自灾后重建资源的不公平分配，更主要的来自灾前受灾风险的不平等，这种不平等是由灾前的阶级和族群等社会特性决定的，因此，易于受灾的弱势群体灾后将会更加弱势。社会建构主义认为灾害不平等是由利益集团决定的，灾害问题是否被纳入公共议程及采用什么样的应对方式都是利益集团决定的，通过改变个人或社会应对灾害能力的历史、文化、社会和经济条件能降低脆弱性 [③]，并且改善灾害中的社会不平等现象。

2. 理论优势与适应范围比较

经典灾害社会学比较适合灾害防备及灾害应变研究，它对灾害集体行动、各机构组织的作用和扮演的社会角色等进行了研究，也分析了不同的社会单位在防灾、抗灾、救灾和减灾过程中表现

① Wisner, B. P., et al., *At Risk: Natural Hazards, People's Vulnerability and Disasters*, NY: Routledge, 2004: 19-20.
② Adger, N. W., Resilience, Vulnerability, and Adaptation: A Cross - Cutting Theme of the International Human Dimensions Programme on Global Environmental Change, *Global Environmental Change*, 2006, 16 (3): 268-281.
③ Kreps, G. A. & Drabek, T. E., Disasters are Nonroutine Social Problems, *International Journal of Mass Emergencies and Disasters*, 1996, 14 (2): 129-153.

出来的社会现象、社会关系和社会行为，并进一步探讨了灾害发展和演变的整体性规律，这种功能主义（functionalism）或社会系统理论（social systems）取向揭示了灾害发展的基本规律，突出了灾害的社会属性，实现了与主流社会学的对话。不仅成为灾害社会学研究的早期主流分析取向，至今对灾害防备及灾害应变研究仍然具有非常重要的意义。

社会脆弱性比较适合预测灾害、评估人们如何适应或加强能力面对灾害风险威胁的研究，它克服了经典灾害社会学功能主义研究的局限，而且避免了自然脆弱性忽视"人们为什么会居住在高风险地区"社会理论解释的缺陷，克服了工程技术脆弱性视角下片面强调技术改进与材料优化对于抗灾的积极意义的局限。同时，作为一种分析工具，社会脆弱性具有预测的特质，通过对造成损失的潜在因素的分析并清楚描述脆弱性及将灾害损失量化，可以预测某些人在灾害风险情境下可能会产生什么样的状况，以此来确认降低脆弱性的方法并强化社会群体对灾害的适应，阿杰因此指出社会脆弱性在评估人们如何适应或加强能力来面对灾害风险威胁时是非常有用的分析工具[1]，纳尔逊（Nelson, D. R.）等学者也认为脆弱性分析能确定最脆弱的社会群体[2]，为政府与民间社会探讨防止灾害发生、减轻灾情、加速完成灾后重建提供针对性建议。

与前二者不同，社会建构主义则适合公共风险和灾害形成过程中人的主观能动性的研究，它将灾害的危险源、发生的原因及造成的结果视为由利益相关者，文化、媒体与科技团体等共同建构而成，有助于将人们从原本社会没有注意的"外部"议题拉到社会"内部"关注的焦点，将灾害视为重要的公共风险问题，以弥补功能主义和社会脆弱性对灾害内在性研究的不足。同时，社

[1]　Adger, N. W., et al., *New Indicators of Vulnerability and Adaptative Capacity*, No. 7, Tyndall Centre Technical Report, 2004: 13 – 27.

[2]　Nelson, D. R., et al., Adaptation to Environmental Change: Contributions of a Resilience Framework, *Annual Review of Environment and Resources*, 2007, 32: 396 – 412.

会建构主义着重探讨灾害与人类社会之间的互动关系，将人们从过去悲观的受害者转向积极的行动者，使得脆弱性分析更具动态性内涵，弥补了前两个学派对灾害本身、社会系统及社会群体之间有机联系及静态分析的不足。

3. 理论局限性比较

经典灾害社会学研究重点集中于灾后冲击与重建资源分配等方面，而对灾前预防与风险分布研究很少涉及[①]。同时，经典灾害社会学具有典型的功能主义分析取向（functionalist approach）或"事件导向"（event-orient）取向，而且近似于官方立场[②]。例如，它认为社会与社区都是社会系统而担负着重要的社会功能，不会因为天然或人为科技灾害而中断或瓦解，灾害只不过是对一个社会或其分支造成物理损害与生命伤亡的意外事件，灾害导致的社会结构混乱使社会原有的全部或部分必要功能丧失[③]。相对于灾后的混乱，在此之前有一个功能正常的社会，因此，讨论如何使社会"恢复正常"应成为灾害研究的重点。学者们批评经典灾害社会学这一研究取向实际上沦为"灾害功能主义研究"，因而引发了学界广泛的质疑。

第一，社会脆弱性学派虽然试图摆脱经典灾害社会学结构功能主义的局限，但同时也具有自身的缺陷，如地理学与工程学谱系研究特点明显，被一些学者质疑为"技术决定论"或"结构式减灾"倾向[④]。"结构式减灾"（structural mitigation）强调以工程技术解决天然灾害对于生命与财产造成的威胁，这一主张近年来

① Adger, N. W., Resilience, Vulnerability, and Adaptation: A Cross - Cutting Theme of the International Human Dimensions Programme on Global Environmental Change, *Global Environmental Change*, 2006, 16 (3): 268 - 281.

② Tierney, K. J., From the Margins to the Mainstream? Disaster Research at the Crossroads, *Annual Review of Sociology*, 2007, 33: 503 - 525.

③ Wisner, B. P., et al., *At Risk: Natural Hazards, People's Vulnerability and Disasters*, NY: Routledge, 2004: 19 - 20.

④ Wisner, B. P., et al., *At Risk: Natural Hazards, People's Vulnerability and Disasters*, NY: Routledge, 2004: 19.

越来越受到学界的质疑，质疑的焦点在于并未因为采取这一措施而降低灾害所造成的损失，反而年年增加，因此一些学者主张以"非结构式减灾"政策来降低未来天然灾害可能带来的损失。而且，如同经典灾害社会学一样，社会脆弱性将灾害过程中的个人视为被动的，灾害中的行为或命运的选择由结构性因素或脆弱性因子形塑或决定。社会建构主义则试图克服功能主义以及技术决定论对人的主动性的忽视，但是它对于灾害与社会之间的互动关系的研究近似哲学思辨式分析，并没有形成一套完整的理论范式，造成了这一学派的灾害研究在实际运用中的困难。

第二，经典灾害社会学虽然强调灾前的政治经济不平等在灾后重建时会造成负面的社会后果，然而对于导致灾害风险不平等的社会根源的研究近乎漠视，自然脆弱性则基本不研究社会不平等现象。社会脆弱性范式不但关注不平等问题，而且着重分析灾前受灾风险的不平等分布状况及其产生的社会根源，并以此预测受灾风险的高危地区及社会群体，为灾害社会风险研究提供了新的分析框架。社会脆弱性强调灾区内社会不平等的恶化不仅来自灾后重建资源的不公平分配，更主要的是来自受灾风险的不平等，易于受灾的弱势群体灾后将会更加弱势，因此，灾害救助策略不只针对受灾户进行补偿，更重要的是对灾区内的社会不平等和政治分配的不公平性进行全面改革。

第三，经典灾害社会学在研究方法上存在着一些局限，它主要通过对救灾过程的参与式观察和个案分析来研究灾害，虽然这给防灾、抗灾和救灾带来了很大的启发，然而，近年来以量化分析为主的社会脆弱性学派更受重视，这是因为脆弱性分析开始大量运用地理信息系统（GIS），并且界定出潜在受灾区域，它既拥有定性研究的优点，又通过量化研究对受灾风险及受灾群体进行预测，且有过成功的案例，因而相对具有优越性。然而，社会脆弱性在量化研究上也存在着缺陷，突出表现在脆弱性并不是一个容易衡量及观察的状态，脆弱性因子的选择与确定往往存在着许

多分歧与争议①。卡特等学者指出，以往大部分社会脆弱性研究被
忽略就是由于难以量化，这一局限性降低了其评估的公信度，同
时导致了评估结果的可比性差。而社会建构主义学派则缺乏量化
研究方面的解释力，在灾害理论研究上成为可能，而非经验实证。

第四，经典灾害社会学属于"弱社会建构论者"（weak social
constructivist），注重的是救灾过程的经验研究并重点分析灾民行为
与组织重建效率的关系，它认为灾害产生的原因是社会建构的②，
灾害社会性因素与物理性因素无法分割。灾难人类学或后现代理
论则倾向"强社会建构论"，其不仅认为灾害是一种政治经济性危
机，而且批评脆弱性分析或灾难管理循环研究太偏重于行政管理，
符合统治精英的治理理性（governmentality）及其权力预设。而自
然脆弱性范式则过分集中于自然或工程技术层面的研究，明显缺
乏对社会因素的探讨。社会脆弱性学者认为灾害人类学和后现代
主义者太过于愤世嫉俗，对防灾、抗灾与救灾工作实践无济于
事③，而自然脆弱性则把灾害与社会割裂开来。事实上，只有通过
社会脆弱性分析才能真正确认社会中最脆弱的群体，才能真正了解
灾害中不同群体应对灾害风险能力的差异。这是因为社会脆弱性本
身具有预测的特质，作为一种分析工具，它能预测某些人在风险与
危害情境下可能会产生什么样的状况。通过清楚描述脆弱性以及将
灾害损失量化，能为政府与民间社会防灾、救灾与减灾规划的制定
提供有针对性的建议，从而真正提高其灾害风险防范能力。

通过比较分析可以发现，这三个学派各具特色且关注重点不
同，它们虽然都是从社会学角度关注灾害与社会的关系，但都有
自己的解释边界和限制条件，一旦越界解释力就会下降。因此，

① Cutter, S. L. , et al. , The Long Road Home: Race, Class, and Recovery from Hurricane Katrina, *Environment*, 2006, 48 (2): 8 – 20.
② Tierney, K. J. , From the Margins to the Mainstream? Disaster Research at the Crossroads, *Annual Review of Sociology*, 2007, 33: 503 – 525.
③ Wisner, B. P. , et al. , *At Risk: Natural Hazards, People's Vulnerability and Disasters*, NY: Routledge, 2004: 19 – 20.

不能简单地判断孰优孰劣。而且，不同学派之间的争鸣既有利于保持理论思维所必需的张力，更有利于深入理解灾害发生的社会事实与内在逻辑，对于防灾、抗灾、救灾与减灾也有着极为重要的启示意义。

三 其他学科的研究

灾害经济学研究取向可划分为基础理论研究、方法论理论研究和灾种经济学理论研究三个面向。基础理论研究主要是解决灾害经济的基本理论问题，着重探讨灾害经济学的基本原理、规律及与灾难经济的关系；方法论理论视角则着重研究灾害经济学技术、方法及实践问题，并提供具体解决方案及行动路径；灾种经济学理论则以灾难经济学科基础理论和方法为基础，以某一类灾害经济问题作为研究对象，解决的是具体灾种的灾难经济问题[1]。

灾害政治学取向主要有自上而下与自下而上治理论两种视角。自上而下论者认为政府为了维持权力合法性与彰显治理的正当性而积极介入灾害治理过程并发挥了主导作用。自下而上论者则提倡充分发挥灾民在灾害治理中的自救与互救能力，同时分析灾民社会资本和社会网络等非正式制度在灾难治理中的作用[2]，以此突显自下而上民间力量的重要意义。随着"政府失灵"和"非营利组织失灵"现象日趋明显，人们逐渐将目光转向自上而下和自下而上相结合的综合治理角度，强调建立"公私协力关系"[3]"永续社区发展"[4] "非结构式减灾"[5] 和"灾难风险转移"等

---

[1] 郑功成：《灾害经济学》，商务印书馆，2010：39-40.

[2] Kreps, G., Sociological Inquiry and Disaste Research, *Annual Review of Sociology*, 1984 (10)：309-330.

[3] Langton, S., Public-Private Partnership: Hope or Hoax? *National Civic Review*, 1983 (72)：256-261.

[4] Roseland, M., *Toward Sustainable Communities: Resource for Citizens and Their Governments*, Canada: New Society Publishers, 1998.

[5] 周利敏：《从结构式减灾到非结构式减灾：国际减灾政策的新动向》，《中国行政管理》2003年第12期，第94-100页.

理念。

总的说来，灾难治理研究涉及诸多要素，理论视角日益多元，同时呈现学科交叉的趋势，但在某些特殊领域及视角创新等方面还需要进一步加强。

第三节 研究方法

本课题是 2007 年申请并被立项的，立项后不久就接连发生了南方冰雪灾害、"5·12"汶川特大地震和青海玉树地震灾害等，尤其在"5·12"地震中，社会工作者首次介入，这些都为本课题研究带来了丰富的实证资料和经验支持。本书主要采用了定量研究与定性研究相结合的方法，主要以实地调查和文献研究为主。本研究的资料主要由研究者通过实地调查、观察和访谈等方式获取。

一 深入观察法

这是实证研究收集资料必不可少的方法。没有参与观察，要想做到"深描"是根本不可能的。这种方法强调深入社区，与研究对象同吃同住，了解社区的风土人情，熟悉灾民生活习惯，研究其经济、文化、社会观念等方面的变化，掌握第一手原始资料，强调"田野灵感"，强调对灾害研究的问题意识来自田野，通过田野调查而形成真问题，而不是在书斋里构造出来似乎合理的"学术问题"。通过深入观察，根据灾害社会工作实践以及社工组织的实际运行状况，我找到了真正需要研究的问题，即"在具有突发性、危机性、不确定性和风险性等特征的灾害环境中，社工及其组织如何介入以及组织策略是什么"，这个问题不是建立在逻辑推证体系的基础上，而是建立在灾害社会工作实践的基础上，学术问题必须来源于现实。

在调查过程中，课题组成员与灾区居民深入接触或提供实际服务，基本上以一个"作为参与者的观察者"的角色与调查对象一起生活，在共同的日常生活中相互了解。在研究最初的阶段，课题组成员被当成陌生的外人，到后来变成了他们的客人，直至最后变成"自己人"，参与观察也逐步从"表面"走向"深层"，越来越接近需要的东西。

二　深入访谈法

深入访谈法即在对研究对象全面了解的基础上，选择典型个案进行访谈，了解他们对灾害社会工作的看法、感受及要求。深度访谈对于了解调查对象深层的思想价值观念，分析调查对象社会行动背后的主观意义具有十分重要的价值，也是收集生动具体的定性材料有效的方法。按照社会工作的实务需求，灾害社会工作服务是在特定社区环境中各方共同参与的结果，因此我对主要的参与四方（灾民、社工、志愿者及地方干部）分别进行了有选择性深入访谈。访谈法通过口头交谈的方式向被访问者了解社会情况，主要包括两种，一种是结构式的访谈，或称为面访式的问卷调查。每一次进行正式访谈前，我都准备了详细的访问提纲。另一种是无结构式的访谈，在实际访谈过程中，有许多事先无法遇到的新问题，而且这一类问题与研究问题联系密切，往往能够提供意想不到的启发。因此，在访谈过程中应根据具体情况进行调整，这就需要无结构式的访谈法。在实地调查过程中，深入访谈贯穿始终。对于一些特殊的访谈对象，我专门安排时间结合问卷进行专访。如我对一些社工前后多次进行深入的专访，每次访谈时间都控制在一个小时左右，从他们那里收集到不少案例。

三　文献分析法

采取非实地社会调查的方式搜集资料，及通过查阅文献搜集数据和文字资料，然后对其进行分析，研究费用较低，方便易行。文献分析法可以研究不可接近的、已经过去的历史现象。本研究搜索有关灾害社会工作的多方面材料时，这些材料来源有国内的个人专著、发表在期刊上的论文、来自网站的文章以及官方公布的各种材料和数据。对香港、台湾灾害社会工作文献资料的收集殊为不易，本研究不仅搜集了内地相关学者的研究文献，而且通过赴港台访问或托港台朋友帮忙等方式收集相关资料，但尽管如此，港台资料的收集仍是本研究的一大难点。

第四节 分析思路

一 分析问题

重大灾害的频频发生引起了民众对公共安全和灾害服务的强烈担忧，这些看似自然形成的灾害背后包含了许多人为因素，我国自古以来就有"三分天灾、七分人祸"的说法，"天灾"与"人祸"纠缠在一起。事实上，许多灾害的发生是由于"无察觉"这一人为因素造成的，它具有隐蔽性、突发性、危险性、复杂性和不可逆性等特点，使得这一危机破坏巨大，后果特别严重。目前科技水平对气象灾害相对易于察觉，但对于地质灾害则很难预先感知，尤其是后续衍生的链式危机或复合型灾害更是难以察觉。因此，单纯依靠政府进行灾害救助会出现失灵现象，社会组织如何介入日益复杂的灾害服务则成为各界关注的重点和灾害研究新的学术增长点。

近年来，中国大陆社会工作为汶川特大地震、玉树强烈地震、舟曲特大山洪泥石流和芦山地震等重大自然灾害提供了有效服务，取得了一系列成绩，如社会工作专业队伍逐渐壮大，社会工作机构日益增多，灾害服务经验不断积累，不断满足受灾群众需求和促进灾区社会发展等。就灾害社会工作研究而言，虽然时间不长，学术成果却增长迅速，但在某些特殊服务领域、服务技巧和视角创新等方面还存在着明显不足。基于此，本书的核心研究问题是在突发性、危机性、不确定性和风险性灾害环境中，社会工作者及社工机构如何介入及组织策略是什么，具体包括以下几方面的问题。

第一，在灾害社会服务中，为什么需要社会工作组织的参与？面对种种灾害事件如地震、海啸、空难、大火、严重交通事故、暴力恐怖袭击和食品中毒等，社会工作机构应该扮演何种角色，采取什么样的介入方式？

第二，在灾害服务过程中，面对问题丛生和失序的灾区系统，社会工作者如何确认和找到合适的服务范围，如何根据灾后重建实际情况选择服务对象？在灾害服务过程中，受灾群众并不仅仅有"个人创伤"，还有"集体创伤"，整个地区居民都是受灾群众，如果社工组织将服务对象仅仅局限于有"个人创伤"的灾民，就会显得过于狭隘了，容易造成灾民被污名化（stigmatized），不但不能有效帮助灾民完成灾后重建，反而会造成新的心理创伤。

第三，基层社会服务体系及案主可能会产生什么样的问题，相应的社会工作服务方式有哪些，如何运用个案工作、小组工作和社区工作等专业方法？在"灾后重建"阶段，一些长期性和内隐性社会矛盾会逐渐显现，这会给社会工作服务方式和服务技巧带来严重挑战。

第四，社会工作机构如何回应灾害导致环境改变的事实？如何形成适应灾害环境的组织发展策略？什么是"公私协力"策略，如何更好发挥公私协同力量，以便更好参与到灾害救援及灾后重建？何谓社会资源策略？合法性策略对于社会工作机构的组织生存有何意义以及在地化为何是社工组织重要的发展策略？这些都是本书探讨的重要问题。

第五，在灾害服务过程中，社会工作机构如何运用危机管理策略，灾害危机管理介入阶段及介入途径有哪些，社工如何在紧急救援、恢复秩序和长期重建等方面有效介入，社工如何对心理创伤危机进行干预，灾害对于社工会造成哪些方面的工作压力，社工在灾害服务过程中如何面对压力，如何进行有效的压力应变及如何实现化危机为转机等问题也是本书研究的重点。

第六，灾害服务过程中社工机构的组织困境有哪些？如何对这些困境进行反思？如何在反思实践经验的基础上进一步完善社会工作服务问题等？本书希望通过总结国内灾害社会工作服务经验做法与最新成果，深入探索灾害社会工作服务规律与模式，并且对社会工作服务机构自身建设进行深入探讨，期待加强灾害社会工作服务重点、难点、热点和前沿问题的研究。

目前中国大陆灾害社会工作已经从无到有、从有到好迅速发展起来了，但无论是社会工作实务操作方面，还是灾害服务政策方面都有许多不足。在现实生活中，灾害的发生永远不会终结，面对灾害关键是人类要修正对待灾害的观念及服务理念，只有采取符合自然规律的行动和专业的灾害服务手段，才能获得富有成效的减灾效果，达到服务目标。

二 分析框架

随着全球风险社会的来临，灾害后果的复合性特征越来越明显，灾害社会工作也因此越来越重要。它是以受灾群众、家庭和社区为服务对象，通过运用社会工作专业方法如个案、小组与社区等帮助服务对象修复受损的社会关系，从而帮助灾民走出生活困境。它以受灾对象服务需求为重点，结合灾区人口规模、人口数量、社会经济条件、民族宗教文化和风俗习惯等因素，分类开展灾害社会工作服务。基于这些理念，本书主要以社会工作实务方法为主轴，通过检视中国台湾和国外相关的灾害服务经验来探索中国本土社会工作介入机制、组织策略及实务方法，发现并归纳社会工作者及社工机构参与灾害服务的现状、不足、反思及趋势等。本研究尽力实现介入机制、组织策略与社会工作三要素之间的有机结合，同时对国外与中国台湾灾害社会服务进行借鉴，本书的基本思路如图 1 - 7 所示。

中国大陆灾害社会工作实务起步较晚，理论基础薄弱，服务范围和服务群体较为狭窄，灾害救助政策与服务制度不健全，专业社工人才比较缺乏，社工服务难以深入，这些问题的存在与现阶段减灾需要和服务需求存在着较大差距。本书通过对灾害服务

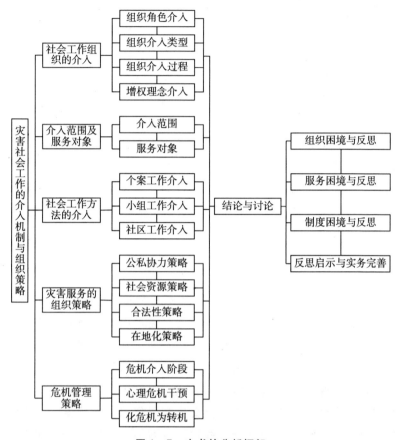

图 1-7 本书的分析框架

过程中社会工作组织的介入、灾害社会工作的介入范围与服务对象、灾害服务的社会工作方法、灾害服务中社会工作组织的组织策略、灾害社会服务的危机管理策略和灾害社会工作服务困境等问题进行探讨，初步表明中国大陆灾害社会工作逐渐从单一服务方法、单一服务手段向综合型服务，从平面服务向立体服务，从事后被动保护向事先主动预防等方面积极转变。本研究希望促使各级政府部门充分认识到加快推进灾害社会工作服务和培养使用社会工作专业人才的重要性，促使社会各界认识到建立符合中国国情和体现专业要求的社会工作服务制度的紧迫性，促使社工界积极探索提升自身服务能力和建成布局合理的灾害服务网络的方式方法。

三 研究意义

（一）实际意义

第一，灾害无法预期、快速变动，在无预警的情况下，仿佛整个社会福利环境也遭遇了一次大地震，对社会工作也是巨大的挑战。灾后生活重建工作的推行，可以说是边做边学、边学边做的状况。不论是生活重建的政策层面还是实务操作层面，生活重建工作执行上的特色、问题与困难，都是值得我们重视的。因此希望对生活重建工作推行状况做整体的了解及检讨，供政府和社会福利部门或机构参考，推动政府相关部门和社会福利机构关注灾害社会工作，满足对灾害社会工作实际情况和实务的了解需求，为他们进行灾害社会工作管理和开发提供实证材料和理论支持。

第二，灾害不但夺走人的生命，还会造成巨大的财物损失，对灾民而言，更难面对的是亲友离去所带来的伤痛及精神上的恐惧。这造成其个人之心理危机、人际网络瓦解及居住环境受损等个人、家庭及社会连带上的重大危机，甚至其必须面对未来生活的不确定性。

第三，除了紧急的救援工作之外，重要的是灾区生活秩序的重建。灾后重建工作所要面对的不仅是工程庞大的灾民居家安置与社区建设，身心受创的灾民对妥善医疗照顾和积极生活重建的需求更加迫切，同时也使得整个灾区重建的任务更加艰巨。因此，本研究成果可供政府和社会福利机构及社会工作者参考，使他们正确介入灾害社会工作服务。

第四，在现实生活中，灾害的发生永远不会终结，面对灾害人类要修正对待灾害及灾害服务的观念。只有采取符合自然规律的行动并修正灾害服务手段，才能获得富有成效的灾害服务效果。同样，只有在灾害服务观念转变的基础上重新调整研究思路，才能进一步推动灾害服务研究的深入发展。因此，通过本书的研究，可以了解灾害带给社会福利机构的冲击，同时了解社会福利机构如何因应灾害自处，为灾害社会工作推行之修正提供参考。

第五，总结以往的灾害社会工作的成败得失，说明灾害社会工作的专业化和科学化的重要性。由于本课题具有宏观政策和微观对策研究的基本属性，所以其应用价值将主要体现在研究成果能够为政府决策和社会福利机构的实践提供有益借鉴，为推动灾害社会工作的科学化和专业化的发展作一点贡献。

（二）理论意义

第一，我国近几年来，所发生的自然灾害次数不少，但是缺乏系统评估灾害所带来的各种冲击以及影响的研究。通过整理我国过去灾后生活重建工作之相关做法的文献，本书分析指出现有的灾害社工专业方式的优缺点，以期推动灾害社工专业理论和实务的深入研究，促进相关学科建设和灾害社工队伍的建设。

第二，国内相关研究非常缺乏，本书可以视为一个探索性研究（exploratory study），目的是要发现真相而进行一个广泛的讨论，为未来研究提供相关文献和参考资料。

第三，灾害社会工作服务不仅是西方国家灾害服务发展的最新趋势，也是灾害服务领域研究的重点和难点。灾害治理研究涉及诸多要素，理论视角日益多元，同时呈现学科交叉的趋势，但在某些特殊领域及视角创新等方面还需要进一步加强。就已有的研究而言，主要集中在心理学与政治学领域，从社会工作角度进行的研究还非常薄弱，以灾害社会工作作为研究主题的论文不仅少见，而且分析角度有限。

第二章
灾害服务中社会工作组织的介入

　　中国是世界上自然灾害发生频率最高、受自然灾害影响最大的国家之一，特别是 2000 年以后，中国重特大自然灾害频繁发生，所带来的冲击也越来越大。中西方经验表明如果一个非营利组织介入机制、介入途径、介入角色等在应对灾害出现重大失误时，就有可能导致灾区服务成效作用不明显，甚至影响到整个灾后重建工作的发展。因此，探讨灾害社会工作介入机制具有重大的意义。在中国大陆，随着社工首次介入汶川地震服务，社会各界对灾害预防和灾后重建工作给予了很多关注。我国香港、台湾地区及外国的社会工作在介入灾害服务过程中发挥了积极作用，为中国大陆提供了有益借鉴。因此，如何在灾害救助和灾后重建过程中摆脱困境，如何打开新的服务突破口，如何探索灾害救助及灾后重建的新路径，就成为中国大陆社会工作实务界和理论界关注的重要问题了。

　　对于灾后重建，人们关注的基本都是政府自上而下的正式重建计划，忽略了自下而上的社工组织非正式参与的力量。事实上，如果灾后重建中越早有以社工组织为代表的社会支持力量的介入，越早处理灾后重建问题，就越有机会将灾害损失降到最低。克雷普斯认为在灾后重建中，虽然政府的正式支持非常重要，但同时来自社会的非正式支持也不可小视，因为灾害成因与结果都与社会结构和社会运行密不可分①。本章主要探讨在灾害社会工作中，社会工作者究竟扮演什么样的角色，这些角色之间如何区分，社工组织如何有效介入等问题。

第一节　灾害社会服务的组织角色介入

与一般环境下从事社会工作不同，灾害社会工作要求社会工作者必须准确认知和定位自身的角色，并随着灾难救援的步骤演进而逐渐进行调整。在救灾过程中，出现了社工组织救援角色模糊、过度介入及其他角色冲突的情形。而且，由于灾害发生的突发性和巨大破坏性等，过去也没有相关救灾经验，社会工作者在灾害服务过程中因为要传递死亡信息和其他负面信息而让人们厌恶，这样的角色冲突使得社会工作者产生严重的压力与焦虑，需要通过同工的支持及助人所获得的正向经验才能逐渐纾解②。

社会工作者应在不同的灾害模式、阶段和场境中发挥最恰当的功能，灾害工作者可以是"水"去荡涤服务对象的心灵，可以是"油"去点燃服务对象的热情和润滑不同社会群体的关系，也可以是"胶"去将不同的社会群体凝成一个整体③。社会工作者应明确在灾害服务过程中自己"应该做什么""能够做什么""目的是什么""什么能做及什么不能做"等问题④，只有这样才能扮演好自己的角色并开展好实际工作。苏莱曼（Soliman）则提出社会工作者在协助社区回应灾害时必须具备社区组织知识、技术和经

---

① Kreps, G., Sociological Inquiry and Disaste Research, *Annual Review of Sociology*, 1984, 10: 309 – 330.

② 陈俐蓉：《蜕变与新生：台北县新庄龙阁社区灾后重建历程之研究》，辅仁大学社会工作学系硕士学位论文，2003，第21页。

③ 顾东辉：《5·12震后社区中社会工作的专业智慧》，《西北师大学报》（社会科学版）2009年第3期。

④ 谭祖雪、周炎炎、杨世箐：《灾后重建中的社会工作：角色状况及其影响因素——以都江堰等5个极重灾区的调查为例》，《华东理工大学学报》（社会科学版）2009年第3期。

验来帮助遭受环境污染的社区，并进行政府倡导及灾民增权行动，在其中社会工作者的角色是教导者、整合者、倡导者、发言者、组织者、协调者及咨询者等①。具体说来，灾害社会工作者在灾害服务中扮演的角色如下。

一　资源输送者

在灾害救助中社会工作者并不是单独行动的，而是集体和有组织地通过社会工作者协会、慈善组织和基金会等各种非政府组织或政府福利部门开展行动。通过集体的优势，社会工作者高效率地从政府、企业和社会公众组织筹集金钱、药品和食品等物质资源，同时为灾区提供义工、青年志愿者等人力资源和媒体信息资源等。

当时有医院派两支医疗队带救援药品下去，但是由于很多路面都塌陷了，而且进入灾区援助的人多、车多，出现了严重堵塞情况。医疗队请求地方政府支持，我们知道这一情况之后，马上与政府协商过去协助。我们向政府建议，能不能指定一个固定的物资接收方式和地址，由我们专门负责，减轻政府和社会资源运输与管理的负担（个案102，WRT，男，23岁，CXQ社工机构社工）。

我们在现场发现灾民最需要解决的问题就是煮饭问题，实际上能带去的粮食是方便面、馍馍、饼干、罐装八宝粥，外界对灾民的现场需求往往不了解，盲目捐赠及运送的现象比较普遍，我们则设法与政府和社会团体联系将灾民的急需告诉他们（个案101，WRT，女，24岁，CXQ社工机构社工）。

社会工作者通过扮演资源输送者的角色使得灾民需求得到一

---

① 陈俐蓉：《蜕变与新生：台北县新庄龙阁社区灾后重建历程之研究》，辅仁大学社会工作学系硕士学位论文，2003，第22－23页。

定程度的满足，同时，还通过发挥非政府组织的弹性服务优势，灵活、迅速、有效地满足案主的服务需求，从而促进资源最大限度地被恰当利用。

二 服务支持者

灾害救助的主要内容不仅包括物质帮助，还包括各种服务提供。当灾害发生后，众多灾民不仅需要进行生活照料，还需要进行心理创伤服务，也需要社会资源及时介入。但在实践中，围绕救灾资源的大量不当竞争而出现的反常心理与行为，以及大量纷繁复杂的信息需要谨慎处理。因此，社会工作者一方面要通过对灾民的追踪访谈及对灾区环境进行调查研究，为灾后重建计划提供参考依据并向政府提供咨询服务。另一方面要秉承"助人自助"的服务理念，辅导灾区群众重新树立生活的信心，增强个人发展的能力。社会工作者往往需要考虑人与环境之间的调适关系，不仅要从微观层面即从关照个别案主权益与需求出发提供专业服务，还应从宏观层面即针对灾区特殊的环境，从社会制度与观念层面对灾民进行心理调适服务，使其真正适应灾后的生活①。

我能在汶川大地震发生后，为灾区伤员提供应急社工服务，我感到很荣幸，为灾区的乡亲们出一份绵薄之力。5月12日汶川大地震发生，那里非常需要全方位的救援力量，我们很多社工都希望能有机会可以到救灾一线去当志愿者，能把自己的社会工作专长用到那里！走进灾区提供专业服务之后，第一个问题就是当地缺少帐篷、棉被、净水药物、抗生素、奶粉等，尤其急缺饮用水，水已被污染。在了解灾民的需求之后，我们通过四种途径来解决：首先，通过新闻媒体及时向社会传递这一信息，同时，在网站发布相关信息；其次，写书面报告向政府反映；再次，与有

---

① 汪群龙:《灾后社会工作的介入与角色定位》,《齐齐哈尔大学学报》（哲学社会科学版）2008年第4期，第68页。

援助意向的社会各界人士与组织联系，并告知这一信息；最后，请求志愿者协助传播信息（个案104，WRT，女，26岁，CXQ机构服务汶川社工站长）。

地震发生后社会工作者应在第一时间到达现场，立即进入应急救援阶段，妥善转移安置受灾地区的受灾群众，在第一现场发放救灾物资和提供救灾资金支持，同时维护社会秩序，进行心理抚慰和心理疏导工作。社工也需要逐步了解灾区及灾区群众需求的变化，根据不同身份（如儿童、青少年和老人等）、不同特质（身心障碍、失去亲人的残障儿童）人群的需求，将其与政府工作对接起来①。社会工作者不仅要对普通民众进行支持，还要对志愿者进行支持，通过借助民间组织来培训志愿者、了解志愿者需求，及时舒缓志愿者的不良情绪等，使得志愿服务效果最大化②。

在"5·12"四川大地震后，台湾社工界成立了四川震后台湾服务联盟（简称"川盟"），其在灾后重建中扮演了重要的支持者角色，提供的支持性服务主要有志愿者培训服务、伤残服务、儿童辅助服务及经验交流服务四个部分，具体又分为：根据援建社区民众及重建中心需求发展出各个特殊族群的社会服务、中小学生服务方案及培训课程服务、贫困学生教育与生活津贴服务、学生家访关怀服务、了解受补助学童生活情况、灾区民众心灵陪伴服务、社区与生活重建服务、居民需求服务方案或技能培训、种子师资培训、培养在地组织服务及介绍各个特殊族群服务方法等（见表2-1）。通过这些活动的开展，支持者的角色得以彰显。此外，社工的支持服务又分为两类，第一类是社工组织之间的支持，第二类是社工组织对政府的支持。

---

① 贾晓明：《地震灾后心理援助的新视角》，《中国健康心理学杂志》2009年第17卷第7期，第883页。
② 顾敏燕：《上海志愿服务中的志愿失灵研究》，复旦大学社会学硕士学位论文，2009，第48页。

表 2 - 1　川盟的服务支持者角色及内容

类　别	计　划	执行单位
志愿者培训服务	培训映秀绵竹及汶川驻点社工及志工灾区重建方案	老五老基金会
	支持四川省绵阳市党校基层培训计划	川震联盟
伤残服务	四川地震——复健服务暨人力培训计划	伊甸社会福利基金会
	"5·12"川震后心理组重建工作服务方案——花精种子治疗师资训练工作坊	国际医学科学研究基金会
儿童辅助服务	四川震灾儿童心理与生活重建种子教师培训计划	儿童福利联盟文教基金会
	灾区儿童心情工作坊——手拉手快乐夏令营	台北市亚裔身心健康协会
经验交流服务	四川"5·12"地震后心理援助首届国际论坛 "5·12"震后社工国际论坛 YLSD 大学生灾区社会企业发展夏令营	台湾社会工作师公会联合会，台湾大学图资系、社工系

三　资源整合者

　　灾后重建资源分散的现状需要社工组织扮演资源整合者角色，虽然四川大地震之后的"全民捐赠运动"是新中国成立以来最大的募捐活动，政府和各种社会资源不断涌入灾区，但仍然无法满足重建任务的需要。而已有的重建资源又主要集中于一些"明星灾区"（经常被媒体曝光的灾区），其他灾区分配到的资源就相对有限了。况且，在灾后重建中，出现了政府和民间组织各自为政（inconsistence）或"各立山头"的局面，资源无法有效整合。资源分散不但无法有效协助灾区进行灾后重建，反而因为需要处理资源分散问题而延误灾后重建的进程。因此，社工组织要扮演好重建资源整合者的角色①，不仅要动员社会各界资源，更要整合社

---

①　Soliman，H. H.，Community Responses to Chronic Technological Disaster：The Case of the Pigeon River，*Journal of Social Service Research*，1996，22（1/2）：89 - 107.

区重建所需的人力、物力和财力等资源，并将这些资源输入灾区，协助灾民及灾区组织善用救灾资源，从而使得灾后重建资源尽可能贴近灾民需要[1]，这不仅有助于社工组织与灾民建立伙伴关系，也可以发挥社工组织的专业作用。社会工作者也许不是庞大资源的提供者，但是在各民间组织之间能够整合各类志愿服务的不同功能与特点，为灾民提供良好的志愿服务，并且对志愿者服务的持续性做出贡献[2]。

　　广州社工在为水磨小学提供服务时，组织者与整合者角色得到了充分体现。水磨中心小学已有100多年历史，由于学校平时应急训练到位，地震中，全校师生无一伤亡，但校舍已全部不能使用。广州市抗震救灾前线指挥部在45天里为学校建好了几千平方米的板房，配套了书桌椅。但学生住校的一些基本设施缺乏，500多个住校学生没有床铺被褥，学校食堂缺冰箱、锅碗瓢盆等生活物品。6月23日，广州社工与校长交谈时，校长和主任满脸不好意思但又焦急地向社工求助。整合社会资源是社工的专业特长之一，接下这个任务当仁不让。但落实情况并不乐观。

　　第一时间，我们向市级政府救灾部门求助，答复是，所有政府接收的钱、物要按计划统一安排。接着向区级政府常年捐赠接收站求助，他们忙了3天，答复：所有的实物都必须由市统一集中按计划分配。有些单位也表示可以直接资助学校急需，但必须开捐赠发票。一个小小的学校，哪里去弄只有财政局才有的捐赠发票呢？最后，他们把求助信息发到了广东狮子会雷建威副会长的手机上。

　　7月7日，广东狮子会光明、粤明服务队的谢会长带着七八个同事来到学校核实求助物资清单，当场承诺用他们会员捐出的款项资助学校复课所需，价值18.9万元，并委托广州社工负责全程

①　陈淑妃：《灾变社会工作重建模式之研究——大安溪部落工作站的案例分析》，东吴大学社会工作学系硕士论文，2006，第19页。
②　顾敏燕：《上海志愿服务中的志愿失灵研究》，复旦大学社会学硕士学位论文，2009，第48页。

监控落实。第三天，18.9 万元打进了学校的账户。第四天，广州社工与学校的王主任一同前往成都，把 20 多样物品全部采购回来。第六天，购物发票签上学校经办人、学校负责人名字，盖上学校公章，广州社工见证人签名，最后由我作见证的签字，发票全部交到光明、粤明服务队。这次行动让当地人和政府感受到社工整合的能力和意义，也让他们从心里接受了我们①。

社会工作者作为专业人员应该深入救灾的最前沿，帮助灾民将内在情况和社会外在帮助有机联系起来，同时帮助灾民从生理和心理伤害中摆脱出来。社会工作者进行灾后重建服务的重要任务就是在灾民内部之间及灾民与整个社会之间建立良好的社会关系。由于社会工作者能够直接深入服务对象中，因此，应高度重视和有效推动灾民的日常生活社会关系的建立与稳固，从而建立可靠和有效的重建自治与民间监督规范，社会工作者将这些资源整合并扮演重新分配或协调者的角色，从而发挥政府难以发挥的作用②。在灾害服务工作的最初阶段，社工在扮演资源整合者角色的同时特别需要注意两个问题：首先要注重救灾资源的可持续性，其次要注重资源分配的均衡性。因此，社工应为灾区孤儿提供专业服务，社工个案管理者更需要认真评估案主及其家人需求，并确认其所需要的各种资源，然后将案主、社会组织、政府人员及所需资源链接起来。如果社工无法及时提供案主所需要的资源，那么社工则要为案主开发、组织、链接和协调其他资源，或者设法将其转介到其他社工机构或专业组织去，以便案主接受更好的专业服务。

---

① 余细香：《灾难救助中的"广州模式"》，《中国社会导刊》2008 年第 16 期，第 15 页。

② 邓宁华：《社会工作在自然灾害救助中的介入》，《湖南工程学院学报》2008 年第 4 期，第 31 页。

四　建构者

灾后重建不但需要对硬件设施进行修复，更需要帮助灾民自力更生，而就业无疑是灾民自力更生的重要途径。在灾后重建中灾民最关心的是生计问题，如产业是否复苏、是否有工作机会与就业援助等。人们一般认为安置就业是政府的责任，但实际上这些都远远超过政府所能承担的范围，因此，需要社工组织和志愿者组织协助安排就业，扮演就业机会创造者的角色就成为社工组织的重要任务。

来自上海浦东的社工开展了"火凤凰计划"，将上海绒绣技术和业务带到灾区，在都江堰市滨河新村安置点举办培训班，请上海绒绣大师授课，已成功培训出 60 余位学员，经培训合格的学员还组建了"火凤凰绒绣合作社"。目前，合作社已与上海三林月玲工艺美术社签订了合作协议，实现了在家园就业的愿望①。

学者皮科克（Peacock）等人认为灾害虽然是自然结果，但是由于在社会层面无法处理灾害问题，社会互动网络崩溃，灾后生活或生产重建无法有效进行②。社工要协助灾民重建互动网络，同时，也要扮演信息平台的搭建者，社工站需要及时发布相关灾害救助信息，大家一起交流讨论，对于灾民困惑的地方社工需要耐心引导和解释，使灾民及时获得确切信息，有效澄清是非，从而遏制谣言的传播。

无论是发展中国家，还是发达国家，在灾害社会工作服务中都存在着这样或那样的问题，而这些问题的存在绝大部分是因为不能处理灾民内部的灾害伤害程度与社会支持程度之间的矛盾。

---

① 左玮娜：《来自四川地震灾区恢复重建的系列报道（三）在重建中找到自己的坐标——四川社工灾后成长之路》，《中国社会报》2009 年 5 月 12 日。

② Peacock, W. C., et al., *Hurricane Andrew: Ethnicity, Gender and the Sociology of Disasters*, New York: Routledge, 1997.

虽然社会工作者不能完全克服这种弊病，但他们能够将政策制度和灾民与灾情综合考虑，推动政策制度中不合理方面的变革，从而在一定程度上消减现有灾害救助制度的不利影响。

五　心灵重建者

社工还需要扮演灾民心理重建者的角色，在灾后重建中，人们往往只重视物质方面的重建工作，但研究表明心理重建更为复杂，也更为艰难。灾害带来的影响不仅局限于生命财产的损失，更会带来长久的精神健康方面的问题。在灾后重建中，灾民往往觉得自己像是被关在牢中的囚犯，进而可能形成"二次灾害"①。部分文献也显示，灾害后一年内自杀潮将达到最高点②，需要社会各界提供持续的心理追踪服务，而且在灾后重建过程中，心理重建变成最重要和最艰难的任务（见图2-1）。

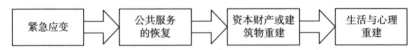

图2-1　心理重建在灾后重建四个阶段中的地位

况且，灾后心理重建在我国尚处于探索与运用并行的阶段，明显存在着心理重建与社会支持脱节的现象。社工组织不仅能为灾民提供专业心理治疗服务，还能帮助灾民重建社会网络和提供社会心理支持。

某村民，女，50多岁，丈夫在甘肃打工。家中房子2009年才建成，二层楼，内部装修不错。地震中一层全部开裂，墙体部分平移，承重墙严重裂损，已无法居住。这两年，她的丈夫出去打工还债，但还有7万元没还清。现在，一提起房子，她就忍不住流

---

① Edelstein, M. R., *Contaminated Communities: The Social and Psychological Impacts of Residential Toxic Exposure*, Boulder, CO: Westview Press, 1988: 10.
② 陈淑妃：《灾变社会工作重建模式之研究——大安溪部落工作站的案例分析》，东吴大学社会工作学系硕士论文，2006，第19页。

泪，不停地重复："房子垮了，还有那么多的债，怎么办？""想想真是恼火，如果不是因为孙子，我真是不如死了算了。"

某村民，男，40多岁，2006年刚花十几万元买了一处房子，用光了毕生积蓄，还借了五六万元。他妻子有慢性肾炎，治病花了很多钱，加之得病后又不能干重活，买房借的钱一直没还上。两个孩子都在读书，也需要花钱。地震把房子震垮了，也把他震垮了。问他有什么困难，他不断地重复："没有家了，家没有了。"说着说着，眼眶就红了。然后就把脸埋在手心里，一语不发，留下一个孤独、悲伤和被灾难击垮了的男人的背影①。

社工组织可为有心理障碍的灾民建立个案管理数据库②，提供心理危机家庭探视和心灵重建居家护理等服务，协助灾民消除心理疾病，为灾民带来重建的勇气和力量，减少社会问题的发生，因此需要积极搭建灾民交流平台。例如，在四川大地震中，马贵、钱排两个社工站都设在灾民相对集中的地方，由于社工的影响这里也成了灾后人气最旺的地方，很多村民一有时间就想来社工站坐坐，交流彼此的看法和意见，倾诉心中的矛盾和困惑，社工则认真倾听，并给予适当的情绪疏导和情感支持，帮助其化解心中的困惑与纠结。这种闲谈式的交流方式，满足了灾民的倾诉欲，对于灾民转移对灾难的注意力、释放心理压力和恢复重建信心起到了很好的作用③。

六　增权者

"增权"是灾害社会工作实务的新视角，它强调社工对案主能力的开发和提升，在社会工作服务中，通过对社区及个人的"增

---

① 张丽霞：《社会工作者眼中的地震——灾害的伤痛不止写在脸上》，《中国社会报》2013年6月7日。
② Soliman, H. H., Community Responses to Chronic Technological Disaster: The Case of the Pigeon River, *Journal of Social Service Research*, 1996, 22 (1/2): 89-107.
③ 刘萍、史绵绵：《灾害社会工作的功能与反思》，《湘潮》2011年第2期。

能"或"充权"（empowerment）来加强安置区的社区能力建设，这成为社工灾害服务过程中肩负的重要任务。

从增权的视角来看，所有的助人计划和实施过程都应以案主的优势和抗逆力为核心，充分尊重案主的权利。不管是计划的制定、选择，还是实施，社会工作者都应鼓励案主全程参与，并由案主自己决定。

首先，社工在评估个人、家庭及社区内外资源的时候要聚焦于所有资源的优势，优势资源的充分利用对于案主自我赋权非常有利。其次，社工要让案主坚信灾害在带来伤害的同时也会带来机遇，让案主不再孤立地去关注伤害，提醒案主把握机遇才能获得发展。最后，增权视角下的社会工作者与案主之间是一种平等的合作关系，凌驾于案主之上的家长式作风只会加强案主的弱势群体的感觉，从而不利于激发案主的潜能。从这个层面而言，增权视角不应提倡固定的介入模式，应从优势视角的具体方法和技巧上对介入过程进行初步探讨。

七　个案管理者

个案管理是灾害社会工作新发展出来的助人模式，适用于有多重问题的案主。受灾居民问题往往并非单一，有可能兼有经济问题、生活问题、生理健康问题和精神健康问题等，往往需要来自不同领域和不同专业的协助。如果由重建社区居民自己来求助，并不是一件容易的事。因此，社会工作者在提供社会支持的同时，需要积极扮演好"个案管理者"的角色，通过寻求和链接不同资源使居民多重需求得到满足[1]。社会工作者一方面扮演初级的情绪支持者角色，另一方面要结合各种资源并通过社会工作者的转介及协调，使得重建社区居民的需求能够得到满足。

---

[1]　朱晨海、曾群：《结果导向的社会工作评估指标体系建构研究——以都江堰市城北馨居灾后重建服务为例》，《西北师大学报》（社会科学版）2009 年第 2 期，第 67 页。

八　规划倡导者

规划倡导主要包括两个层面：首先是整体层面上的规划与倡导，由于灾害发生具有突然性和不可预测性特点，因此，需要从全面性和制度性角度对灾民整体生活进行照顾，而不仅仅是心理救助，灾区重建不只是帮助灾民获得住房，还需要帮助其重新获得安心、安身和安全的全新生活。其次是个案服务层面的规划与倡导。社工除了提供直接服务之外，还需要收集案主及灾区的问题，当社工或者机构没有办法解决时，就需要通过倡导来改变现存制度以帮助灾区及灾民。除了"集体倡导"和政府倡导外，社工机构和政府部门的社会工作者也需要持续对灾害中的儿童、青少年个人权益进行"个案倡导"，社工应确保案主获得资源与服务的权利。值得注意的是，规划倡导是将案主视为应该受保护的对象，而不是有待解决的问题。

九　"补充性"角色

在灾害救助过程中，社工组织与政府组织的角色和功能有何区别与联系？克兰德曼斯（Klandermans）认为小规模、非正式及非阶层式的非营利性组织，拥有政府组织所不具备的优势[1]。李（Lee）则强调非营利组织自力救济（self-help）与自我组织（self-organization）的功能，在面临重大灾害时能充分发挥人性的"自助"与"助人"精神，从而唤醒灾民自助意识和重新生活的勇气，使灾民从附属（subjection）到自主（subjectivity）[2]。克莱默（Kramer）将社工组织在灾害救助中的角色定位为积极的"补充性"（supplementary）角色[3]，韦斯布罗德等学者认为由于"市场失灵"（market failure）、

[1]　Kramer, R. M., *Voluntary Agencies in the Welfare State*, Berkley: University of California Press, 1981: 235-247.

[2]　Lee, J. A., *The Empowerment Approach to Social Work Practice*, New York: Columbia University Press, 1994.

[3]　Kramer, Ralph M., *Nonprofit Social Service Agencies and the Welfare State: Some Research Considerations*, 1990: 235-247.

"政府失灵"（government failure）及"契约失灵"（contract failure）[1]，政府在应对灾害风险时并不是全知全能的，在政府能力难以达到的领域需要民间力量的支持。

社工组织还能充分发挥快速响应的优势，有利于克服政府威权化（debureaucratization）和分权化（decentralization）所造成的组织缺陷。由于缺少官僚性规范与层级节制命令的制约，社工组织无论是在人力还是财力的协调运作上都比政府运作更为快速。而且，社工组织具有弹性扁平式结构特征，在灾害过程中不是实行自上而下的指挥，而是自下而上的通报。因此，当灾害发生时社工组织下属机构分工快速，可直接进入灾区进行救援工作，这种组织特征在人力、物力、财力的机动性与时效性上能克服政府僵化缓慢的缺陷。扁平性特点也有利于社工组织为案主及时争取民间资源，当灾害发生时，灾民如果需要政府救助，必须通过严格的资格认定程序。社工组织在资格审核与认定上，虽然没有一套制度化与专业化的认定程序，甚至有时是相关工作人员的主观认定，但正是由于没有行政程序与责任包袱，更能凸显其弹性，能及时协助这些因行政规范而被排除在政府福利体系之外的灾民。

对于政府来说，弹性和机动性的民间资源有利于克服原本在灾害动员上缓不济急的行政体系的局限，通过社工组织的协助能够争取救助时效。此外，社工组织能为案主提供除政府之外丰富而及时的社会资源，也可以解决原本行政结构所无法克服的资源困境问题。社工组织为受灾地区投入人力、物力和财力进行灾害社会服务，并且以灾害救援队、妇女团体、社区工作团体、志愿服务协会、社区发展协会和社会福利组织等不同组织形态出现，扮演搬运工、义警、义务消防员和救援队等角色，这使得社工组织的重要性彰显。克莱默指出，社工组织在灾害救助中扮演的角

[1]　Weisbrod, B. A., *The Nonprofit Economy, Cambridge*, MA.: Harvard University Press, 1989; Salamon, L. M., Partners in Public Service: The Scope and theory of Government - Nonprofit Relations, in Powell, Walter W. (ed.), *The Nonprofit Sector: A Research Handbook*, New Haven: Yale University Press, 1987: 93 -117.

色已从社会边缘转变成为社会主流①。

　　当然，在灾害社会工作服务过程中，社工除了需要扮演上述主要角色之外，还要扮演其他角色。如在灾害中扮演殡葬处理、灾民安置、伤亡抚恤、家庭重建、就学辅导、社区重建和社会照顾人员等角色，这些工作的进行使得救灾过程中人的重要性彰显②。因此，探索社工角色的扮演有助于在未来面临重大灾害时采取正确的行为策略。而且，现代灾害越来越呈复合型特点，社工在灾后重建中扮演的角色也将越来越多元，但由于缺乏灾害救助的相关经验，目前社工对于在灾后重建中究竟应该扮演什么角色，认识还是比较模糊的。

第二节　灾害社会服务的组织介入类型

　　一些研究者认为在灾害重建中政府的能力其实相当有限，只有充分动员民间社会力量，才能有效地应对灾难③。而且，灾后重建具有延续性与阶段性特点④，受灾地区在每段时期和每个时间点都会有不同的需求，灾区实际需求也远远超过政府的供给。因此，这不仅需要政府的正式支持和灾民的自身努力，也需要更多的民间力量为灾区重建和灾民社会服务提供非正式的社会支持（如表2-2）。但是，社会工作者如不能以一种适当的方式参与灾后重建，不但不

① Kramer, Ralph M., *Nonprofit Social Service Agencies and the Welfare State*: *Some Research Considerations*, 1990: 235-247.
② 陈俐蓉:《蜕变与新生: 台北县新庄龙阁社区灾后重建历程之研究》, 辅仁大学社会工作学系硕士学位论文, 2003, 第21页。
③ Kreps, G., Sociological Inquiry and Disaster Research, *Annual Review of Sociology*, 1984, 10: 309-330; Nakagawa, Y. & Shaw, R., Social Capital: A Missing Link to Disaster Recovery, *International Journal of Mass Emergencies and Disasters*, 2004, 22 (1): 5-15.
④ 陈秀静:《九二一震灾后生活重建工作之研究》, 东海大学社会工作系硕士学位论文, 2001, 第81页。

能扮演好积极的"补充性"角色[1]，反而会由"帮忙"变成"添乱"。社工非营利组织究竟以何种途径或模式参与灾后重建才能积极响应灾害所带来的社会问题？这是值得探索的现实问题。

表2-2　部分到灾区服务的社会工作机构一览表[2]

序号	机构名称与服务时间	主要服务内容和服务地点	工作人员数	经费（万元）
1	中国社会工作协会（2008.5 至今）	专业社工服务（汶川县水磨镇、都江堰、绵阳）	10 人	1200
2	中国社工教育协会（2008.09 - 2010.12）	抗震希望学校社工服务行动（德阳、广元十所学校）	21 人	600
3	上海 - 华东理工服务队（2008.7 - 2009.1）	通过整合社会资源，重建支持网络等手段，重建社会关系（都江堰市勤俭人家安置点）		
4	上海 - 复旦大学服务队（2008.7 - 2009.1）	针对青少年和普通居民开展重建项目（都江堰市祥园安置点）		
5	上海 - 上海师大服务队（2008.7 - 2009.1）	以青少年朋辈辅导为基本理念，开展社工服务（幸福镇滨河社区安置点）		
6	上海 - 东社工服务队（2008.7 - 2009.1）	以安置社区青少年和妇女为介入点开展社区项目活动（都江堰市幸福镇翔凤桥安置点）		
7	香港浸会大学、西南财大北川工作站（2009.4 至今）	通过个案辅导、小组工作、社区工作等专业方法提供服务（北川县曲山镇任家坪村和邓家片区）	2 人	110
8	广元利州区希望社工服务中心（2008.5 至今）	学校社会工作（广元和德阳）	10 人	40
9	台湾川盟绵竹社工（2008 年底）	学校社会工作、儿童社会工作（绵竹市剑南社区）		

---

① 周利敏：《灾后重建中社工组织多元角色的实践与实务模式选择》，《华南农业大学学报》（社会科学版）2009 年第 3 期，第 78 - 82 页。

② 边慧敏、林胜冰、邓湘树：《灾害社会工作：现状、问题与对策——基于汶川地震灾区社会工作服务开展情况的调查》，《中国行政管理》2011 年第 12 期，第 72 - 73 页。

续表

序号	机构名称与服务时间	主要服务内容和服务地点	工作人员数	经费（万元）
10	安县红十字社工服务中心（2008.10至今）	综合社区社会工作（安县秀水镇）	7人	100
11	湘川情社会工作服务队（2008.5.14至今）	社会工作与心理援助（理县）	24人	80
12	香港理工大学水磨中学社工站（2009.2－2012）	中学生生命教育、亲子互访、教师置换、教师精神卫生健康小记者、暑期课业辅导等（汶川水磨镇）	2人专职1人兼职	60
13	香港理工大学清平乡社会工作站（2009.2）	提供轻钢生态房、文化传承、促进青少年发展及技能提升、生计恢复、社区就业支持等（武都板房区）	4人专职4人兼职	1100
14	香港理工大学汉旺学校社工站（2009.2－2011.2）	学生伤残康复，学校重建（汉旺）	4人	21
15	中大－理大映秀社工站（2008.6－2011.8）	心理支持与生计（汶川县映秀镇）	3人专职4人兼职	300
16	广东－汶川大同社工服务中心（2009.11至今）	服务孤儿、孤老等弱势群体，为民众、干部、援建工作者舒缓心理压力，提供培训（汶川县13乡镇）	13人	400
17	无国界社工（2008.8－）	老人服务、义工培训、妇女服务、妇女羌绣培训、残障人士康复服务等（北川擂鼓镇）	6人	
18	绵竹青红社工服务站（2008.2－2009.1）	残疾人生计发展（武都板房区）	2人专职3人兼职	30
19	都江堰上善社工服务中心（2009.10至今）	派驻社工专业人员，提供专业咨询、培训、督导服务等（都江堰市）	13人	
20	都江堰华循社工服务中心（2008.6至今）	安置板房区、提供专业社会工作服务（都江堰）	2人专职13人兼职	100
21	广州启创水磨小学社工站（2008.6至今）	学校社会工作（水磨镇）	5人	已投200
22	广州启创陈家坝社工站（2009.12至今）	学校社会工作（北川县陈家坝乡）	4人	160
23	广州启创绵阳市剑门路小学社工站（2011.1至今）	学校社会工作（绵阳市剑门路）	4人	55

序号	机构名称与服务时间	主要服务内容和服务地点	工作人员数	经费（万元）
24	港大北师大－剑南社会工作站（2008.12－2011）	综合社区服务（剑南板房区）	8人专职2人兼职	150
25	成都青羊区社会工作研究中心（2008.5－2009.5）	救援安置、组织志愿者有序服务、援建板房、修复古物（成都西体路爱心家园安置点和崇州街子镇）	7人专职15人兼职	财政资金
26	心家园社工（2008.5至今）	儿童、青少年、老年人服务，心理干预服务（彭州）	6人专职20人兼职	66
27	香港土房子（2008.6至今）	个案心理辅导、残疾人个案工作、青少年成长、义演活动（绵竹、什邡、彭州）	5人专职2人兼职	150
28	关爱社工联盟（2008.5至今）	学生心理辅导、儿童青少年夏令营、助学、助养、伤残康复等（武都板房区）	20人专职20人兼职	20

　　灾害发生后，利他主义迅速蔓延并引发救灾资源聚集，同时社会工作组织救援行动大量投入，这些群体各有不同的动机，参与的形态也可以大致区分为组织性与非组织性两类。社工在灾后迅速聚合的现象，也使社会大众意识到灾害特殊情境已经形成，因此，尝试建构（structure）这一情境并希望将其正常化（normalize）[1]。在自然灾害之类的共识性危机中，因为社会成员感受到了社会体系所受到的外力威胁，并且认识到灾区应该有急迫而明显的问题需要解决，因此会产生同仇敌忾的情愫，并具体地展现为社会区隔的消除（leveling of social distinctions）、利他性规范的显现（emergence of altruistic norms）、公民角色扩张及社区认同增强（the expansion of citizenship role and increased identification with the community）等外显性特征[2]。国外研究

① Mileti, D. S. , et al. , *Human Systems in Extreme Environments*, Boulder, CO: Institute of Behavioral Science, 1975: 63.

② Wegner, D. & James, T. , The Convergence of Volunteers in a Consensus Crisis: The Case of the 1985 Mexico City Earthquake, In Russell Dynes & Kathleen Tierney (eds.), *Disaster, Collective Behavior, and Social Organization*. Newark, Delaware: University of Delaware Press, 1994: 32 - 231.

显示，除了性别、年龄、居住地、与灾区的距离、宗教信仰程度（devotionalism）及社会经济地位等人口背景曾被证实与"是否参与救灾志愿者工作"或"参加何种救灾志愿者工作"有相关性①，能促使社会成员迅速建立新规范体系之外，个人先前的经验或所谓的"灾难次文化"（disaster subculture）是推动其积极扮演救灾者角色的重要因素②。灾害对灾区外的民众也会产生冲击，引起他们心理和行为上的变化。

当社会成员因为灾害的出现而不约而同地采取类似的行动来回应时，这也可以算是一种集体行为，社工组织行动介入灾害服务主要有利他性与利己性两种类型。由于灾害属于"共识型危机"（consensus crisis），会使利他主义情感增加，灾区外的民众对于灾害容易出现共同的想法，社工组织会在非常短的时间内进入受灾地区开展救援行动和灾害服务，从而形成利他性集体行动，它可以分为组织性与非组织性两类。

一　组织性介入

当灾害发生时，行动最迅速的往往不是正式的政府组织，而是迅速集结起来的社会工作组织③，这些组织在多数民众还处于惊慌与恐惧的时候，就已经赶在政府之前深入灾区。这种利他性的社工组织具有自我组织（self-organization）和自力救济（self-help）的功能，能充分发挥人性的自助与助人精神，唤醒灾民重新生活的信心和自助意识，使灾民从附属（subjection）到自主（subjectivity），

① Wegner, D. & James, T., The Convergence of Volunteers in a Consensus Crisis: The Case of the 1985 Mexico City Earthquake, In Russell Dynes & Kathleen Tierney (eds.), *Disaster, Collective Behavior, and Social Organization.* Newark, Delaware: University of Delaware Press, 1994.

② Drabek, T. E., *Human System Responses to Disaster: An Inventory of Sociological Findings*, Berlin: Springer-Verlag, 1986: 178.

③ Fischer, H. W. III., *Response to Disaster: Fact versus Fiction & Its Perpetuation-The Sociology of Disaster*, Lanham: University Press of America, 1998: 13 - 38.

从而发展出 "藏诸正式结构之下的结构" (*infra* structure)①。中川翔子甚至认为，在灾害救助中政府能力实际相当有限，只有充分动员民间力量，才能有效应对灾难②。即便正式救助体系比较完善的西方发达国家，灾害救助很大程度上也取决于所得到的非正式援助的多少③。总之，在灾害救助中，社会工作组织发挥着越来越重要的作用。在这类集体行动中，最为明显的参与力量就是赶赴灾区执行任务的救灾人员，如媒体工作者、专业救援人员和医疗护士人员等④。

2010年第11号台风 "凡比亚"，目前已致我省156.3万人受灾，因灾死亡和失踪的人达130多人，损失50多亿元。特大暴雨带来的洪涝灾害、泥石流地质灾害给茂名、阳江等市重大创伤，茂名市有26个镇51.7万人受灾，人员伤亡惨重。为给予生活和心理陷入困境的灾民提供专业服务，根据广东省民政厅厅长刘洪的提议，广东省社会工作师联合会、广东省慈善总会联合启动 "情暖灾区服务行动"，第一批队员已于29日赶赴灾区。深圳社工协会也向各机构转发了通知，筹备从全市社工机构中抽调6名社工组成第一批深圳社工援灾队。

据了解，此次 "情暖灾区服务行动" 根据受灾情况，拟在茂名高州市马贵镇和信宜市钱排镇分别设置两个社工站，每个站设6个社工、2名督导，队员由广东省社会工作师联合会在全省招募。目前，已经有广州市、深圳市、东莞市等一批曾支持汶川灾区具有灾害应急方面经验的优秀社工积极响应。前往的社工将分批进

---

① Smith, M. J., *Pressure, Power and Policy: State Autonomy and Policy Networks in Britain United States*, London: Harvester Wheatsheaf, 1993: 52.
② Nakagawa, Y. & Shaw, R., Social Capital: A Missing Link to Disaster Recovery, *International Journal of Mass Emergencies and Disasters*, 2004, 22 (1): 5-15.
③ Kreps, G., Sociological Inquiry and Disaster Research, *Annual Review of Sociology*, 1984, 10: 309-330.
④ 汤京平、蔡允栋、黄纪：《灾难与政治：九二一地震中的集体行为与灾变情境的治理》，《政治科学论丛》，2002，第137-162页。

驻灾区，每批队员工作时间 10 至 15 天，计划服务两个月。

此次社工服务的重点是灾情严重的村落、伤亡人数较多的地方、学校、孤寡老人、孤儿和生活困难的家庭。社工将评估受灾地区人们的困难和需求，为灾区遇难者家庭提供哀伤辅导服务；联手志愿者为各类人群提供灾后心理调适服务和各类社会服务；链接政府和社会资源，缓解人们临时生活困难，增强社区和群众灾后重建的信心。

据悉，"情暖灾区服务行动"是由广东省慈善总会募集资金，广东省社会工作师联合会组织的，是广东省慈善组织与社工行业组织携手合作开展的一次大型的社工专业服务活动。进驻的社工将运用倾听、同理、鼓励等技巧开展社工专业服务，充分发挥社工专业优势，将在灾民心理抚慰、缓解生活困难、灾区重建等方面发挥积极的作用。同时，广东省社会工作师联合会、广东省慈善总会已向全省社会工作服务机构、全省专业社会工作者发出"支持茂名救灾复产，社工灾区服务行动"的紧急倡议，将发动、组织 60 名社工危机介入行动队，分批赴茂名开展为期 60 天的社工专业服务①。

道德动机（moral motivations）和自我实现期望（the desire for self-development）是集体行动产生的重要原因，社工都会尽自己的一己之力去达成团体目标，灾区外利他性集体社会工作者助人行动因此出现。此外，社工个人对救灾行动功效（efficacy）自我评估的高低，也会对社会工作组织投入救灾行动产生重要影响。一些专业救灾人员如医生、护理人员及社工等相信自己能在灾害救助中发挥专业功能，能够帮忙而不添乱，因此会有主动前往灾区提供服务的意愿和动机。例如，作为专门从事灾害救援的机构——云南青少年发展基金会益行工作组从 2008 年成立以来，已经多次参与了地震、泥石流、抗旱和洪水等自然灾害的紧急救援

①　中国新闻网、深圳社协:《广东派出社工前往茂名对灾民进行心理辅导》，http://www.chinanews.com/df/2010/09-29/2564823.shtml，最后访问时间: 2010 年 10 月 13 日。

和灾后重建工作，形成了一套较为有效的工作程序：首先组织灾情调研，了解受灾地区的大致情况，然后进行需求评估，再根据评估进行物资组织和其他方面的应对援助。由于相信自己的专业能力，因此只要有灾情发生，社工组织都会以最快的速度赶赴灾区提供服务。此外，社工个人是否属于特定的团体组织也会影响投入意愿，团体成员身份使得社工有机会接受专业训练。而且，团体组织也可以为个人提供灾害服务的心理和情感支持，有利于克服赶赴灾区以及在灾区服务过程中自身所产生的心理障碍。而且，团体组织的分化程度越高，个人就越容易找到自己的定位，这比无组织的盲目投入更有明确的方向感和成就感。

　　除了灾区外的社工可能采取利己性行动之外，还有一些社工组织也是基于利己目的而赶赴灾区的。虽然社工组织投入灾害救助应该受到肯定，但当从更理性的角度去审视时却发现投入灾区的志愿组织各有各的动机，一些社工组织的确是为了社会责任心和组织使命感而来，但也有一些社工组织是为了"私心"而来。社工组织最容易被人诟病的地方就是财务收支状况，灾民甚至怀疑某些社工组织的动机，认为这些社工组织是为了承包灾后重建工程赚取不当利益，或者是为了取得组织发展的其他资源而来。以某些社会工作组织为例，它们虽然自称赶赴灾区是为了服务灾民，但实际上是为了在灾区进行方案实践，累积更多本土化助人经验、专业知识和社会资本，使成员在灾区有更多的学习和成长机会，从而出现了组织发展"私心"。

二　非组织性介入

　　当灾害发生时，社会弥漫着同情受难者的气氛，不仅会产生利他主义情绪，也会出现自愿主义（volunteerism）精神①。在"自

---

①　Wegner, D. & James, T., The Convergence of Volunteers in a Consensus Crisis: The Case of the 1985 Mexico City Earthquake, In Russell Dynes & Kathleen Tierney (eds.), *Disaster, Collective Behavior, and Social Organization*. Newark, Delaware: University of Delaware Press, 1994: 32 – 231.

愿主义"激励下，一些不属于任何团体组织的社工以个人名义自行前往灾区进行救助。例如，在汶川大地震中，震波几次绕成都而过，对于如此贴近的大灾难，市民们几乎没有任何的准备。但惊醒之后，却突然冒出了强大的志愿者行动。例如城里的"的哥"们疯了似地开往距离成都不远的都江堰去运送伤员和物资，得到了市民的赞许，也有不少私家车主在车上贴上"抗震救灾"的字样，志愿开往都江堰、彭州等地，抢险救灾，还有不少商家、店主、大学生等各界人士都以非组织的形式参与志愿活动。目前学界有关非组织性的社工研究几呈空白，如非组织性社工比例究竟有多大，其灾害救助行为类型有哪些，这种行为能够持续或中断的因素是什么，对灾害救助会产生哪些影响等问题没有确切的答案。但一般会预期这批社工到达灾害现场后，由于个人力量无法在灾害救助中充分发挥助人的目的，还是会寻找专业组织或者加入他们所认同的慈善团体，逐渐向一种组织化的救灾行动转变。也有一些非专业、非组织性的社工在赶赴灾区提供服务之前，因担心个人行动的局限性，会先向专业的救灾组织靠拢，试图被这些团体组织所认同与接纳，取得组织身份之后再进入灾区[①]，将个人的非组织性行为转化为有组织的集体行动。

　　除了非组织性的社工个人的集体行动之外，也出现了一些组织之间缺乏协调的非组织性救灾行动，如一些民间或国外社工团体由于组织之间缺乏有效的沟通，到达现场后只能各自寻找服务对象和服务区域，盲目聚集在"明星灾区"，甚至因救助对象重叠而引起彼此的冲突[②]。这类社工组织往往与政府之间也缺乏必要的联系与沟通，双方在灾害救助中各行其是，资源无法进行有效整合，导致"各立山头"局面的出现。虽然，社工组织独自对灾民进行慰问和发放物资，展现了灵活性与时效性，但由于与政府救

①　汤京平、蔡允栋、黄纪：《灾难与政治：九二一地震中的集体行为与灾变情境的治理》，《政治科学论丛》，2002，第 137 - 162 页。

②　汤京平、蔡允栋、黄纪：《灾难与政治：九二一地震中的集体行为与灾变情境的治理》，《政治科学论丛》，2002，第 137 - 162 页。

灾行为的非协调性，双方争先投入灾害救助，导致救灾资源重复浪费以及区域资源与服务分配不公等消极现象。

虽然自然灾害属于"共识性危机"，集体行动目标比较一致，相互冲突的可能性不大，但是突然增加的大量非组织性社工组织的集体行动，势必造成协调上的困难。在灾害救助中，随着"需求超载"而来的是"供给超载"（supply overload），由于缺乏组织间协调计划和有效的组织管理，非组织性的集体行动有时非但不能帮助灾民，反而由帮忙变成添乱。

在我国，大多数社工组织的集体行动是不成熟的，还未发展到专业分工和组织化程度，甚至还会出现一些利己性的社工的集体行动，这往往是以前只关注利他性集体行动研究所忽略的。最常见的例子就是灾害发生后大批灾区外社工不约而同涌入受灾地区，形成大量的人潮和车潮。与组织性和利他性集体行动不同，这类涌入灾区的社工有各自不同的动机和目的，一些人是为了满足好奇心，甚至可能持"看热闹"的心态而挤进灾区。另外一些则是关心灾区内亲朋好友的安危，但因为通信中断而无法及时了解，因此，希望亲自前往灾区了解实际状况，诸如此类的利己性行动也不在少数。灾害越频繁、越严重，为了私人目的而挤进灾区就越有可能出现一些损人利己的行为。而且，这些大量涌进灾区的人会造成伤员向外输送及物资向内输入的困难，因此，这种集体行动最被人诟病的地方就是自利性。

学者们认为，持有利他主义的人为了取得好的行动结果，会把自己和其他人的互助合作看成是重要的，但是利己的人却更关心自己结果的最佳化，并且忽略与他人互助合作以获得最大利益，奥尔森认为这种个人自发自利的行为往往导致集体行动不利的结果。因为理性、自利的个人一般不会为共同或团体利益奋斗，而且，随着集体人数的增加，利己性目的的增长，集体行动就更难产生。简言之，在原本"灾害互助"和"利他主义"的灾害情境中，如果大家都选择短期自我利益而不顾及其他参与者的利益，就会产生集体行动的社会困境（social dilemmas）。因此，无论是社工个人的"私心"，还是社工组织的"私心"，都不利于灾害集体行动的产生和发展。

三　其他介入模式

社会工作介入灾害救援的途径可以分为政府相关部门直接领导、与高校合作、民政部门批准注册、政府协调和其他政府部门审核批准五种类型。这些灾害救援社会工作介入模式又进一步分成三种，即政府主导模式、社会组织主导模式和高校主导模式①，具体如下。

第一种是政府主导模式。政府已将这种类型的社会工作组织纳入制度体系内，通过政府出资委托服务或购买服务来进行。这一模式的最大特点就是政府部门主动出面或支持各类社会工作机构，并且协调整合各种社会资源，同时组建社会工作专业组织和队伍支持灾后重建服务，采用这种模式的主要有上海社工、广东社工、湖南社工和四川社工等。例如，上海市民政局牵头，上海社会工作者协会组织上海的社会工作者成立了社工灾后重建服务团队奔赴灾区服务，上海社工的对口帮扶推动了都江堰市在地社工的发展。2008 年 12 月，四川省委组织部联合西南财经大学、西南石油大学、西南民族大学和四川农业大学等高校派驻社工服务队为灾区基层干部提供心理援助。2009 年 3 月，四川省民政厅组织"社工百人计划"志愿者在北川擂鼓镇、安县桑枣镇和平武南坝镇等地设立社工站，开展社工服务。湖南省政府在援建理县过程中，将社会工作纳入援建整体规划，将四支社会工作队伍整合成"湘川情社会工作服务队"，为精神家园重建项目提供 300 万元资金支持。广东省援建工作组在对口支持汶川工作启动一年多以后，将社会工作纳入援建规划，为汶川县政府提供 460 万元专款用于购买社会工作服务。安县政府与中国红十字会和南都基金会等

---

① 韦克难、黄玉浓、张琼文：《汶川地震灾后社会工作介入模式探讨》，《社会工作》2013 年第 1 期，第 57 - 58 页。

社会组织合作成立红十字社工服务中心，将其注册为民办非企业单位，并拨款近 30 万元作为社会工作者的个人补贴，投入 20 万元资金和物资用于社会工作服务基地建设。2011 年 1 月，四川省广元市利州区教育局与中国青少年发展基金会、中国社工教育协会联合成立了希望社工服务中心，由利州区政府每年出资 40 万元向其购买社工服务[1]。

第二种是社会组织主导模式。这里的社会组织一般是在民政部门或工商部门注册的社会团体和民非企业，也包括没有注册的民间组织和各种国内外的公益性基金会，这些组织自身有社工或灾后聘请社工在灾区开展社会工作服务。组织经费的主要来源有：申请基金会项目经费或其他组织和私人捐赠等。从服务效果来看，这类组织能够得到服务对象的普遍认同，服务满意度较高。这一模式最主要的特点是在没有被纳入灾区援助体系的情况下，由单个社会组织或多个社会组织组成联合体进入灾区开展社会工作服务[2]。

第三种是高校主导模式。这一模式一般是由高校派出社会工作专业教师或聘请专业社工在灾区开展社会工作服务。由于一家高校的资源与能力比较有限，一般由好几个高校联合起来一起进入灾区提供服务，其经费主要以项目形式申请或由其他组织捐赠，如在汶川有中山大学、香港理工大学和乐山师范学院等高校；在北川县、绵竹市有西南财经大学、香港理工大学、北京师范大学、香港大学和中国青年政治学院等[3]。高校主导的社会工作介入模式的初步形成，为完善灾害专业服务提供了有益借鉴。

除了社会工作灾害服务组织者及其合作方式需要关注之外，我国社会工作介入灾害服务的具体运行模式也值得深入探讨，其

---

① 韦克难、黄玉浓、张琼文：《汶川地震灾后社会工作介入模式探讨》，《社会工作》2013 年第 1 期，第 57 – 58 页。
② 韦克难、黄玉浓、张琼文：《汶川地震灾后社会工作介入模式探讨》，《社会工作》2013 年第 1 期，第 57 – 58 页。
③ 韦克难、黄玉浓、张琼文：《汶川地震灾后社会工作介入模式探讨》，《社会工作》2013 年第 1 期，第 57 – 58 页。

中最为典型的有鹤童社会企业服务模式、剑南社工"寻解导向"的社区能力建设模式、深圳"1社工+4义工"的联动机制模式、上海社工的"政社合作"介入机制模式、四川社工"行政主导"的介入机制模式及香港理工大学社工积极发展的本土化服务模式[①]。徐永祥基于上海社会工作服务团在都江堰参与"5·12"汶川灾后重建的经验和社会工作的"嵌入、建构、增能"理念，提出中国灾害社会工作介入灾害服务的另外三个模式，即政社分工与合作模式、社区信息链接模式和需求评估与回应模式[②]。

第三节　灾害社会服务的组织介入过程

一　介入阶段

根据国外灾害研究发现及灾害服务经验，灾害社会工作服务阶段分为紧急准备计划期、紧急救难期（包括黄金72小时紧急救援及临时安置）、危机处理期、灾后应变期、短期安置期和后期安置期（包括中继安置和永久安置）等阶段，如图2-2所示。

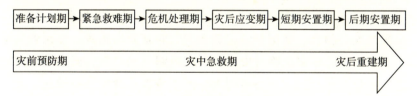

图2-2　灾害社会工作阶段

（一）准备计划期

社会工作介入灾害服务前期的目的是将灾害可能带来的巨大冲击或损失降到最低，这一阶段的主要任务是训练、演习和学习警报系统处理等，就组织层面而言，这一阶段包括组织内部和组

---

① 柴定红、周琴：《我国灾害救援社会工作研究的现状及反思》，《江西社会科学》2013年第3期，第191页。

② 韦克难、黄玉浓、张琼文：《汶川地震灾后社会工作介入模式探讨》，《社会工作》2013年第1期，第62-63页。

织外部的准备，或者是物质准备与社会准备。

（二）紧急救难期

这一阶段是灾害发生后的 72 小时以内，这一时期的社会工作内容包括紧急救援、疏散、道路清除、食物与避难所供应、医疗协助、危机咨询与处理和协助灾区农产品供应等。社会工作的服务目标是维护生命安全，因此最重要的任务就是援助受难者。根据社区差异性和社工专业的独特性，社工扮演资源链接者、心理陪伴者、信息收集者与服务提供者等角色，收集、整理和提供各种信息并开始着手整合各种资源。在这一阶段，社工将转成一线的助人者，作为沟通桥梁，及时将案主需求与外界资源、信息进行对接，社工需要重点做好三方面的工作，即组织动员、评估灾区人民需求和组建队伍。

（三）危机处理期

这一阶段是灾害发生后的第三天至第十天，它是所谓的"危机处理期"。当事者及家属在情绪上开始进入高度的失落、忧伤和愤怒阶段，各种生活需求逐渐呈现，这一时期社会工作者危机介入服务包括协助死者处理殡葬问题、家属悲伤辅导、遗属慰助、紧急生活救助、受灾户的住所紧急安置、募捐救灾物资与款项、分配捐款与物资、登记赈灾捐款账户、管理救灾物资、志愿者动员与安排、管理灾民临时安置住所、组织灾民自助、安排学童就学、照顾儿童/老人/身心障碍者、开发资源、救灾人员减压、动员专业人士投入救灾工作、协调整合政府与民间救灾力量等。

（四）灾后应变期

这一阶段发生的时间是灾后两个星期到一个月内，这是临时庇护及生活需求的评估期，这一时期的重要工作就是促使灾民发挥本能和挖掘潜能，社工要协助灾民"自助助人"，主要任务包括受灾户的伤亡抚恤、安抚灾民情绪、处理受灾家庭及个人问题、鉴定案主的需求、安置无依靠儿童、辅导儿童心理、处理学生就学问题、照顾高龄老人、受灾户经济重建等，这一阶段的重点是鼓励灾民成立自助团体、发展社区组织及监督政府灾后重建等工作。

（五）短期安置期

这一阶段发生的时间是在灾后一个月到半年内，主要工作可分为灾区工作和一般社会工作两种。灾区工作主要是建设临时住房并协助灾民迁入，社工帮助灾民了解社会救助尤其是灾害救助的内容，并且帮助他们链接外界资源，同时还有生活机能重建、家庭评估、发放慰助金、捐款专户管理、创伤症候群辅导、社会集体心理治疗、学童就学安排与辅导、儿童/老人/身心障碍者的照顾安排、持续关怀弱势偏远地区及原住民村落、震灾物资与捐款管理、规划社会暨心理重建方案、协助医疗复健、协助就业辅导、倡导灾民福利、自杀防治和重建工作检讨等。这一阶段政府最重要的任务就是资源整合、规划和分配，使灾民获得最好的社会和政府照顾，民众的主要任务是情绪整理、能力恢复等。

（六）重建计划期或后期安置期

这一阶段是指灾后六个月至三年的长期恢复阶段，属于中长期灾后处理，主要工作包括灾民住宅安置、社区重建、协助就业、创伤症候群辅导、家庭支持、学童就学安排与辅导、建立社区资源体系、研究与评估和培育地方解决问题的能力。这时候家庭、社区和社会的重建都是很重要的工作，包括恢复必要的基础设施建设，如恢复医院和社区的功能以及其他生活所需的服务，这一阶段有可能持续好几年。

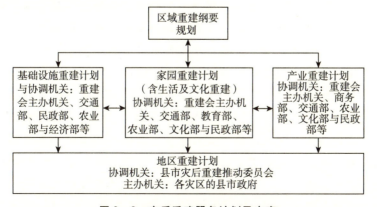

图 2－3　灾后重建服务计划及内容

二 介入阶段的要求

灾害社会工作服务的六个阶段进一步归纳可分为介入前、介入中与介入后三个阶段，其中准备计划期属于介入前期阶段，紧急救难期（包括黄金72小时紧急救援及临时安置）、危机处理期和灾后应变期属于介入中期阶段，短期安置期和后期安置期（包括中期安置和永久安置）则属于灾后介入期，在这几个阶段，社会工作组织为了有效完成灾害服务，需要具备以下条件。

第一，组织化是灾害社会工作介入的基本前提，自然灾害与社会灾害具有突发性和偶然性等特点，根据四川大地震社会工作服务的介入经验，无序化和非组织化介入不但不能够为灾区提供有效服务，反而会给灾区制造麻烦。因此，社工组织在介入前就要解决组织化和有序化的问题。事实上在提供灾害服务的过程中，社工组织出现了"原子化"现象，即各自为政，造成了灾害救助资源重复供给和重复发放，组织之间缺乏协调与沟通。因此，社工组织在介入前首先要解决组织化、有序化和理性化介入问题。为了实现社工组织的有效介入，可采取以下方式：第一是将社工组织纳入现有体制。政府需要高度重视社会工作在灾后恢复重建过程中的重要作用，将社会工作及时纳入灾害救助工作体系与制度中。第二是储备社会工作专业人员。灾害社会工作是一项专业性非常强的工作，因此需要建立社工档案，以便统一建立灾害信息库，当灾害发生时能够迅速找到有经验和有能力的社工。第三是评估灾区需求。这不仅是社会工作实务的基本要求，也是灾害社会工作服务有效介入的途径和取得实效的关键所在。

四川地震发生之后，社会上有很多志愿者和社工组织纷纷进入灾区，为灾后重建贡献了宝贵的人力物力。但是由于灾情缓解及资金短缺等，他们又纷纷离开了灾区，致使很多社会服务难以继续而给灾区居民留下了不好的印象，这也是社工进驻学校提供服务的隐性障碍之一。学校领导和教师对一些社工产生了负面印象，因此，很多人认为社工去灾区提供服务只是为了"镀金"，过了一段时间后还是会选择离开，所以只能做一些表面文章来应付进驻的社工①。

　　第二，专业化成为介入中期的首要任务。社工一旦介入灾害服务过程，其面临的主要问题就是专业化，它又分为非专业化与过度专业化两类问题。实现专业化的途径就是由被动服务向主动服务、消极服务向积极服务、单项服务向综合服务、经验服务向专业化服务转型。因此，社会工作者需要注意两方面的问题：一是非专业化是手段，专业化才是目的。二是专业化必须在本土化基础上才能有效实现服务目标。事实上，进入灾区的社会工作组织所聘用的社会工作者大多学历不高，本科生更是非常少见，大多是专科毕业生或当地社会人员，所学专业与社会工作关系不大或者完全不沾边，只能在工作过程中通过读书、与同行交流、向督导学习等方式来弥补专业知识与实务经验，这种精神虽然值得表扬，但却影响了服务质量和社工声誉。

　　第三，持续发展是介入后期的基本要求。在灾区重建的前几年，社会各界高度关注并投入了大量人力、物力和财力，社工服务项目往往进展顺利，例如大同社工站组织的"羌绣：汶川母亲的爱"——百千万妇女羌绣创业行动，义卖受到了爱心人士的追捧与支持，但是这种依靠爱心的项目能否可持续地深入下去？项目结束后，羌绣小组的妇女能否将绣品持续销售出去？所以，政府及社工机构仍然需要针对恢复重建三年后的灾区，制定新的规划并努力培养社区居民的生产和生活能力②。

　　社会工作要持续介入主要有三个突破口。第一是本土化。社工作为外来的服务人员，需要将社会工作价值与伦理和地方文化与传统结合起来，这样社会工作服务才有可能真正实现永续发展。

①　温静：《灾后学校社会工作介入研究——以"抗震希望学校社工志愿服务项目"为例》，《社会工作》2009 年第 8 期，第 38－39 页。
②　马云馨：《灾害社会工作的本土实践：一种优势视角的分析——基于汶川县大同社会工作服务站的调查》，中国社会科学院研究生院硕士专业学位论文，2012，第 24－25 页。

第二是制度化。将灾害社会工作纳入政府工作中是永续发展的基础，制度化的关键是机构、编制与投入的制度化，这样才能改变社工流动率过高、专业性缺乏和社会认同缺乏的现状。第三是社会化。在提供灾害社会服务的过程中，要落实政府的灾害救助政策及输送各种社会资源，专业社工需要与社会各界齐心协力，才能形成良性的互动机制，从而使得灾害服务获得社会各界的广泛支持与认同，其中，社会化评估机制是社会工作服务社会化的切入点（见图 2 - 4）。

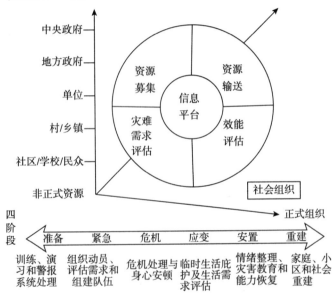

图 2 - 4　灾害社会工作服务过程及介入图

第四节　灾害社会服务中增权理念的运用

增权是社会工作实务的核心。在灾害服务过程中人们往往注重外界对灾民的各种帮助，却忽视了这样会使灾民过度依赖外界资源，因此，这只是治标而非治本之策。为了从根本上解决问题，必须对灾民实行增权服务，增强灾民自我发展和自我解决问题的能力。增权工作方法特别适合灾害救助与灾后重建，它特别强调灾民在增强自我能力后对灾后重建的贡献，因此增权是灾后重建的过程也是结果。

一 增权概念及作用

（一）增权概念

增权是由英文的 empowerment 直接翻译过来的，本身并不是中文惯用的词语，关于它的译名不同的人有不同的译法，如赋权增能、授权增能、增权赋能、彰权益能、增权、争权、授能、灌能、增能和启能等，增权是指个人或团体期待通过某种实际的参与促进其改变和满足其需求。社会工作辞典将增权视为一种理论及方法，在理论层面是指人们如何对其生活获得集体的主导权，以便能够获得团体的利益。在方法层面是指社工企图增强缺乏权力者的权力。李（Lee）将增权定义为社工与案主所从事的一套活动的过程，主要目的在于减少对团体成员产生的刻板印象以及连带产生的负面评价所导致的无权力（powerlessness），包括对导致问题的权力障碍进行确认，以及发展和执行特定策略，以减少间接权力障碍的效应，或减少直接障碍[1]。因此，增权可以被看作一种理论和实践、一个目标或心理状态、一个发展过程和一种介入方式，增能是挖掘或激发案主的潜能[2]。增权有三种相互关联的面向：第一种面向是较为正面和有力的自我意识的发展，第二种面向是更精确了解自己所处的社会和政治现实的能力的建构，第三种面向是为了达到个人和集体目标对资源、策略或才能的培养[3]。

在社会工作服务领域，大多数接受服务者较缺乏权力，特别是失能者，他们可能遭遇忽略、歧视及社会刻板印象等。一些学者因

---

[1] Lee, J. A., *The Empowerment Approach to Social Work Practice*, New York: Columbia University Press, 1994.

[2] 韦克难、黄玉浓、张琼文：《汶川地震灾后社会工作介入模式探讨》，《社会工作》2013年第1期，第62-63页。

[3] 陈淑妃：《灾变社会工作重建模式之研究——大安溪部落工作站的案例分析》，东吴大学社会工作学系硕士论文，2006，第24页。

此而提出的增权阶梯论（ladder of empowerment），或许可以作为提升案主能力与权力的方式，主要是让案主在评估过程中具备合作参与的能力。否则，将难以跳脱服务导向（service-led）的供给模式。简言之，增权是指在对案主潜能充分挖掘的基础上实施的社会工作介入。在灾害社会工作中，增权是指社工组织协助灾民或社区排除障碍和唤醒自我意识，从而充分发挥自身所具有的优势能力或挖掘解决自身困境的潜能，最终达到有能力改变自身处境的目的。

（二）增权在灾害服务中的作用

1. 从防止福利依赖到开发民智和潜能

增权理论强调让案主参与制定攸关自己的关键决定，防止受灾群众形成福利依赖，化消极的预防为积极的行动，在增权视角中探究发展和立足于个人内外在资源是重点。因此，从社会工作角度来看，应该通过积极开发民智和潜能的方式预防福利依赖的产生，如在安置区的管理中发挥居民自我管理和自我发展的能力①。在社区安置中还有部分受灾群众常常以"灾民"名义争取个人利益，社工需要引导受灾群众由"灾民意识"向"居民意识"过渡。为了实现这种过渡，不能仅靠个人自觉，还要配合社会福利政策的转变，构建社工服务由灾时非常态向常态过渡的机制，实现灾区社会的和谐发展②。

2. 社会工作追求的能力目标是"助人自助"

增权的目的是通过改变案主内在的负向态度建立正向的自我观念，从而建立起对社区共同体的认同，发展能够采取集体行动的组织。增权使得社会工作明显区别于一般的慈善活动和志愿活动。社工要帮助受助对象达到自助的目的，关键在于提高受助对象自我成长和自我发展的能力，以增权赋能的观点培育受灾居民的责任感、能力和信心。同时，让灾区民众亲自参与，发挥自己

---

① 廖鸿冰：《灾后重建的桥梁和纽带：社会工作本土化探索——基于四川理县社会重建的实践》，《社会工作》2009 年第 10 期，第 12 页。

② 吕雪峰：《灾后安置社区建设的路径探索与经验总结——以社工服务为视角》，《学习与实践》2009 年第 8 期，第 28 页。

的主观能动作用，从而加快心理和社会复原的速度。就灾后社会工作而言，要整合各种社会资源，帮助灾区政府、社区、民间组织、个人和家庭等拓展视野以及增强可持续发展的能力①。社工需要利用增权视角建立社区内资源的科学评估方案，并找到适合的联动机制，在社区中形成新的生命力和适应力更强的关系体系，用于居民的自我恢复与自我发展。

在一年的时间里，我们和他们一起工作，专门有一个组叫做"与居委会同行"。我们的工作方式是做居委会的助手，为他们出谋划策，有时还要给他们提供工作减压的服务，比如开"减压工作坊"，还有就是及时发现社区问题，提出建议，推动居委会之间的工作交流，并将专业社会工作与居委会的传统社会工作有机结合起来，具体有开"减压工作坊"、优化会议流程、细化执行方案等（个案106，WCD，女，27岁，大学本科，CXQ 社工机构社工）。

在灾害救助中，人们往往注重外界对灾民的各种帮助，却忽视了促使灾民面对现实比外界提供援助更为重要。因此，社会工作者应帮助灾民摆脱弱势地位与受害者的心理，只有通过增权才能避免污名化处境，才能减少在社会结构中由弱势地位所造成的"习得的无助"，才能改变过去的"削权"②，以建立灾害正向的自我概念。同时，还要通过营造社区认同并协助灾区发展独立组织，以灾区的自主力量建构和规划灾区长期发展的脉络。

学者苏莱曼也指出受灾民众的自助与求助意愿越高，复原的机会也就越大③。因此，在灾后重建中社工组织被期待充当灾民增

---

① 徐永祥：《建构式社会工作与灾后社会重建：核心理念与服务模式——基于上海社工服务团赴川援助的实践经验分析》，《华东理工大学学报》（社会科学版）2009 年第 1 期，第 1 页。

② 陈淑妃：《灾变社会工作重建模式之研究——大安溪部落工作站的案例分析》，东吴大学社会工作学系硕士论文，2006，第 111 页。

③ Soliman, H. H., Community Responses to Chronic Technological Disaster: The Case of the Pigeon River, *Journal of Social Service Research*, 1996, 22 (1/2): 89 - 107.

权者角色，这不仅有助于灾民自立，使灾民从附属（subjection）到自主（subjectivity）①，更有助于整个社区的重建。而且，通过社会工作的专业服务开发社区资源，尤其是增强灾区群众的权利感、能力感和自信心，可培养他们的参与观、权利观、发展观和自主意识，增强其对自身命运和生活机会的控制能力，从而培养其主动适应社会发展和解决现实问题的能力。因此，采用社会工作的"增能"视角，对于发展社区能力建设不失为一个好的途径和方法。

二　灾害服务中增权的形式及内容

（一）理论基础

在灾害服务过程中，社工组织如何有效进行增权实践？克鲁克香克（Cruikshank）认为增权实践主要包括意识唤醒（consciousness）、知识增进（knowledge）和采取行动（action）三方面的内容②，具体来说增权服务主要有这样几方面：第一，在灾后服务过程中社工要相信和尊重案主，避免责备案主。第二，在增权实践中，社工要做的是询问、倾听和协助案主解决问题，使用案主可以理解的语言，重视案主本身对于灾害事实的了解并发现案主的需求。第三，社工要善于发现案主的独特性，因为灾民的重建困境经常是由多重因素造成的，必须具体了解案主所处的独特处境③，并善于发现社区灾民可以帮助的地方，强调灾民自我行动的价值。因此，社工不宜对灾民设定过高的目标，让灾民自行订定目标和进度。第四，社工应引导灾民加强合作意识及提高灾区共同体认同，以正面鼓励的方式激发或发掘社区内在的潜能和优势，唤醒整个社区灾民重建的意识，真正促进社区重建力量的增强。

---

①　Cruikshank, B. , *The Will to Empower: Democratic Citizens and Other Subjects*, Ithaca: Comell University Press, 1999.

②　Cruikshank, B. , *The Will to Empower: Democratic Citizens and Other Subjects*, Ithaca: Comell University Press, 1999.

③　陈淑妃：《灾变社会工作重建模式之研究——大安溪部落工作站的案例分析》，东吴大学社会工作学系硕士论文，2006，第40页。

在灾害社会工作服务中，社区增权是社会工作专业实务的重要特色，它意味着社工服务目标并不是指向某一单一群体，而是兼具同质性与异质性的不同群体组成的新社区或临时社区，即安置点。因此，建构社区增权网络（community empowerment networks）的目的就在于建立满足地方需求，提供社区论坛的地方行动团体，在这一组织中地方意见可以向决策者详细陈述，这种方法直接为政治服务且涉及与邻里领袖、地方自愿组织及地方企业的意见领袖、工会和社区其他组织一同参与。具体来说，社区增权途径主要是通过社区活动增加社区居民的熟悉度。入住安置点后很多居民因为灾害失业或原本就赋闲在家，对新社区的陌生使他们失去了原有的休闲生活，很多时候感到空虚、无聊和迷惘。多数社工组织都会在安置点上开展大量的社区文化活动，一方面为活跃社区气氛，另一方面希望通过这一途径为居民提供彼此熟悉的机会，也因此增加居民对社区的认同感与凝聚力[1]。

在安置社区开展"巷巷增能"项目。主要的做法有以下几个。

（1）社区教育和培训。培训当地居委会主任和居民小组长，借助当地已有的党支部、居委会、居民小组长等，对社区领袖人物进行培训使其成为社区重建的骨干力量。通过让社区骨干人物学习沟通技巧、组织发动技巧、会议技巧、活动技巧进一步发动居民的力量。

（2）成立居民自我管理弄堂会、组织召开"巷巷会"。从巷子命名到巷子公约的产生我们都是组织居民参与讨论商量。这是在充分发挥社区居民的主动性和参与性，让大家一起面对公共设施的使用与维护、公共卫生与安全、邻里人际关系等并提出自己的意见，让大家出谋划策找出解决问题的有效办法并执行。

（3）协助组织建立社区组织和互助网络，如社区居民的锅庄

---

① 徐文艳、沙卫、高建秀：《"社区为本"的综合社会服务：灾后重建中的社会工作实务》，《西北师大学报》（社会科学版）2009年第3期，第58页。

舞队、儿童的兴趣小组、青少年的文体组织、老人的围棋协会、书画协会、读报组、诗社等，居民间的"同心互行——青少年与老人的跨代支持志愿者行动"、邻里互助小组、老人志愿者服务队、妇女志愿者服务队。

（4）举办各类社区活动。"小社区大舞台"，"巷巷文化艺术节"和"巷巷体育节"等丰富了灾区居民的生活，增强了灾民的社区归属感，也增进了居民的感情与融合。一系列服务方案的推行，增强了社区居民的能力，也提升了他们的社会责任意识与互助意识以及对公共事务参与的热情，尤其是扩大了社区的社会资本。社会资本使公民更容易相互合作，解决共同的问题；社会资本有利于增强公民间的"反复互动"，减少社会交往和经济交易中的成本；社会资本拓展了人们的视野，培育和保持了有益于他人和社会的性格特点①。

社会工作者要带给灾区群众全新的服务视角，让其了解到自己有哪些优势和资源来帮助自己实现理想或满足自己的需求，以此增强灾民的自信。在此过程中，社会工作者与服务对象建立了一种合作的、协同的伙伴关系。

为了实现社区灾民"增权赋能"的目的，社会工作者应推动各种宣传和沟通活动的开展，以此来吸引社区志愿者。各种社区活动需要专业和非专业人员及志愿服务人员的参与，专业型的人员可聘请为顾问或咨询人员，而非专业人员则可能是技术或半技术人员。方案不同，所需要的人员也有差别，因此招募的程序就显得相当重要。

增权过程中也要注意同理心的运用，同理心是传统社会工作中十分重要的理念之一，而增权视角则将同理心做了进一步的发展。同理心就是感受案主的私人世界，就好像感受自己的世界，

---

① 朱孔芳：《灾区重建中的社区能力建设——基于社会工作的"增权"视角》，《华东理工大学学报》（社会科学版）2008 年第 4 期。

但又绝没有失去"好像"这一品质。同理心就是感受案主的愤怒、害怕或烦乱，就像那是自己的愤怒、害怕与烦乱，然而并没有自己的愤怒、害怕或烦乱卷入其中，这就是社工想要描述的情形。因此，只有最真诚的情感共鸣，才能超越灾民面对社会工作者时的依赖、猜忌和排斥等负面情绪①。而且，社会工作者要充分相信案主的自身潜能和改变的动机与能力，在此基础上，积极挖掘灾民的自主性，这才是改变命运的关键。

（二）青少年工作中增权理念的运用

增权理论要求社工协助服务对象为了他们的利益向现存的社会结构争取权利，促使现存的社会结构做出一些有利于服务对象的制度或政策安排。四川大地震后，灾区的青少年在地震中受到了惊吓，他们为失去家人、失去家园、失去老师和失去同学伤心与痛苦，其心理容易产生孤独、自闭、自责和迷茫等问题。尤其是突变的社会环境会使许多灾区青少年感到不适，不能独立地应对灾变并做出相应的调整和改变，人与环境发生了严重失调。针对这样的心理状态，社会工作者可以运用增权视角社会工作介入理论、理念和技巧为灾区青少年提供帮助和服务，使灾区青少年化悲痛为力量，积极开展自救和克服困难。可从以下几个层面借助增权方法积极开展青少年社会工作。

第一，社会工作者关注的重点要放在强调灾区青少年用心生活方面。一些孩子在地震后，存在着深深的自责，认为自己不听话而导致了灾害的发生，进而夺去了亲人朋友的生命。因此，社工需要从增权视角出发与灾区青少年一起澄清问题所在，使他们意识到灾害不是他们的错，而是一种自然现象。然后，把注意力聚焦于灾区青少年如何生活及找到未来的希望②。

第二，社工需要让失去亲人的青少年认识到没有父母的孩子

---

① 管雷：《优势视角下汶川地震灾区青少年的社会工作介入》，《浙江青年专修学院学报》2008年第3期，第23页。

② 管雷：《优势视角下汶川地震灾区青少年的社会工作介入》，《浙江青年专修学院学报》2008年第3期，第23-24页。

一样可以成人成才，因此应该更坚强地活着。社会工作者为灾区青少年设计的增权方案，在信任灾区青少年能力的基础上，了解灾区青少年的需求，帮其寻找自身及环境优势，鼓励其实现自身价值和自我赋权。因为每个青少年都有自我实现的倾向，而危机环境更能激发出青少年的抗逆力。一旦充分挖掘了自身潜力，发挥了自身优势，并能利用外界资源来进行灾害应对，那么，灾区青少年会比那些生长在顺境中的孩子拥有更多成功的机会。

第三，社工如何引导灾区青少年从痛苦封闭的现状中走出来，转向正常的生活状态，这是增权视角下社会工作介入要思考的问题。社工需要重构灾区青少年的社会生态，实现其与生活环境的整合。同时社工需要使灾区青少年充分认识到自己同社工之间的平等关系，从而信任社工，然后运用同理心的技巧，以爱和理解来激发灾区青少年内在的抗逆力。社工可以尝试以自我暴露的方式来运用同理心，即与灾区青少年分享自己的困难经历，以此理解灾区青少年在生活中遇到的沮丧和焦虑的情绪，获得灾区青少年情感上的共鸣。只有这样，灾区青少年才能逐渐地、开放地谈论自己的想法，并相信自己有足够的潜能去克服生活上的困难，以此提升自我效能感[1]。

第四，增权视角认为所有的环境都充满了资源，个人、团体、家庭和社区都有自己的优势，这是与"整合"理念相对应的，因此，如何更加充分地、合理地利用现有资源去帮助灾区青少年提升自我潜能以解决问题，则成为增权视角社会工作介入另一个需要考虑的问题。社会工作者要善于利用原生资源，来自家人、朋友、同伴和老师的特别照顾会让灾区青少年比较容易接受。在孩子的词典里，"接受救助"的概念是绝对没有的，社会工作者首先要对灾区青少年周围可利用的原生资源进行评估，比如通过家庭和学校了解灾区青少年的人际关系脉络和他们的性格行为。然后，

---

① 管雷：《优势视角下汶川地震灾区青少年的社会工作介入》，《浙江青年专修学院学报》2008年第3期，第23-24页。

对这些人际关系进行排查并找出哪些资源可以给灾区青少年带来帮助，而不至于使得青少年产生抵触的负面情绪。社工可以通过非正式的方式，如亲戚般的照顾、朋友般的谈心和老师般的关怀等避免青少年的抗拒和不认同态度。从增权视角来看，所有的助人计划和实施过程都应该以优势视角和培养抗逆力为核心，充分尊重案主的权利。不管是计划的制订、选择还是实施，社会工作者都应鼓励案主全程参与，并且由案主自己决定[①]。

　　增权是在对案主潜能充分挖掘的基础上实施的社会工作介入，在这一视角的指导下社会工作从治疗范式转向了建构范式，从而有效引导灾区青少年重构自己的生活，具体包括以下几个方面：一是促进灾区青少年更多地亲近社会；二是传授灾区青少年生活技能；三是提供关怀与支持；四是建立和表达高期望；五是提供机会，调动一切资源促进灾区青少年从痛苦封闭的状态走出来[②]。增权视角的关键词是"抗逆力""赋权"（增权）和"优势资源"，这些都为社工实践提供了丰富的指导意义。然而，增权视角的理论体系还不够完善，所以只能是一种"视角"，而非一个完整的理论框架。同时，增权视角需要和其他理论、视角结合起来，才能最终推动社会工作理论在实践中发展，特别是对于社工理论和实务本土化而言，需要更多的研究者和实务工作者的共同努力。

---

① 管雷：《优势视角下汶川地震灾区青少年的社会工作介入》，《浙江青年专修学院学报》2008 年第 3 期，第 24 页。
② 管雷：《优势视角下汶川地震灾区青少年的社会工作介入》，《浙江青年专修学院学报》2008 年第 3 期，第 24 页。

第三章
灾害社会工作的介入范围及服务对象

第一节　灾害社会工作的介入范围

灾害的突然降临不仅让灾民蒙受了巨大的经济损失，也会给他们的心理造成巨大冲击。灾害经历者大多对灾难有挥之不去的心理阴影，从而形成巨大的心灵创伤。因此，灾后重建不仅需要物质援助、身体治疗和政府关心，更需要专业人士的心灵抚慰、压力疏导和情绪宣泄，精神上的救助比物质救助更为重要。此外，社工在帮助案主时也可能感到不适、不安甚至恐惧，社工自身也需要掌握心理减压技术，学会自我调节，避免自己也患上心理疾病。因此，灾害工作服务范围往往比较广泛，针对不同群体、不同发展阶段可以有不同的方法，但一般来说有以下几个方面。

一　心理抚慰服务

在灾后重建中，人们往往只重视物质方面的重建工作，而忽略了心理重建任务的重要性。灾害带来的影响不仅仅局限于生命财产的损失，更会带来长久的精神健康方面的问题，灾民往往觉得自己像是被关在牢中的囚犯。相关调查发现，地震灾害会给灾民带来持久的压力，形成创伤后压力疾患，甚至会造成灾民心理的"二次灾害"①，95%的灾民觉得生理和心理极大地受到了灾害的影响。乍看之下，心理重建只是注重个人精神层面的重建，实际上，心理重建需要在个人与社会良性的互动框架下完成②。卡斯珀森（Kasperson）指出灾害一旦发生，就会与社会、制度和文化过程产生相互作用③。克雷普斯也认为受灾者精神压力的大小与其社会支持网络相关④，在此基础上，他提出恢复或重构社会网络来帮助灾民，在这一过程中，社工可以提供精神支持、缓解精神压力及恢复精神健康的服务。必须指出的是，灾后心理重建在我国尚处于探索与运用并行的阶段，明显存在心理重建与社会支持脱节的现象，因此，更需要社工积极参与并改善这一局面。总而言之，无论是个人、家庭还是整体社区的心理重建，都需要社工人员帮助其建立心理情感网络，促进其人际社会网络的重建。社工需要通过专业的服务方法帮助灾区居民面对突如其来的灾害、坚定灾民活下去的信念、走出心理危机和重拾生活信心，只有如此才能满足灾民需求，产生良好的服务效果。

　　汶川地震与唐山大地震最大的不同，便是有了心理救援的介入。然而，千里赶往灾区的社工与心理救援人员一度遭遇"当头一棒"。四川灾区曾流行过两段话，一是"防火防盗防心理医生"，二是"一怕余震，二怕堰塞湖，三怕心理医生"。很多受灾群众居住的帐篷门口还贴着一张字条："心理工作者勿进！"由于赴四川地区社工与心理救援人员人数不断增加，众多团体之间没能够很好地沟通，由此出现了一天中十几位社工与心理救援人员轮番去一户灾

① Edelstein. , Contaminated Communities: *The Social and Psychologica Limpacts of Residential Toxic Exposure*. Boulder, CO: Westview Press, 1988.
② Kreps, G. , Sociological Inquiry and Disaster Research, *Annual Review of Sociology*, 1984, 10: 309 - 330.
③ Kasperson, R. , et al. , The Social Amplification of Risk: A Conceptual Frame Work, *Risk Analysis*, 1988, 8 (2): 177 - 187.
④ Kreps, G. , Sociological Inquiry and Disaster Research, *Annual Review of Sociology*, 1984, 10: 309 - 330.

民家的同时，有的家庭却没有接受到任何心理救助的情形①。

此外，灾害发生后社工虽然在紧急救援阶段便已经开展工作，但是工作内容仅局限在一般性物质援助、即时性的哀伤辅导和压力管理等一些紧急心理危机干预层面。到了灾后重建阶段，灾区往往会产生大批孤儿、孤残、孤老人员及心理受到严重创伤的不幸者，因此有必要在这一阶段通过更为专业的社会工作服务方法对受灾者的心理进行帮助与疏导，这将会使整个灾后救援工作更加全面和系统，也会在灾区社会重建中具有更为重要的意义。

在探访了解伤亡家庭的基本情况之后，社会工作者秉持专业价值观，运用专业方法介入伤亡家庭的生活，以解决个人、家庭、社会等方面的问题为主要目标，有针对性地确定了实施方案。在理县61户地震伤亡家庭中，社会工作者走访了22户，了解了受灾者基本情况，采取多陪伴、多倾听的方法，帮助伤亡家属调试"新丧情绪"，协助其家属了解情况并接受事实，重建家庭功能，辅导他们自立自强并建立未来计划，帮助他们建构新的社会支持系统②。

在灾害中伤亡家庭是心理受创最为严重的群体，因此，针对灾后伤亡家庭开展社会工作专业服务是社工的重要任务。对于已经出现灾后应激症状的个体，社工应及早发现并及时进行干预或转介，预防心理问题进一步恶化，在这些方面精神社工可以发挥重要作用。在此过程中，社工需要扮演心理疏导者的角色，即通过运用专业知识，对一些特殊人群尤其是心理创伤者进行紧急心理危机干预，稳定其情绪并使之尽快从悲伤中解脱出来。

---

① 赵佳月：《震中映秀的心理康复调查》，《南方日报》2008年9月10日。
② 廖鸿冰：《灾后重建的桥梁和纽带：社会工作本土化探索——基于四川理县社会重建的实践》，《社会工作》2009年第10期，第11页。

在灾后心理服务中最常见的问题是丧亲带来的哀伤反应、严重抑郁症、焦虑、不安和恐惧等，因此，精神社工干预的主要领域集中于个人和家庭。为了帮助失去亲人的家庭成员增强自身能力，修复社会机制，预防和解决出现社会问题，社工需要结合心理援助力量、其他社工、宗教及其他民间团体的力量，通过文化宣传教育活动、心理咨询与辅导、工作坊和训练课程等，进行受灾群众、受灾人员及社会大众心灵重建工作，抚慰社会大众的心灵创伤。在此基础上，精神社工与受灾群众逐步建立信任感，自然引入心理干预的方法，达成心理工作的目标。虽然与专业临床心理工作者相比，精神社工对于应激障碍与情绪障碍治疗并没有专业优势，相反还具有一定的不足，但是它以特殊专业服务理念、价值与伦理及服务方法也使精神社工具备了有别于其他专业的特点与优势[1]。

根据灾害社会工作的总体目标，精神社工介入心理重建服务主要包括以下具体领域：第一，针对特殊人群，如孤儿、孤老、孤残等"三孤"人员的临时救助与安置；第二，针对受灾人员的紧急心理危机干预与哀伤辅导；第三，强化对受灾人员的心理疏导，整合协调各类资源，建立受灾人员自助、互助及正式、非正式社会支持网络；第四，对灾区进行追踪辅导，提供长期有效的社会工作专业服务，协助政府进行灾区群众心理疏导、生活重建等工作[2]。在四川大地震中，理县作为重灾区之一，受灾人数达45000人，全县90%以上的人需要社会工作和心理介入，灾后初始阶段后3~5年甚至更长的时间内都需要精神服务。有关研究人员对唐山大地震近两千名幸存者的调查显示，健康者仅14.67%，85%以上都被各种问题困扰，严重者甚至一直有自杀倾向，灾后

---

[1] 徐文艳、沙卫、高建秀：《"社区为本"的综合社会服务：灾后重建中的社会工作实务》，《西北师大学报》（社会科学版）2009年第3期，第59页。

[2] 汪群龙：《灾后社会工作的介入与角色定位》，《齐齐哈尔大学学报》（哲学社会科学版）2008年第4期，第67页。

心理援助服务的重要性也不言而喻①。

　　灾区居民在灾害中可能面临了死亡、伤害和毁灭等，身体和心灵受到严重的伤害，需要社会工作者减轻其焦虑和压力。在实务层面，要探索和运用专业知识，并结合具体实际情况发展实务技巧，如精神社工对居民个人及家庭进行深度关怀和哀伤辅导时，应首先倾听他们的抱怨并疏导其情绪，然后引导他们的思想行为，帮助他们从灾后角色功能失调的情境中解脱出来，从而为后续服务奠定坚实的基础。对于灾后恢复较慢的弱势群体，社工要进行调查、走访、问题反馈及争取社会支持等，积极为心理服务提供具体的行动方案。

　　经历过这次灾变之后，学生的问题会变得更加多元，不仅包括以往在学习生活中面临的学业、情感等问题，还可能会出现一系列新的问题，包括焦虑、恐慌、畏惧夜晚、不明原因的生理问题、不爱上学、上课不易专心等，同时面临自己周围世界突然变化带来的冲击，如家庭成员、同学、朋友的离去，学校校舍破坏，家园被毁等，也会导致情绪及行为的反应不稳定且容易失控等问题。学生问题的这种多元性和复杂性势必要求服务供给的多元性，而社工正好能够发挥自身所长，一方面提供心理与情感支持，另一方面整合多方专家资源，通过转介及协调，最终使各类需求得到满足②。

　　而且，重大灾害使人民生活损失惨重，重建家园需要很长时间，特别是次生灾害有可能不断发生，因此，精神社工要把满足受灾群众的心理需求放在第一位。在进行心理援助服务时，借鉴和运用社会工作的基本理念，把被帮助对象放在大的社会背景和整个生态环境背景下去理解并进行服务。同时，社工也需要主动

① 廖鸿冰：《灾后重建的桥梁和纽带：社会工作本土化探索——基于四川理县社会重建的实践》，《社会工作》2009年第10期，第12页。
② 温静：《灾后学校社会工作介入研究——以"抗震希望学校社工志愿服务项目"为例》，《社会工作》2009年第8期，第37页。

出击，与各机构合作而形成社会援助的网络，能够调动、整合和善于运用各种社会资源。社工还需要通过加强宣传教育、组织群众活动、开展社区工作及深入家庭探访等途径进一步加强心理服务工作。

在四川地震灾害中，社工人员主要调查走访了桃坪乡、蒲溪乡有关乡镇主要领导、副职及一些站所工作人员。在乡镇针对部分压力较大人群，实施了团体辅导与心理放松训练。通过调研发现，有高达32%的乡镇干部存在着某个或多个方面的心理问题，有24位干部需要进一步进行专项心理量表的测查。在此基础上，社工人员对理县干群关系和谐度有了基本评估，并开展了有针对性的专项调研活动。一是对县城及周边一些村寨干部和群众的情况进行调查，主要调查走访了营盘村、玛瑙村、木完村、官田村等，对党政干部群体以外的其他群体如私营企业主、普通村民、退休村干的生活、心理状况有所了解。二是针对教师们提出的各类心理方面的问题，开展了心理健康讲座，讲授基本的心理学常识和简单的自我心理调节方法，传教了三套减轻压力、缓解疲劳的按摩操，同时还建立专门信箱，为有需求的师生提供专业的、有针对性的、长期的个案服务，之后还分别为两个团队成员设定了具体服务方案[1]。

"感谢湖南社工的帮助！"薛城镇84岁高龄的赵奶奶，最近终于能够安心入睡了。大地震中赵奶奶的大儿子不幸遇难，赵奶奶常以泪洗面，忧郁失眠。湖南社工多次对她进行心理抚慰和悉心照料，老人终于驱散了心理阴霾。"我们要重建地震损毁的家园，还要抚平心灵的创伤。"张银桥说，湖南省援建队去年3月正式成

---

[1]　湘川情社会工作服务队：《体制内为主　体制外参与——湘川情社会工作服务队阶段工作总结》，中国社会工作协会新闻中心2009年5月6日，最后访问时间：2009年5月14日。

立的"湘川情"社会工作服务队，是震区首支由政府主导的社会
工作服务队①。

在灾害中，一些灾民因为受到严重刺激而容易出现过度悲观、
容易被激怒、丧失生活希望与信心等心理，同时还伴随着噩梦、
错觉和幻听等问题，自然灾害已经给幸存者带来了严重的精神创
伤，而且遭受精神痛苦的人在康复阶段可能被人们另眼相看，无
疑会增加"二次创伤"的可能。尤其是精神疾病患者更容易受到
人们的歧视，并因此严重影响社会功能的康复。因此，精神社工
要发挥社区工作的专业优势，通过社区教育和社区活动等不同方
式促进社区对康复者的接纳和帮助②。

同时，参与救灾的政府工作人员心理也面临着非常大的压力。
为了更好地推动心灵重建工作长期有序的发展，社工机构可考虑
举办专业心理咨询师培训，为本地培养一支有专业素养、职业能
力的专业心理咨询师和心理健康辅导员队伍，从而为扎实有效地
长期开展心灵家园重建工作提供专业和人员保证③。总之，社会工
作者一定程度上在灾区心理援助实践中践行着社会工作的理念与
方法，只有将心理援助和社会工作融合在一起，才能有效地为灾
区心理重建提供服务。

二　社区重建服务

灾后社区重建包括物质和精神两方面的重建，物质重建是指
建筑物、环境设施、公共交通、医疗卫生和生态环境等方面的恢
复工作。精神重建是指形成新的社区文化、社区制度及社区居民

---

① 范亚湘：《新生理县见"湘"情》，湖南在线：三湘都市报（长沙），最后访问
　　时间：2010 年 1 月 29 日。
② 徐文艳、沙卫、高建秀：《"社区为本"的综合社会服务：灾后重建中的社会
　　工作实务》，《西北师大学报》（社会科学版）2009 年第 3 期，第 60 页。
③ 廖鸿冰：《灾后重建的桥梁和纽带：社会工作本土化探索——基于四川理县社
　　会重建的实践》，《社会工作》2009 年第 10 期，第 11 页。

生产恢复等。物质重建需要政府和社会组织的引导和规划，精神重建则需要社会工作者长期介入和关怀，因为精神层面重建的难度远远超过物质层面的重建，道路也格外漫长①。由于社区重建包括物质与精神两个层面，因此韦伯斯特（Webster）认为灾害社会工作者不应只针对个人及个别家庭提供支持，也应运用社区工作方法协助社区走过灾变经历的过程②。一般说来，专业性高的社工团体希望通过本身专业优势来满足居民生活需求，协助和辅导社区、临时住屋发展出自治组织，同时反映社区居民意见，从而促进社区共识的形成，强化社区解决共同问题的能力，以便更好地协助灾区社区进行重建③。

　　同时，灾后社区重建不只是重建，更是地方重新再造的最佳契机，灾后社区重建或社区营造必须依靠学科规划、专业力量和系统服务才能达成目标，尤其需要明确规划灾后社区重建的方向并引导灾后重建工作有序进行，树立灾后灾民社区重建的信心，从而实现社区他助与自助的统一。灾后社区重建的基本目标是实现灾后社区的可持续发展，包括许多层面，如社会和文化具备有活力、和谐、包容的氛围，社区的治理达到有效且包容的参与状态，在社区环境建设方面使民众能采取对环境友善的居住方式，维护良好的、地方的、使用者友善的公共和绿色空间，有好的运输服务及通信服务，繁荣且多样的地方经济，包含适当的、可及的公立、私立、社区及志愿服务部门的完整范围④。社区重建服务

---

①　边慧敏、杨旭、冯卫东：《社会工作介入灾后恢复重建的框架及其因应策略》，《社会科学研究》2013 年第 5 期，第 124 - 125 页。

②　Webster, S. A., Disasters and Disaster Aid, *Encyclopedia of Social Work* (19th.) (vol. I). Washington D. C.: NASW. 1995: 761 - 771；周月清：《社会工作者灾变服务的角色及其他相关议题之文献探讨》，《福利社会双月刊》1999 年第 74 期，第 25 页。

③　陈俐蓉：《蜕变与新生：台北县新庄龙阁社区灾后重建历程之研究》，辅仁大学社会工作学系硕士学位论文，2003，第 144 页。

④　刘斌志：《5·12 震灾对我国社会工作教育的启示》，《重庆师范大学学报》（哲学社会科学版）2009 年第 2 期，第 25 页。

不仅需要专业和科学规划，同时也涉及众多领域的服务，社区重建任务因此艰巨而漫长，在台湾的"9·21"大地震中台中县所制订的社区生活重建规划服务就体现了这些特点（见图3-1）。

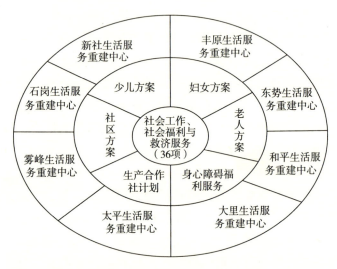

图 3-1　台中县政府社区生活重建福利服务供给图（1999 年）①

　　为了更好地推动社区重建，社区工作者应有效地整合社区资源，在共同的活动中使社区、家庭、政府部门和社会团体相互信赖，建立良好的合作关系（见图3-2）。社工应非常注重社区活动的开展，例如开展地震知识宣传、生命安全教育、感恩教育等，推动社区进行重建，同时通过科普知识展，鼓励社工、社区居民、政府工作人员等一起推广，加强社区组织之间的联系和沟通，丰富社区文化和精神生活。同时还对灾害问题较多社区进行走访，对社区中的特殊服务群体进行多元化和个性化的服务，根据案主需求引进外部资源，为社区重建提供全面而及时的服务。

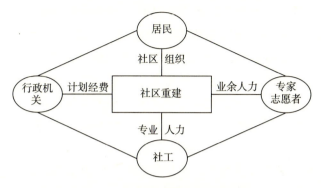

图 3 - 2 参与社区重建服务的对象

三 社会就业服务

重特大灾害还会造成大量失业群体的出现，住房重建与就业是灾后重建中最重要、最直接的两大任务。随着灾后重建的逐渐深入，灾民最大需求就变成了就业需求即产业重建需求（见图3－3）。

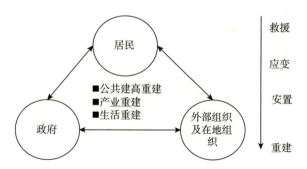

图 3 - 3 社区重建任务及阶段

社工需要扮演资源链接者和信息提供者的角色及时将相关资源和信息传递给灾民，才能有效帮助灾民进行就业。在四川大地震中，经上海社工服务团的努力争取，上海市劳动部门为都江堰受灾群众提供若干赴上海免费参加就业培训并提供工作机会的名额。同时，社工也需要发掘社区内在资源，挖掘居民自身潜力来创造就业机会。如复旦大学服务队的社工在家访过程中发现一位孩子刚满月的年轻妇女，丈夫在外打工赚钱支撑全家生活，日子非常艰难。闲聊中得知她有剪发的技能，震前在美发厅打过工，由于所在的安置点内还没有理发店，便鼓励她开店，但她对相关管理规定不够了解。社工为她提供了安置点管理委员会和社区居委会的联络方法，经她本人咨询并完成相关申请程序后，社区内第一家理发店很快开张。直至复旦大学服务队撤出的时候还一直运营正常，这在一定程度上缓解了家庭的经济压力①。因此，社工需要从灾区现有资源出发，充分利用灾区特有的生态资源、人文资源及有机农业资源等，挖掘灾民的潜力，为其提供或找到就业途径或相关资源。

在汶川大地震中，社会工作在就业领域广泛借鉴了我国台湾等地区和欧美国家的做法，在就业援助方面探索了一些具有我国国情特色的路径，如中山大学—香港理工大学映秀社工站把灾区人民生计发展作为工作重点，组建妇女手工艺小组，将心理辅导与物质帮助结合在一起；帮助农民尽快恢复生产，政府借助社会机构发展特色农业项目，如种植业、养殖业项目；开展就业辅导等②。

社工为了配合灾后重建工作的推动，需要妥善调配重建所需的人力，辅导受灾群众积极投入重建工作，同时加强失业救济、就业服务及职业训练，协助灾区失业受灾群众就业，保障社区和家庭经济的稳定。在灾后重建中，灾民最担心的问题是未来生计问题。不少灾民在灾后一直没有经济收入保障，生存因此陷入困境。政府救济补贴远远不能够满足其需求，还需要社会支持和社会资源的输入，社工在进行伤残者康复服务的同时，也能重点开

---

① 徐文艳、沙卫、高建秀：《"社区为本"的综合社会服务：灾后重建中的社会工作实务》，《西北师大学报》（社会科学版）2009年第3期，第58页。
② 边慧敏、杨旭、冯卫东：《社会工作介入灾后恢复重建的框架及其因应策略》，《社会科学研究》2013年第5期，第124－125页。

展"未来生计援助"计划。台湾在这方面的经验和措施值得大陆借鉴，为了帮助灾民解决就业问题，台湾主要采取以下措施：就业服务组织灾区民众以工代赈，加速灾区清理；雇佣奖励津贴，政府给七天之内登记为获得就业推荐或职业培训的灾区民众发放就业券，凡雇主雇用持有就业券的灾区民众，政府给予雇佣奖励津贴；实行失业给付，给非自愿失业的灾区民众发放失业金；最后是职业训练，愿意参与职业培训的灾区人员，政府给予随到随训的政策，参与全日制就业培训者，政府给予职业训练券以补贴培训费用。

四　社会救助服务

灾害救助过程中会出现"政府失灵"与"市场失灵"现象，为了弥补二者的失灵，社工组织利用自己灵活与富有弹性的组织特性积极开展救灾服务。社会工作介入灾害救助的具体领域有：第一，介入社会救助政策的制定和完善，对灾后灾区社会救助政策进行细致分析，找出现行社会救助政策体系的薄弱环节，并向政府有关部门提供意见和建议，促使相关政策法规更加适合灾区弱势群体的诉求；第二，协助和落实社会救助政策的实施，对灾区家庭经济进行调查，获取灾区人民需求的真实信息，使灾后社会救助政策的制定和实施更为理性和恰当；第三，发挥社会工作在促进灾区自强自立、缓解灾民对救助依赖方面的功能，最重要的策略就是让有劳动能力的灾民能够做到经济自立①。

在紧急救援阶段，映秀社工站的工作，首先是秉持弱势优先的原则，将大量的救灾物资送往最需要（易被忽视）的人群。于是，社工坚守"弱势优先"的价值观，扮演了资源链接者的角色，将最宝贵的资源送到最需要的人群中，以维护社会的公平和正义。

---

① 边慧敏、杨旭、冯卫东：《社会工作介入灾后恢复重建的框架及其因应策略》，《社会科学研究》2013 年第 5 期，第 124 - 125 页。

据不完全统计，映秀社工站挂牌成立近一年间，共链接到价值150万元的救灾物资发放给边远困难的受灾群众。这一阶段，社工链接资源的做法是：第一步，由前线工作员通过走村串户评估边缘人群（主要包括妇女、孩子、老人、边远村寨的村民等）的需求，撰写需求评估报告；第二步，将需求报告通过关键人物（有关系的有心人）传递给各种社会公益组织（广东狮子会等）或将需求信息放到相关网站（如"绿耕城乡互助社"）上，便于查找；第三步，在得到国内外热心人士的回应后，一般会协助资助机构的代表采购救灾物资，并动员社工培育起来的当地妇女小组骨干一起将物资送到目标人群手中。与政府"撒胡椒面"式的物资救助相比较，社工深入实地评估需求、亲力亲为发放救灾物资的做法的优势如下：一是物资救助照顾到不同地域、不同人群、不同文化的差异性需求，容易满足各类受灾人群的特殊需求；二是社工与底层妇女小组同行发放救灾物资，既避免救助过程中高高在上的官僚主义（通知群众到政府部门领取），又保证救灾物资落到实处，避免"好心办坏事"[①]。

在灾害救助资源方面往往会出现大量救灾物资分配存在不公的现象。接近灾害资源的地方和群体在短期内获得了大量的救灾物资，而那些远离资源的地方（偏僻村庄）和人群（弱势群体）常常难以得到社会救助，从而导致了"救援不力"和"分配不公"等负面现象的出现，灾民和地方群众因此产生不满。因此，社工需要介入社会救助服务，帮助灾民获取社会救助资源并减少资源分配不公现象，为灾民提供及时与公平的服务（见图3-4）。在灾害社会工作服务过程中，社工可以针对受灾对象的不同需求，并结合民政部、社会福利机构、社会工作机构、宗教及其他民间团体力量设立各类救助措施，然后进行分工合作，为灾区孤老、孤

---

①　张和清等：《灾害社会工作——中国的实践与反思》，社会科学文献出版社，2011，第1-45页。

儿、身心障碍者及困难户提供后续协助与照顾。

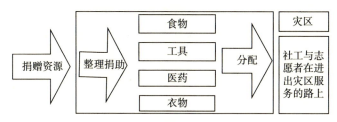

图 3 - 4　社工发动社会资源捐赠、整理与分配服务的过程

同时，社工协助安置区受灾群众建立社区意识，帮助受灾群众重建生活和重新就业。台湾学者林万亿主张设置社区社会福利服务中心，设置服务集中化的部门并采用单一窗口（single door）或一站包办（one-stop service center）的方式。这已经成为英国地方政府的社会服务部门用来克服社会福利服务输送体系的非连续、片断、不可近及无责信等局限的有效手段①。社区福利服务中心的成立能及时有效解决灾害救助服务的问题，这一组织的服务功能和角色主要有：第一，作为各种福利服务供给的第一线工作据点或窗口；第二，可以提供各种直接服务，如咨询辅导、居家照顾和个案管理等；第三，作为社会资源整合、组织协调和服务分工的社区服务输送网络的枢纽。总之，通过设置普及性的社区福利服务中心，不仅可以提供完整的社区福利服务体系和畅通连贯的服务输送网络，还能够构建一个符合国情和本土化服务需求的实务运作模式②。

五　学校教育服务

针对灾区家长、教师和学生心理压力大、情绪不稳定的现实及学校重建复课后面临的许多困难，社工组织通过开展矛盾协调、

---

① 林万亿：《灾难救援与社会工作：以台北县 921 地震灾难社会服务为例》，《台大社会工作季刊》2002 年第 7 期，第 127 - 202 页。
② 施睿谊：《南投县生活重建服务中心个案管理服务之研究》，暨南国际大学社工政策所硕士论文，2001，第 21 - 22 页。

资源链接、个案辅导、成长小组和生命教育等多样化的学校社会工作服务，并派出驻校社工，将成长小组课程和生命教育课程开进学校课堂，帮助学生改变人际关系，促进沟通互动并学习适应社会技巧。在四川大地震中，社工通过对驻点青少年及其家长的访谈，发现青少年在社会工作站通过小组形式学到了知识，同时认识了新朋友，增加了对团队活动的认识，较大程度地改善了学生消极、沮丧、厌学等负面情绪①。

工作站与甘达村小学及学生建立了良好的关系，在学校承担了语文、数学、美术、体育课的教学任务，发动师生开展社区清理垃圾活动，成效显著。社工站结合学校社会工作的需要，于2011年7月1日为甘达村小学的孩子们过儿童节，孩子们穿上节日的新衣，表演了富有浓郁民族特色的文艺节目，在他们的心中留下了美好的记忆②。

这一案例反映了社工通过结合教育部门、专业院校及民间团体的力量，协助灾区学校复课、进行学校师生心理辅导及帮助学生进行心灵重建，同时协助修建学校、重建学校建筑与教学设施。对于灾区青少年来说最重要的就是关怀，社工要给灾区青少年传达一种随时在此等候的信息、信任及无条件的爱，一旦灾区青少年的自信被社工的期望激发出来，他们的社交能力、解决问题的能力、自信心和前途感都会得到进一步增强，参与贡献的机会也会增多，从而能促进其解决自身面临的问题。

对于幸存学生则要通过其身边的家人了解情况，解释灾后可能出现的一些心理反应，比如害怕黑暗和隧道及过度紧张等，这些反应属于正常的心理反应，需要身边的人给予足够的关心和关

① 边慧敏、杨旭、冯卫东：《社会工作介入灾后恢复重建的框架及其因应策略》，《社会科学研究》2013年第5期，第124－125页。
② 乔益洁、赵文财：《经验与反思：玉树灾害社会工作与社区重建》，《青海师范大学学报》（哲学社会科学版）2013年第5期，第4页。

注，帮助其慢慢恢复正常的生活秩序。这就需要社工积极介入学校服务。在灾区开展学校社会工作时，除了可以借助正式的学校组织外，还会通过民间创办的临时的诸如"枫香树村帐篷小学"等非正式组织实施。

"枫香树村帐篷小学"由外来志愿者和当地的村大队组建而成，它为震后失学的当地学生提供了一个上课的场所。它为映秀小学的复课提供了准备，它把震后的部分小学生聚集在一起，使他们慢慢从地震的阴影中脱离出来。社工深感有必要介入帐篷小学的工作，应开展多形式小组工作。社工为帐篷小学老师提供专业建议，关注当中表现异常的学生并给予相应的引导，为小学提供一定的教学物资，为帐篷小学寻找教学资源，丰富帐篷小学的教学内容。为了开展形式多样化的小组工作，社工将附近的气象局映秀工作组、卫生防疫站、深圳特警等单位的工作人员都请到帐篷小学为学生们讲授简单易懂的各种知识，有时候也用社工特有轻松的授课方式为同学们讲课①。

像帐篷小学这样的临时学校组织在正式学校组织瘫痪或无法正常运作时发挥着非常重要的作用，而且便于开展小组工作并在小组活动中发现异常者。对参与复课教师的工作介入是恢复学校教学的第一步，灾后教师和学生都承受了巨大压力，教师一直处于忙碌状态，一方面需要照顾和开导学生，另一方面还需要继续备课和复课，没有时间考虑其他问题。但是他们同样是受灾者，却因为特殊的身份不能使自己沉浸在悲痛中，因此，他们往往找不到适当的途径来宣泄情绪，双重的压力使许多教师甚至产生比学生更为严重的心理危机。因此，社工的介入也需要满足这部分群体的需要，通过对教师开展培训、小组工作和历奇活动等形式，

---

① 洪智雄：《灾后重建学校社会工作介入模式研究——以汶川县映秀小学为例》，《社会工作》2009 年第 4 期，第 14 页。

搭建一个开放、平等、自由和舒适的平台，让他们充分释放自己的情绪和舒缓自身压力，同时还能将习得的经验传授给学生，从而起到可持续发展的服务效果①。

在此基础上，社工也要加大对受灾学生家庭的工作介入。家庭作为一种社会制度和学校一样具有某种社会功能，并在个人生活中发挥某种不可或缺的作用。在四川灾害服务中，映秀小学的毁灭性灾害使得超过半数的学生遇难，社工通过老师了解遇难学生的名单，也通过入户家访等方式了解一些遇难学生家庭情况，对这些学生家庭需求进行排序并确定介入对象。之后便开始与服务对象接触，主要都是从拉家常开始，通常是两至三天作为一个访谈周期，当社工与遇难学生家长逐步建立了信任关系后，一般学生家长都会主动向社工倾诉心里话，自然而然地进入丧亲话题，从而开启心灵对话的窗口②。

在与丧亲家长的接触过程中，我发现他们追寻学校遭遇毁灭性倒塌的原因，把矛头指向当地政府和指责学校老师抢救不力。丧亲家长把责任归结给政府、学校和老师，目的就是让自己更容易接受现实。我们必须帮助家长澄清事实的真相，必要时还要使用面质的方法，使家长面对现实，面对生活，通过心理疏导使其慢慢走出困境，恢复正常生活③。

社工作为一个"外来者"介入灾区学校社会工作服务过程中，首先应该尊重学校的教学制度和规范，从为学校服务、配合学校更好发展的角度出发进行服务，而不是根据自己的意图和计划把

---

① 温静：《灾后学校社会工作介入研究——以"抗震希望学校社工志愿服务项目"为例》，《社会工作》2009 年第 8 期，第 38 页。
② 洪智雄：《灾后重建学校社会工作介入模式研究——以汶川县映秀小学为例》，《社会工作》2009 年第 4 期，第 13 页。
③ 洪智雄：《灾后重建学校社会工作介入模式研究——以汶川县映秀小学为例》，《社会工作》2009 年第 4 期，第 13 页。

自己置于"领导者"的位置上指挥学校的事务。即使学校很多规定和做法不符合社工理念，但是进驻学校服务的社工和志愿者要在配合学校完成教学任务的基础上通过实际行动渗透社工的理念，让学校慢慢认同和接纳社工，进而普及"助人自助"的理念及鼓励每个人实现个体价值观①。

为了进一步巩固"希望社工广元模式"，使"社工服务行动"从一个公益项目转变成为"不走的社工服务机构"，促进建立"一校一社工"制度，让更多的青少年接受更优质的教育资源，中国青基会、中国社工教育协会决定在广元市利州区发起建立独立的社会服务民办非企业单位——希望社工服务中心。广元市利州区人民政府主动出资40万元购买社工服务，并提供办公、活动和实习生住宿场所。服务中心将继续秉承"以人为本，助人自助"的理念，为学校、社区及与青少年相关团体和个人提供社会工作专业服务，促进"校园—家庭—社区"和谐建设。服务中心将以派遣学校社工的形式，向利州区内15所中小学提供直接的社会工作专业服务，预计年服务人数达3.5万人以上，以综合社区服务的形式，向周边社区青少年提供学习、信息、娱乐等综合服务②。

六 医疗卫生服务

为了加强灾区防疫及环境维护工作，避免发生传染疾病与重建灾区医疗体系，社工应针对灾害带来的伤害与污染问题，协助灾区民众消除就医障碍及维持正常基本的医疗服务。

一名彭州21岁的地震伤员，脊椎损伤，住18天院就回家了，

① 温静：《灾后学校社会工作介入研究——以"抗震希望学校社工志愿服务项目"为例》，《社会工作》2009年第8期，第38页。
② 靳晓燕：《希望工程社工服务中心成立》，《光明日报》2011年2月10日第6版。

不知道要康复训练，自己买副双拐走路，整个肩耸起来，腿甩着走，姿势很不好看，但他觉得只要能走就行，认命了。后来社工给他做康复训练，如今戴上足托，不需要扶拐，基本能正常走路。"我们把回到社区的地震伤员分成三类，开展相应康复计划，"社工张盈盈介绍，"一类是脊椎损伤的，先看要不要进行家居环境改造，以便家居锻炼、康复等，然后再关注家庭关系、调整情绪、重拾生计等。二是截肢者，首先考虑假肢安装问题，以及假肢的使用、维修、保养，然后才考虑其他方面。三是骨折伤员，首先帮忙解决二次医疗问题，他们伤口愈合后取固定的钢板，属二次医疗需自筹费用，而他们大多一年没上班，缺乏经济来源。最近，该项目组正着手制订《地震后康复知识宣传手册》，将印制上万份，免费派发到各社区，让更多地震伤员了解社区康复知识。我们可能是目前国内首个关注地震伤员社区康复的民间机构！"希望更多人来关注地震残疾人的社区康复。由于人手有限，300多名地震伤员中，目前已联系上的才160多名①。

医疗服务是民众迫切需要的公共物品，也是最基本的卫生设施，同时与生态建设、疾病防控和水源保护密切相关。在灾害中，由于灾区卫生系统遭到严重破坏，灾区污染严重，往往成为传播疾病、威胁健康的重大隐患。因此，社工在提供医疗和公共卫生服务的同时，也应注重对灾民的培训教育，把公共卫生与公共事务管理、卫生习惯养成、环境建设和水源保护等多重目标结合起来，力图以这一服务为切入口，推动灾区社区建设和灾民自治能力的提高。

七　社区营造服务

社区营造（community empowering）是指要使社区能自动自发

---

① 祝勇：《地震伤者面对残疾生活：常被围观忧心生计》，《信息时报》2009年5月7日。

地去经营缔造一个人情、土情与乡情的一切活动与工作过程。"社区营造"包括社区、总体和营造三部分，是以具有特定关系的人群为中心，包括整体思想与生活环境，也意味着这一活动不是片面性而是全面性的，而且范围大到社会群体全体，小到个人，从自家空间到全社区的生活环境，社区层面从社会群体文化的本质、真义与价值观种种现象，社区内容包括有形与无形的社会文化本质与现象（见图3-5）。

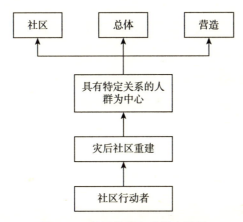

图3-5 社区营造行动及内涵图

"社区营造"不只是营造一个社区，实际上它是营造一个新社会、一个新文化、一个新的人。因此，它是一种理念，是以社区共同体存在和意识作为前提和目标，通过社区居民积极参与地方公共事务来凝聚社区共识。同时，发掘社区自主能力建立属于自己的文化特色，让社区居民共同经营"产业文化、文化产业化""文化事务发展""地方文化团体与社区组织运作"和"总体文化空间及重要公共建设的整合"等（见图3-6）。

在社区重建中，必须重点考虑"社区营造"的观点，其中又可分为新建社区和原有社区重建两种。新建社区的重点在于形成社区居民集体共识，要求实现城乡有新的风貌，也要求这一新的"组构关系"必须有新的社会内容及社会行为的加入。在这一过程中如果没有居民的共识及产生社会集体制约来相互约束，灾区新

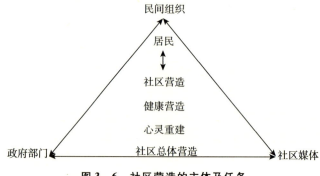

图3-6 社区营造的主体及任务

风貌是很难维持的。原有社区重建的重点是增加居民对社区的认同感，可以让居民就自己的房屋、社区和公共空间等需求和想法先进行讨论，然后整合村落的重建计划，从而凝聚社区意识并配合外界力量加速进行重建。

第二节 灾害社会工作的主要服务对象

社会工作是一种以需求为导向的助人专业，因此，需要选择具有专业特长和优势的服务领域，这也是社会工作介入灾前预防、灾中救援及灾后重建的重要前提。对于社工及社工机构而言，应该选择适合自己服务特长的领域，这不仅能够提高服务效率，也能促进社工专业快速健康成长。如在四川大地震中，国务院妇女儿童工委和联合国儿童基金会选择了儿童社会工作领域，中国社会工作教育协会选择了学校社会工作领域，"鹤童"选择了老人社会工作领域等。在灾害社会工作服务领域中，介入对象主要包括丧亲群体、青少年、残疾人员及妇女群体等，社工应该根据这些群体的不同特性，开展有针对性的服务。

一 丧亲群体

在地震灾害中，许多人失去了亲人，丧亲群体是受灾最严重的群体。面对财产损失、亲人死亡及生命安全感的丧失，往往会产生思维困难、心灵困扰、情感迷惑、注意力难以集中和心理焦虑等负面情绪。哀伤反应是灾民面对意外的突发性事件的正常反应，如果没有得到及时且正确的处理，这一情形可能进一步恶化，进而导致严重精神障碍甚至自杀现象的出现。因此，如何为丧亲群体提供心理危机干预，如何通过专业方法帮助他们恢复生存意志和信心则成为社工非常重要的任务。许多灾民在灾害发生之后的许多年始终无法摆脱失去亲人的心理阴影①，因此，社工有必要对丧亲群体提供哀伤处理情绪疏导等心理服务，帮助他们减缓精神压力及重振生活信心。

哀伤辅导是综合性和长期性的心理干预过程，社会工作在这方面没有专业优势，但不意味着它就没有作为，社工对丧亲群体进行哀伤辅导的途径主要有如下四种。第一，充分利用当地文化资源进行辅导，例如东北秧歌与广东粤曲等，这些深植于民心的活动对于个体的感染力不可忽略。第二，及时进行陪伴。在丧亲的早期阶段，个体哀痛甚至愤怒都非常正常，安慰及企图说服的效果不明显，有时还会起到负面效果，因此，社工要认同和接纳哀伤者的情绪，在案主信任和同意的情况下进行悲伤陪伴和定期探访，陪伴一方面是让案主表达和宣泄情绪，另一方面也可以陪同他们一起静默。第三，借用仪式释放哀伤，仪式历来被作为处理哀伤反应的重要手段。基于与居民良好的互动关系，社工更有可能被邀请或被允许参与到生者为逝者举行的各种仪式中，同时，社工在尊重与诚心陪伴的基础上借用这些信念与仪式帮助生者与哀伤的过去暂时进行告别，以储蓄力量继续前行②。第四，"身—心—灵"模式的运用，从这三个层面同时施加影响的社会工作实务模式开始尝试使用于灾民的心理重建工作中，采用当地最为普及的大众化运动作为"身体"层面的调节方法往往可以取得较为

---

① 边慧敏、杨旭、冯卫东：《社会工作介入灾后恢复重建的框架及其因应策略》，《社会科学研究》2013 年第 5 期，第 124 - 125 页。

② 徐文艳、沙卫、高建秀：《"社区为本"的综合社会服务：灾后重建中的社会工作实务》，《西北师大学报》（社会科学版）2009 年第 3 期，第 60 页。

明显的效果。以都江堰地区为例，由于宗教和民族等因素，这一地区的民众大多有习武传统（太极和八段锦等），援建社工根据这一模式开展了哀伤辅导服务并取得了良好效果①。

二　青少年群体

青少年处于人生的多变期，生理和心理都在变化和发展的过程中，最容易受到灾害冲击，同时也是最不能够表达自己诉求的弱势群体。一些青少年在灾害中失去亲人，在受到灾害创伤时又不得不承担家庭和社会责任。灾害给他们带来了负面影响，导致焦虑、迷茫和抑郁等现象的出现，甚至会出现消极的人生态度，如"混日子"、玩网游及游荡等。

汶川大地震以后，一些儿童因父母伤亡而流离失所，成为孤儿或无人陪护的儿童，父母健全的家庭也因忙于灾后自救和重建而常常忽视对儿童的关怀。同时，在地震中学龄儿童失去同学、玩伴、学校及可以玩耍的场地，社会、学校、家庭及朋辈群体的支持网络也遭到破坏。地震本身也对儿童产生了较多不利影响，包括恐惧、厌学、自闭等②。

由于青少年处于成长发育期，灾害会对其身心造成不同程度的冲击，而且由于灾害损毁校舍，异地入学的现象较为普遍，学生需要重建自己的社会关系和社会网络。社会工作的介入可以协助学生提高与新同学的沟通能力，重建自我成长的人际关系。因此，社工需要及时了解其心理变化和需求，同时根据其行为状况开展服务工作，尤其要重视心理服务技巧与社工实务技巧的结合，以便进一步提高青少年的抗逆力。

---

① 徐文艳、沙卫、高建秀：《"社区为本"的综合社会服务：灾后重建中的社会工作实务》，《西北师大学报》（社会科学版）2009 年第 3 期，第 64 页。
② 边慧敏、杨旭、冯卫东：《社会工作介入灾后恢复重建的框架及其因应策略》，《社会科学研究》2013 年第 5 期，第 124 - 125 页。

为了调动孩子的积极性，激发自我管理、自我约束能力开展的活动有：一起动手制作"七彩小信箱""小小垃圾箱"和诚信商店的"诚信储蓄箱"等，在制作的同时也引导孩子们分享对爱护环境、讲卫生、讲诚信的感受，并让孩子们把自己的感受写在制作的箱子上。这些活动充分调动了孩子们参与的主动性和积极性，在动手、动脑的过程中孩子们有了更多的体会。为增强孩子们沟通的能力和团队合作的意识，开展的活动有：建立"快乐童年，欢乐班级"，开展"小小救生岛""解千千结""别样传话筒""大手牵小手，一起去洗手"等游戏活动。为引导孩子们感受生命，体验亲情，体会责任心的重要性，开展的活动有：小领袖的培训、"诚信商店"的开张和一起做活动室的清洁、"进化论"游戏、"体验亲情，贺卡传情"等。帮助孩子们建立自信，树立远大理想，丰富课余生活，开展的活动有："我真的很不错"的手语练习、"理想金字塔"的构建、"我爱祖国，我爱家乡"的拼图比赛、球操、趣味运动会、"感受生命"作文竞赛、红歌会等①。

在 Q 安置点，针对社区青少年，开展了童心乐园（"小跳豆"欢乐学习坊、欢乐课余时光、周末亲子情）、青少年兴趣班（故事绘画班、英语兴趣班、武术班、舞蹈班、书法班等）、青少年社区活动（动感夏日哗啦啦三人篮球赛、"最好的未来"青少年大型活动、我的快乐人家畅想活动、小小奥运青少年活动）、亲子沟通关系活动（亲子"聆"距离互动小组、感恩节大型亲子活动、"帮助孩子走向成功"家庭小组、"沟通从心开始"家庭小组主题活动）等②。

---

① 杨成凤：《震后社会工作介入儿童友好家园的思考》，《社会工作》2011 年第 12 期。

② 杨发祥、何雪松：《灾后社会重建中的社工介入：理念、目标与方法——基于四川省都江堰 Q 安置点的实证研究》，《甘肃社会科学》2010 年第 3 期，第 150 页。

　　针对青少年的服务还有一个重点就是处理学习问题，由于学校硬件与软件在灾害中受到了破坏，社工不仅需要帮助学校恢复教学秩序，重建和修复损毁校舍，安全利用学校设施及营造灾后校园文化，还要对青少年学生加强心理服务及陪伴学生走出灾害阴影，这需要借助社会工作专业方法帮助灾区青少年出现明显的正向改变。

　　四川"5.12 灾后重建学校社会权利项目"由香港理工大学社会科学系于 2009 年 2 月设立，面向汉旺、昌盛学校、映秀小学、水磨中学等学校展开为期三年的驻点社工服务。2010 年前后，虽然图书馆、体育设施、最新配置的电脑机房等建起来了，充实和丰富了孩子们的课余活动，但是社工站依旧是他们最爱扎堆的地方。我们开办的围棋班、象棋班、年画班等受到了小孩子们的追捧，一到活动时间，活动室必定挤满了人。

　　作为绵竹社工站的社工，我们克服了重重困难，成立了"让生命舞动起来"艺术组。我们的服务对象身份很特别，他们是地震伤残儿童。我们希望通过舞台扮演让孩子们更快地重新融进社会，让他们逐渐找回生命的价值和生活的信心。每个星期六，参与艺术组的 17 个小孩子都会早早地起床，在舞蹈教室里，我们分开排演，排演精心设计的健身操《我们的一天》，看到这些孩子脸上露出了久违的笑容，我们感到非常高兴（个案 105，HJ，男，25岁，大学本科，CH 学校驻校社工）。

　　上述材料反映了社工通过对青少年服务需求的调查，并针对其悲伤辅导和学习成长的需要，结合灾区实际发展情况，以"让生命舞动起来"作为小组活动的具体方案，为孩子们提供专业服务。通过游戏和舞台扮演，孩子们的行为和心态都发生了较为明显的变化，逐渐恢复了对生活和学习的信心和兴趣，基本达到了小组活动的行动目的。社工服务成效的取得也是青少年服务持续开展的基础，在我国由于社工首次介入灾区青少年服务，因此，应选择合适的服务对象和服务范围作为突破口打开服务局面，然后在此基础上，以点带面推动整个服务工作的全面深入发展。同时，在教育行政管理层面，社工要通过不同方式让教育行政领导认识到青少年社会工作开展的重要性。一般说来，如果主管领导比较重视，项目服务通常会进行得比较顺利。如果主管领导认识不足或者缺乏自上而下的推动，青少年服务工作则进展缓慢。

三　老年人群体

对特定人群开展直接服务也是社工日常服务实践的重要内容，老年人是灾后最容易被忽视的群体。由于在社会处境上的边缘性、特殊性和复杂性等，老年人在经历灾害之后往往心理上会产生许多变化，容易产生不安全感、孤独感、悲痛感、抑郁感和焦虑感等症状。同时，老年人身体机能退化也会给生活带来许多不便，因此，社工需要利用专业工作伦理与方法为老年人群体提供及时服务①。

根据老年社会工作相关理论和老年人实际的身体功能和活动能力，成立老年组织，组建老年志愿者队伍，倡导社区志愿精神；举办适当的康乐活动，以锻炼老人认知和动手能力；通过社区组织与社区活动促进老年人与他人互动、增强沟通、彼此交流；通过健康讲座等活动进行安全教育，去除隐患；通过组织老年人进行健身活动，培养健康心理及生活方式，提高自我照顾的能力，提升生活质量和幸福感；通过恢复和构建老年社会关系体系，提升老年人走出地震阴影的能力和速度，预防和减少老年问题的产生，对高龄全老住户，设计了"同心互行——跨代爱心支持计划"②。

---

① 边慧敏、杨旭、冯卫东：《社会工作介入灾后恢复重建的框架及其因应策略》，《社会科学研究》2013年第5期，第124-125页。
② 杨发祥、何雪松：《灾后社会重建中的社工介入：理念、目标与方法——基于四川省都江堰Q安置点的实证研究》，《甘肃社会科学》2010年第3期，第150页。

在心理援助方面，虽然灾后心理咨询工作的开展为灾后心理重建做出了很大贡献，但是就失去亲人的老年群体而言，由于受传统观念的影响，加上身心和文化综合素质的制约，大多数老年人不会主动寻求心理咨询，即便心理咨询师主动开展义务服务，老年人也难以持久地接受心理咨询和心理治疗。而且，灾后有心理创伤的老年人往往比较多，个案工作无法满足众多老年人心理服务的需求，社工在灾区中需要运用多种服务方法为老年人群体服务，例如互惠式小组方法。

互惠模式小组工作的作用：工作者应调解小组及小组中的个人与家庭、邻里、朋友、学校等关系中存在的问题，促使小组内老年人相互接纳、沟通、自觉适应环境，发挥各自的功能，使小组功能实现最大化，老年组员相应地发生改变。无论是心理咨询还是心理治疗，其过程是专业咨询师或者心理医生与被治疗者之间的互动，脱离了被治疗者与他人的互动。对于陷入孤独悲伤中的老年人来说，让他们参加群体活动，开展互惠模式下的小组工作，容易被他们接受，互惠模式小组工作介入灾后失去亲人老年群体是非常恰当的。

互惠模式小组工作介入方法：工作者寻求社区的帮助，掌握失去亲人老年群体的资料，在地域空间较近的社区内和社区间组建10人左右的失去亲人互惠模式老年小组。小组工作的开展可以划分为小组计划阶段、开始阶段、中间阶段和结束阶段。小组持续时间一般为半年到一年，每次小组活动两小时左右。初期一个月内每周开展两次，以后每周一次活动较为合适。

组员构成和需求评估：工作者要认真评估失去亲人的老年人的需求，宣传小组工作理念和作用，耐心劝导失去亲人的老年人加入到小组中。小组的成员具有明显的同质性，主要表现在小组成员具有共同的问题，即缺乏生活信心、孤独和痛苦等，而不是共同的身份、社会地位等级特征。问题的共同性进一步导致了目标的共同性，这是小组重要的内在关联性。一群与自己有相同经历和困难的参加者，在小组中互相分忧和支持，会发现其他组员与自己面临着同样的问题，有着同样的情感与想法，这种一致性能使他（她）感到不是唯一的不幸者，有利于开展小组工作。工作者要有意识地吸收两个乐观向上的老人加入小组，引导他们未来在小组活动中发挥积极作用。要认真分析这部分老年人的个性特点，注意探求老人在小组活动过程中的心理和行为变化，结合老年生理心理特征，有针对性地开展工作，以增强个人和社会的功能。

小组工作者的角色和表现：互惠模式的小组工作者是小组组员之间以及小组与社会之间的调解者、使能者，与老年人融为一体，最好选择年纪稍大、生活阅历丰富、经过专业社工教育培训或通过社会工作职业资格考试的社会工作者来担任；具有较强的同理心，理解这些老年人的行为与感受，表现出对每一个组员的接纳和友好，愿意与他们分享，与组员建立良好关系。小组工作者一方面要帮助失去亲人的老年人利用"紧张系统"来尽快寻找完成任务的途径，发挥个人潜能，另一方面也要帮助失去亲人的老年组员学会自我放松，消除或防止由于过度紧张导致的身体不适反应。工作者通过提供信息引导小组自主发展，提供一个具有吸引力和温馨的环境，促进小组成员的互动及为小组寻求外部资源，启发组员表现自身的优点，引导组员接受乐观向上的态度，协助组员挖掘、使用和提升自己的潜能，在积极的方面接受或影响他人；对负面的情绪，工作者要进行疏导。

小组活动的开展：工作者协助小组组员共同构建小组、设计避免不愉快或会引起焦虑的活动，小组活动围绕增加生活信心，具有凝聚力、参与性和互动性的主题展开。如开展郊游、陶艺、园艺、趣味游戏和运动等刺激感官的活动，能重新激发老人的生活热情。例如，在园艺活动中种植花草树木，让老人感受自然、泥土和植物，可以把老人从悲痛的记忆中拉到现实乃至将来。在每次活动中，工作者要注意分析如何有效地引导组员间通过活动分享，增强组员能力、达成目标，协调处理小组过程中的抗拒、冲突，监督与评估小组活动。每次小组活动最后，工作者要引导老年人把参与活动的感受表述出来，并把这些体会与小组宗旨联结起来，搜集对小组内容的意见，协助组员共同修正小组过程和维持小组的有效性，并提出活动结束回去后的行动建议等。

结束阶段问题的处理：此时，组员已经彼此间建立了互相接纳的关系，大部分组员的需要得到满足，问题得到解决，自我认识和自我接纳得到增强。工作者要告知小组结束的时间，适时提醒老年人做好分离的准备；把最后一次活动安排成一次有意义的结束聚会，如联欢、旅行等。针对有些小组成员可能会在一定程度上出现哀伤、失落、依依不舍等负面情绪反应，并可能由此衍生出不承认小组终结、行为倒退等不同的行为表现，工作者应注意引导组员充分表达结束前的感受，淡化结束时的情绪，减轻或避免上述问题发生。对有需要的成员，还可以安排跟进聚会、联系参与小组以外的活动等，使他们能够从其他渠道满足需要；整个小组工作结束后，工作者应全面地进行回顾与评估；适当保持与部分小组成员的联系，以便考察和评估小组工作对于个人的影响程度，进行后续研究等①。

失去亲人的老年人小组是由不同的互动要素组成的系统，它不可避免地与周围的环境系统发生联系和影响。老年人在互惠模式小组中要多次进行面对面的互动和交流，这不仅有助于老年人个人社会性的形成，而且有助于促使其形成良好的自我观念。在社工引导下，老年人在互惠模式小组活动中扮演各种不同角色，通过观察他人表现，借鉴或接受其他组员积极的思想观、价值观和情感，从而塑造个体行为，促进老年组员自我调适、自我完善和自我发展。同时，通过互惠模式小组工作，参与小组的失去亲人的老年人在互动和互助过程中，能够达到预期目标，实现个人

①　许晓晖、曲玉萍：《互惠模式的小组工作介入自然灾害失去亲人老年群体的适用性、方法和技巧》，《中国老年学杂志》2009 年第 11 期，第 1410 - 1412 页。

的价值观念、态度以及行为的改变，建立适应社会和自身角色需要的正确的价值观，提高社会适应能力，从而促进个人成长与发展，最终能够迅速融入社会生活，重新建立生活的信心①。

四　妇女群体

莫罗（Morrow）指出，某些群体特别容易成为自然灾害的受害者，甚至反复成为受害者，这些人通常是穷人与女性②。福瑟吉尔（Fothergill）和莫罗共同认为过去对于自然灾害的研究完全忽略了性别（gender）、社会阶层（social class）及种族（race）等因素造成的影响③。福瑟吉尔认为性别与社会阶层是建构天然灾难受助经验的两大不容忽视的因素④。长久以来，女性在社会上的弱势角色使得女性不断被累积脆弱性（accumulative vulnerability）⑤。女性在面临自然灾害时和男性有截然不同的经验，女性感受到的心理压力比男性大。

莫罗以美国佛罗里达州发生飓风的地区为例进行研究发现，妇女因为大多从事低收入工作，所以经济能力低，从而使得重建过程中所能使用的资源少得多⑥。妇女平日在社会上处于弱势地位，当自然灾害来临的时候就会变得更为脆弱。托斯卡尼（Toscani）指出并不是所有的女性都容易成为天然灾害的受灾者，但是缺

---

① 许晓晖、曲玉萍：《互惠模式的小组工作介入自然灾害失去亲人老年群体的适用性、方法和技巧》，《中国老年学杂志》2009 年第 11 期，第 1410 – 1412 页。

② Morrow, B. H., Identifying and Mapping Community Vulnerability, *Disasters*, 1999, 23（1）：1 – 18.

③ Fothergill, A., The Neglect of Gender in Disaster Work：An Overview of the Literature, In E. Enarson & B. H. Morrow, eds., *The Gendered Terrain of Disaster. Through Women's Eyes*, Westport, CT：Praeger Publishers, 1998：11 – 25.

④ Fothergill, A., The Stigma of Charity：Gender, Class, and Disaster Assistance, *The Sociological Quarterly*, 2003, 44（4）：659 – 680.

⑤ Enarson, E., Through Women's Eyes：A Gendered Research Agenda for Disaster Social Science, *Disasters*, 1998, 22（2）：157 – 173.

⑥ Morrow, B. H., Identifying and Mapping Community Vulnerability, *Disasters*, 1999, 23（1）：1 – 18.

乏资源的脆弱女性则非常容易成为受灾者，脆弱的女性总是特别需要关注①。因此，社工需要针对妇女群体开展女性卫生健康沙龙和勤俭主妇厨艺大赛等一系列活动，为妇女群体提供专业服务。

在比种菜更广泛的生计问题上，人们却没有太多好的思路。在板房区，许多单亲妇女在屋外打望聊天，手头也在织着什么东西。震后可供她们做的事情太少，很多人就拿起多年不用的针来做编织和刺绣，贴补一下生活。原本并不擅长此道的藏族妇女也开始干起了这个。有好几个社工组织都搞了类似的项目：把妇女组织起来刺绣，而且以灾区受难儿童留下的画作当蓝本，进行刺绣（个案 107，HDF，女，24 岁，大学本科，XCQ 社工服务机构）。

许多女性为了保护小孩与家中财产而丧命或受伤，而她们在受灾中的独特需要也因为其在社区中的边缘地位而在决策过程中被忽略了，同时，现有的救助体系也大多忽略女性需要。社工需要通过创办一些职业技能培训项目，并根据灾区需求和受灾群众特长进行技能培训，服务对象是一些待业女性，尤其是下肢残疾的妇女。由社工提供培训的基本资料，邀请专业教师教授技巧，并且联系销售渠道，这不仅在一定程度上缓解了灾后居民，特别是弱势群体的生计难题，还培养了他们自强和自立的精神品格，使他们失调的社会功能在日常生活与生产实践中逐步得到恢复。

在经历过种种的思考和实地调研后，协会的员工们决定开展"火凤凰"妇女绒绣技能培训和生计计划。同时寻找到合作伙伴——上海三林绒绣社。双方达成共识，浦东社工协会在未来为绒绣社提

① Toscani, L., Women's Roles in Natural Disaster, Preparation and Aid: A Central American view, In E. Enarson & B. H. Morrow, eds., *The Gendered Terrain of Disaster. Through Women's Eyes*, Westport, CT: Praeger Publishers, 1998: 207 - 211.

供一定的成本费用，由后者负责在浦东社工所服务的安置点教授失业和低收入受灾妇女绒绣技能，同时通过他们的销售渠道，以公道的报酬回报安置点妇女们的劳动。之所以选中绒绣，部分是因为绒绣在此时作为生计方式来介入，由于它难度低，工作场所灵活，便于妇女照顾家庭，又适合让妇女们带着棚架在一起三五成群地一边交流一边工作，有利于妇女们从集体劳动中寻找心理纾解。此外，浦东社工协会还有一个长期考虑：为稳定地从事绒绣生产的妇女建立一个她们共同拥有、协作协商管理的专业经济合作社——火凤凰绒绣合作社。2008年7月24日，由浦东新区社会工作者协会组建协调，人员主要来自乐群社工服务社、阳光慈善救助服务社、中致社区服务社、乐著社工服务社的"浦东社工服务队"随上海社工服务团开赴都江堰，进驻都江堰经济开发区滨河新村安置点提供服务。火凤凰计划开始实施。特别值得一提的是，项目第三期的主要工作已经开始由安置点成熟的老学员承担。为了增加学员的凝聚力，浦东社工服务队在学员中开展了多种小组活动。例如，2008年8月初的集体融冰活动，9月初的"成长的烦恼亲子教育讲座"。在项目开展的过程中也使服务队近距离接触这些居民，了解他们真正的困难。浦东社工协会从南都公益基金会为火凤凰计划筹集到近十万元项目资助款，除了支付教学所需的工具、运输、宣传和教师交通住宿费用外，还向火凤凰合作社注入了两万元的启动资金，用于合作社的注册、教学和生产工具的添置等[1]。

　　社工不仅需要有为妇女群体提供服务的准备，更需要针对妇女群体的特殊情况和灾区的特殊情况量身定做服务计划，才能顺利开展妇女社会工作并取得灾民认同。此外，社工不仅需要将灾区妇女列为服务对象，也要充分挖掘妇女自身的潜力，本地妇女也能帮助灾民发掘潜在力量，因此，社工服务需要实现在地化，

---

①　郭虹：《四川地震灾区社会问题研究》，四川省科技顾问团课题结题报告，2009。

社工人才也需要从当地挖掘和培养。受灾女性大多是长期居住在当地的居民，她们拥有丰富的在地知识，更能了解灾区民众需求，其提供的服务往往更被灾民认同。因此，如果这些受灾女性能够灵活、有效地运用地方知识将灾民迁移到安全地区并进行心灵慰问和伤亡陪伴等，她们能够胜任照顾者、支持者和整合者的角色。这些受灾女性不仅能够照顾家人，而且能照顾其他灾民，并且和其他灾民建立良好关系，甚至组成妇女支持团体。因此，考克斯（Cox）提醒实务工作者，应该善于运用灾区女性的当地人知识（insider knowledge）①。

五　残疾人群体

残疾人是灾后需要关注的另一个特殊群体，灾害尽管没有夺走残疾人的生命，但却严重损伤了其生理功能。同时，由于灾害的巨大冲击与伤害，也使得一些居民因灾致残。由于生活不能自理和收入难以满足特殊身体与心理需要，残疾人往往容易出现情绪消极、低沉、悲观与自卑等现象，常常认为自己是社会和家庭的负担而不愿意与人交流。因此，这一特殊群体非常需要沟通平台与交流空间来加强与外界的联系。在现实生活中，残疾人虽然需要自立自足和自我发展，但往往不知道从何下手，社工提供的及时的专业服务则成为雪中送来的"炭"而受到其欢迎。

地震伤员大多数没有接受系统的康复治疗，不少地震伤员受伤后躺在医院，出院后躺在家里，根本不懂得还要康复训练，一些人出现足下垂、肌肉萎缩。地震伤员以骨折为主，而骨折损伤可大可小，经过康复训练可逐渐恢复，但如果缺乏专业康复训练，也可能就此成为残疾人，其实这些原本可以避免，骨折伤员尤其

① Cox, H., Women in Bushfire Territory, In E. Enarson & B. H. Morrow, eds., *The Gendered Terrain of Disaster. Through Women's Eyes*, Westport, CT: Praeger Publishers, 1998: 133 – 142.

需要专业的社区康复治疗。几个月来，社工深入社区开展康复治疗指导，让不少地震伤员避免成为残疾人。30 多岁的王凤英是都江堰聚源镇人，左腿骨折，安了外固定钢钉，目前走路靠双拐，左脚不敢着地。实际上会造成左脚韧带肌肉萎缩，导致足下垂。社工去家访时，她已经跷着左脚走路了，于是督促她做踩砖头等拉伸韧带运动，如今左脚韧带肌肉慢慢长起来，避免了足下垂①。

"湘川情"社会工作服务队在理县已成功举办了催眠师培训班等 3 期，干部心理辅导知识培训讲座 30 期，为 1500 多人次提供了心理咨询与康复治疗，理县很多因灾致残的残障人士，在"湘川情"社会工作服务队接受康复治疗与劳动技能培训。李仕铭介绍，有湖南"社工"抚慰受灾群众，理县震后没有发生因灾后心理失衡引起的自残自杀事件。联合国负责残疾人社会工作的专家、英国援川社会工作机构负责青少年社会工作的专家，专程赴理县考察学习；香港理工大学社会工作系，也将湖南服务队定为培训基地②。

因此，社工需要通过走访残疾人家庭，了解残疾人的残疾程度、目前病情和基本生活情况，并在此基础上开展残疾人物质资源配置、志愿者服务和社会资源链接等工作。同时，社工也需要制订志愿者帮扶残疾人计划，如开展捐献轮椅等活动，从而改善残疾人的生活，并坚定他们的生活信心等。

---

① 祝勇：《地震伤者面对残疾生活：常被围观忧心生计》，《信息时报》2009 年 5 月 7 日。
② 范亚湘：《新生理县见"湘"情》，湖南在线：三湘都市报（长沙），最后访问时间：2010 年 1 月 29 日。

第四章
灾害服务中社会工作方法的介入

大规模的灾害（mass emergency or disasters）不但会在灾区引发人员伤亡与财物损失，而且会冲击既有社会秩序，造成各种既定制度运作的中断。西方学者将其比喻为"混沌状态的触媒"（agents of chaos）或社会（变迁）的催化剂（social catalyst）①。灾害现场出现令人触目惊心的现象，并充斥着高度张力（stress）、急迫性（urgency）、不确定性（uncertainty）、连锁反应性（link）及冲突性（conflict）② 等情境特点，这将对灾民造成重大的心理冲击，而且容易呈现所谓"灾难症候群"（disaster syndrome），如惊慌失措，易受暗示性（suggestibility）和对受灾社区认同感的强化等心理上的变化③，形成了"常规状态的例外情境"④。在灾害中，许多人受到失去挚爱亲人形成的重大心理冲击，有些人由于身体创

---

① Kreps, G., Disaster as a Systemic Event and Social Catalyst, In Quarantelli, Enrico L., ed., *What is a Disaster? Perspectives on Question*, London: Routledge, 1998.

② 各种可能的冲突包括灾难发生后因资源（如紧急医疗设备、逃生工具等）供给有限但需求量大增所引发之资源分配上的冲突、救灾行动中方法与优先级上的意见不合，以及指挥系统间的权力争夺等。

③ Mileti, D. S., et al., *Human Systems in Extreme Environments*, Boulder, CO: Institute of Behavioral Science, 1975: 61.

④ Stallings, R., Disaster and the Theory of Social Order, In Enrico L. Quarantelli, ed., *What is a Disaster? Perspectives on Question*, London: Routledge, 1998: 6 – 135.

伤而担心未来的健康状况，还有些人则遭受庞大的财务损失，未来生计有发生困难之虞，灾民们尝试在纷乱情境中找到行为的规则性。因此，在灾害社会服务中，社工需要满足案主的不同需求，并提供相应的专业服务，台湾学者林万亿将灾害中社工任务归纳如下。

表 4 - 1　社会工作者在九二一地震灾难中的任务①

第一阶段：救援（0~7 天）	第二阶段：短期安置（1 周至 3 个月）	第三阶段：长期安置（3 月至若干年）
1. 协助死者处理殡葬问题	1. 短期住宅安置	照顾安排
2. 家属悲伤辅导	2. 生活机能重建	1. 安置国民住宅
3. 遗属慰问和帮助	3. 家庭评估	2. 社区重建
4. 紧急安置	4. 发放慰助金	3. 协助就业
5. 募捐救灾物资与款项	5. 捐款专户管理	4. 创伤症候群辅导
6. 救灾物资管理	6. 创伤症候群辅导	5. 家庭支持
7. 志工动员与安排	7. 学童就学安排与辅导	6. 学童就学安排与辅导
8. 临时安置处所管理	8. 儿童、老人、身心障碍者	7. 社区资源体系建立
9. 组织灾民自助	照顾安排	8. 研究与评鉴
10. 灾民心理辅导	9. 救灾物资管理	9. 培植地方解决问题能力
11. 学童就学安排	10. 辅导灾民自助组织	
12. 儿童、老人、身心障碍者	11. 救灾人员减压工作	
13. 开发资源	12. 规划社会暨心理重建方案	
14. 救灾人员减压工作	13. 协助医疗复健	
	14. 协助就业辅导	
	15. 为灾民福利倡导	
	16. 自杀防治	

　　为了在灾害社会服务中完成不同的任务，也为了扮演好多元服务角色，社工应采取合适的实务模式。在目前状况下，主要以直接或初级服务（direct service of primary service）为主，在与案主的直接接触过程中达到服务目的，如团体工作、社区工作及各种治疗、辅导、咨商等方法②，下文将详细论述。

　　①　林万亿：《灾难救援社会工作：以台北县 921 地震灾难社会服务为例》，《台大社会工作学刊》2002 年第 7 期，第 27 - 29 页。
　　②　陈秀静：《九二一震灾后生活重建工作之研究》，东海大学社会工作系硕士学位论文，2001，第 26 页。

第一节　灾害服务中个案工作
方法的介入

　　灾害个案工作服务是针对面临多重问题或者复杂的案主需求提供一系列包裹式的服务输送，它需要深入社区辅导居民，由社工开案并进行辅导。同时，根据个案管理的方法，结合必需的各种资源，从而确保案主的权益。换言之，个案工作是指社工在安置点或学校心理援助站等对有多重问题的受助者（如孤儿），进行档案建立，评估各种需要，积极寻找资源帮助他们①。个案工作方法在灾害救助中尤其是灾后重建中的相关研究并不多见，仅仅有一些学者针对灾后单亲家庭个案管理及重建社区弱势群体个案数据运用与管理进行研究。

　　灾害的发生使得弱势群体产生了大量的特殊需求，社工需要针对这一特殊需求进行各种类型的个案服务。个案实务工作的运用领域包括早期治疗、身心障碍、老人长期照顾、社区慢性疾病、儿童保护服务、婚姻暴力和精神医疗个案处理，这些都可以通过个案管理的服务过程来提高服务工作的成效。个案工作是社区照顾最有效的方法，学者们通过对多位罹患慢性心理疾病的患者的研究显示，这一方法的运用将让案主的生活质量获得进一步改善，包括健康、休闲、社会及住宅等层面都会立即产生成效。

一　灾害个案工作方法的原则

　　如果将个案工作服务的焦点着重于个案管理者与服务对象之间的关系，个案工作的服务原则就有了以下几方面。

（一）案主参与原则

　　个案工作强调案主与个案工作者一起工作，包括需求评估、

----

① 贾晓明：《地震灾后心理援助的新视角》，《中国健康心理学杂志》2009 年第 7 期，第 883 页。

包裹式服务的规划与组织，社工与案主不仅一起工作而且二者共同做决定，案主不只是单纯接受规划好的服务，还必须参与整个个案工作服务过程。案主充分表达个人需求和意见，同时具有相当程度的选择权和自决权。这一过程可以促使社工提供的服务更能适合案主的期待，社工在服务过程中要逐渐建立与案主之间的信任关系。此外，个案工作者必须对需要协助的案主持有一种全面性的观点，必须认识到在服务输送上不同的群体有不同的需求面向，在案主表达出的社会、心理、医疗、财务和职业问题中，案主的问题很可能不仅是其中的一种，而是多种问题的综合表现。因此，社工需要帮助案主充分发挥自身潜能去面对灾变危机，这才是个案工作最为关键的地方。

（二）照顾协调原则

个案工作对社会工作者的角色期待不同于传统直接服务提供者，它对协调能力的重视超过了照顾技巧。这种角色体现在服务设计过程中，个案管理者必须协调各方资源为案主提供"全人"（whole person）或全方位服务，而不是仅仅针对特殊需要提供直接服务。同时个案管理者担负着整合服务机构和不同专业的责任，尽可能减少服务分散和相互重叠的现象，进而促进服务优先次序的合理安排，并在所提供的服务对象之间保持正向的互动。

（三）资源整合原则

个案工作的目的是通过协助案主构建社区内正式和非正式助人服务网络，为案主提供所需要的各种服务，并且通过追踪服务以确保案主取得实际所需资源和社会服务。个案管理者提供服务或者安排联结其他服务的供给是这一方法有效运用的重要因素。个案工作功能可以从案主需求层次及服务体系的供给层面两方面来进行讨论，案主需求层次强调能响应案主各方面的需求，一方面通过前期评估清楚案主需求，另一方面将案主需求链接到合适的社会资源，这时候个案管理所需要重视的是个别照顾计划的制定与执行①。

例如在为灾害中受创伤的学生提供个案服务的过程中,首先要了解并整合学生拥有的社会资源。因为学生心灵重建过程中面临的问题是多元的,只有将家庭、学校和社区资源进行有机整合,才能为学生成长成才提供有利条件。但在现实中三者却是分隔的,家长希望全面掌握子女状况,但是缺乏机会,灾后这种需求变得更加强烈。学校虽有争取社区和家庭配合的意愿,但是缺乏有效途径。而社区虽然是很好的资源提供者和学生的实践基地,但是并没有得到充分利用②。个案工作者需要尽可能寻求并掌握案主需要的各种资源,并且加以整合运用,这些可利用的资源可能来自政府部门、商业部门、志愿部门和非正式部门等,甚至案主本身所具有的能力也是一项重要的社会资源。此外,资源运用的效率也是资源整合的重要目的,为了避免资源浪费或重叠现象,在运用资源时需要具有强烈的成本意识。

社工服务中心与中山一院紧密合作,建立了完善的沟通系统,以团队的合作模式为伤病家庭提供体贴的身心支持。中山一院负责对四川伤员进行身体上的治疗及基本生活照顾,中山大学医学院的志愿者也配合中山一院与社工中心的工作,对四川伤员提供适切的护理,而我中心以“个案管理”的方式为四川伤员提供全方面的需要评估及援助③。

从上述材料中不难看出,社工首先需要掌握并整合这些资源,才能有效帮助受到创伤的学生。因此,在处理多重问题的个案时,

---

① 施睿谊:《南投县生活重建服务中心个案管理服务之研究》,台湾暨南国际大学社工政策所硕士论文,2001,第 12 - 13 页。

② 温静:《灾后学校社会工作介入研究——以“抗震希望学校社工志愿服务项目”为例》,《社会工作》2009 年第 8 期,第 38 页。

③ 《中山大学社会工作教育与研究中心“汶川大地震援助计划之医务社工支持计划”简报 (1)》,广州社区服务网,2008 年 5 月 31 日。

社工不仅需要关注案主在身体层面上面临的困扰，而且也要重视心灵层面受到的隐性伤害，因此需要社工与多个单位和机构进行协作①，才能顺利完成个案服务。

（四）包裹式服务原则

这是为了协助案主获得妥善的照顾与服务②，通过联结各个服务环节和服务资源而形成的服务。在经过需求评估及确认可以联结的社会资源之后，社工需要进一步为案主设计出一整套服务方案，最终目的就是通过各种服务的联结协助案主独立自主，拥有自我发现和自我解决问题的能力，而不是片面性或暂时性地解决案主一时的问题，这也体现了个案服务连续性的特点。包裹式服务原则主要包括服务的完整性和时间上的连续性，以保障案主所获得的各项服务之间的衔接性和紧密性。它需要个案工作者对案主持有尊重、关怀和接纳的态度，重视案主所处的环境与遭遇的问题。个案工作在运作上是以个案管理为主的各个不同专长领域相结合的团队工作方法，团队中包括医生、护士、职能治疗师和社会工作师与照顾管理者等相关成员，这种多专业合作的目的是为案主提供"全人"与"包裹式的"服务。

二 灾害个案工作的程序

个案工作是连接案主需求与资源体系的桥梁，个案服务的主要程序如下。

（一）需求评估

评估案主需求是个案工作的核心任务，评估对象包括案主需求及其生理状况、社会环境、非正式网络甚至个人偏好，目的是确保为案主提供适切的服务，并且维持服务的公平性。个案管理评估步骤可分为：初始评估、需求评估、财务评估及社会工作评

---

① 陈秀静：《九二一震灾后生活重建工作之研究》，东海大学社会工作系硕士学位论文，2001，第41页。

② 施睿谊：《南投县生活重建服务中心个案管理服务之研究》，台湾暨南国际大学社工政策所硕士论文，2001，第13－15页。

估。在执行个案管理过程中，也可能出现回馈后再评估的情况，下面是社工对案主需求进行评估的案例。

为了尽快了解灾民中的伤员各方面的情况，有针对性地为他们提供包括情绪抚慰、心理辅导等支持，帮助他们尽快地走出地震阴影，重新过上正常的生活，根据助人自助的原则，我们在医院护士长的帮助下，在最短的时间里把伤员的受伤情况、家庭情况以及一些个性特征等进行了了解和掌握，对案主需求进行了基本评估。

案主 SS 是唯一一个有着被埋 30 多个小时经历的伤员，在她的病房里，时常会有很多来自社会各界的人们探望。可是在这个只有 17 岁的高中女生的脸上，却很难找到一丝开心的表情。她的受伤情况是双下肢骨筋膜室综合征，家庭情况是她是家中独女，父母亲人都平安，家里房屋已经倒塌。其他的信息显示，SS 在地震发生之时，正在学校上课，教学楼因地震倒塌，她被埋 30 多个小时。所在的学校有近一半学生遇难，同班只有一半的学生幸存。她不是一个性格内向的人，高中文化程度，让她认知、接受事物是容易的！几次交谈后，我觉得她没有完全封闭自己。地震当时的记忆，让她在心里有极强的恐惧感。当时马路上的汽车轰鸣和坐电梯都会给她带来恐惧感。

在对她的基本情况调查和需求评估的基础上，我确定要对 SS 进行个案辅导，与她建立起良好的沟通关系，充当她的倾听者，让她讲出地震过程中心中的恐惧，以及现在心中的焦虑和担心，帮助她纾解心中压抑的情绪。每次去聊天，SS 都是背朝着门，俯身侧躺在床边，轻声轻语地和我聊天，她不愿意有其他人知道她的想法，甚至包括她的妈妈。我发现，只要她的妈妈在，她就有一句没一句地答话，话题都无法深入（个案 107，HDF，女，24岁，大学本科，XCQ 社工服务机构）。

社工首先需要对个案进行系统的了解，在会谈过程中分析案主的首要和次要需解决的问题，并与案主讨论可能的解决方法，从而寻求其同意并进行协助。而且，在个案工作服务过程中面对有多重复杂需求的案主，社工应整合服务过程，通过对案主问题评估及联结整合所需要的资源，再由不同专业或服务单位的工作者进行沟通协调，以团队方式提供所需的个案服务。

（二）个案辅导与管理

灾害发生后，对很多人来说心灵灾害才刚刚开始，因此，对需要深入辅导的社区民众应该由社工开案并进行辅导。社工要根据个案服务与管理方法，结合必需的资源以确保案主权益。社会工作者可以采用一对一的方式对灾民进行心理援助，这是针对受灾比较严重的灾民而单独进行的辅导，"个案管理"因此成为社会工作者富有特色的服务方法之一，它并非不合现实地要求社工成为无所不能的多面手，而是根据服务对象需求进行轻重缓急地统筹安排各项服务，并发掘和组织社区内外的相关专业资源提供相应的专业服务①。

在灾害个案干预过程中，老人和小孩是主要目标。因为60%的人会在事件过后慢慢走出心理阴影，但老人和小孩则很容易受到灾害控制，所以需要给予更多的关注。就学生来说会出现不同程度和不同反应的心理问题，需要社工运用个案工作方法单独介入，下面是长沙民政学院史铁尔教授对地震灾害中失去亲人的小学生小文的具体个案服务案例。

史铁尔找来小文做沙盘游戏，沙盘中有各种各样的人、花、动物、桥梁等小玩具，可以随意摆放。沙盘的原理其实就是潜意识的投射，结果令史铁尔吓了一大跳。小文首先拿的是一个棺材上的骷髅，前面摆上金字塔，沙盘上挖个壕沟，都是一些很阴暗的东西，树枝房子一顿乱摆，没有任何规则。史铁尔问他："你摆

---

① 徐文艳、沙卫、高建秀：《"社区为本"的综合社会服务：灾后重建中的社会工作实务》，《西北师大学报》（社会科学版）2009年第3期，第60页。

这些干吗?”小文犹豫地说:“就代表我的内心吧。”

　　这说明地震让孩子的内心充满了阴影,此后,史铁尔每周都来陪小文做沙盘游戏,并与他进行一些交流和沟通,帮助他慢慢释放一些心理压力。几个星期后,史铁尔兴奋地看到,沙盘上那些阴暗的东西慢慢不见了,阳光的东西多了起来,小文的情绪也明显发生了变化。史铁尔又搬来一个音乐治疗仪,在小文耳边放着舒缓的音乐,引导他的情绪慢慢放松,还邀请小文来到工作队驻地与志愿者们交朋友。如今的小文,学习成绩已上升到全班的中上水平。回到长沙的史铁尔,经常要和小文在网上通过 QQ 聊天,跟踪观察小文的心理情况。不久前,小文高兴地告诉史铁尔,自己也加入了志愿者团队,还帮助了周围不少的同学和朋友①。

　　通过有目的地对受灾人员小文进行心理疏导,增强其面对灾害适应新的生活的信心,个案服务工作取得了不错的效果。此外,社工还可以通过与学生交流和小组活动等多种途径发现需要个案服务的案主,也可以设立“社工信箱”让学生主动向社工寻求帮助。在整个服务过程中,社工都应做到严格遵守社会工作的伦理守则,即为案主保密、不向其他人或机构泄露当事人的资料,下面是一则社工采取个案工作方法且效果较为明显的案例。

　　W 村出现了一次比较重大的死亡事故,由于地震发生,房屋倒塌,案主 60 多岁的母亲和 10 岁的儿子不幸被掩埋而死亡,而案主的父亲也因伤重被送往医院抢救。当时,不在家里的案主侥幸逃过这一劫难,社工决定对幸存的当事人展开个案服务,主要程序如下。

　　案主需求评估。案主回来之后,看到的是断壁颓垣,一片狼藉,还有母亲和儿子的尸体。在如此巨大的打击下,案主表现得很麻木,呆呆的,一句话也不说,并没有大家想象中的悲痛欲绝,

---

　　①　张斌:《史委员当“明星”》,《湖南日报》2011 年 1 月 19 日。

案主好像什么事儿都没发生一样。同时，他的生理需求完全消失，不吃饭，不喝水，不睡觉，也不着手安排亲人的丧事，对尚在医院中的老父亲也不闻不问。这些都是有违正常人的反应的。所以，他的应激症状比较严重。

个案辅导与管理。对于这种严重压抑自己情绪的当事人，首要的一步就是让他开口说话。刚开始的时候，社工跟案主交谈，他始终紧锁眉头，一言不发。此时，社工意识到必须找到一个突破口，而这个突破口很可能就是他已经逝去的亲人。很多人都认为在这种情况下，最忌讳谈论死者，其实不然。案主被压抑住的情绪恰恰就是失去亲人的悲痛，我们必须让他发泄出来。因此，社工开始跟他谈论他的母亲："你最后一次见到你母亲是什么时候？""当时她对你说了什么话呀？""离家之前，母亲给你做的最后一顿饭都有什么呢？"……这种类似的问题问了几个，案主就忍不住了，开口絮絮叨叨地讲述自己的母亲，说她对自己多好，后来还主动讲起他的儿子，以前是怎样可爱调皮，一边说还一边流泪，让在场的人都心痛不已。但同时，大家看到他流下泪来，也稍稍放了一点心。

麻木的阶段已经过去了，案主的情绪也得到了一点宣泄。但是，这种悲痛的情绪一经打开，便如开了闸门的洪水，汹涌而出。案主非常愤怒地抱怨并自责："都怪他们没有及时通报信息，也怪自己，如果灾害发生时，我把他们都带出去了，那样就不会出现这种事儿了……"此时，案主进入了一个认知偏差的阶段，他将所有的愤怒和悲伤都归因于他人或自己的错。

随着案主情绪的发泄，他的生理需求也慢慢恢复：能够喝下一点水，知道饿的感觉了，同时还开始担心医院里的父亲的伤势，并且为医药费发愁。在这个阶段，为当事人提供信息资讯和物质帮助就成了首要任务。社工帮助案主打听到他父亲所在的医院，并且及时让案主了解父亲病情状况，同时，因为案主已经无家可归，还要承担沉重的药费，所以社工为他找到了相关机构，县委承诺替他承担一部分医药费。在社工的鼓励下，案主渐渐重拾信心。

对于灾后出现心理危机的人来说，除了社工给予干预，还需要身边亲友的关怀照顾。因为农村存在一些习俗：丧事期间不能去别人家里，亲友之间也有很多忌讳等等。所以，社工找到案主的亲戚邻居，请他们与案主多些沟通，这样将给他的心理以莫大的支持。当然，心理干预对于灾民来说很重要，但更重要的是让他们吃饱饭，穿暖衣。没有谁能在饿着肚子的时候解决心理问题。在此，我们也真心呼吁社会各界：给予受灾的同胞以物质和精神上的支持，帮助他们重建美好家园，重归心灵港湾（个案108，DRC，女，25岁，本科，一线社工，广州YMCA社工机构）。

这是一次相对比较成功的个案心理干预与服务，在整个过程中，社工使用了疏导、共情、提供信息支持和调整认知等干预方法，使案主逐步恢复了重建家园的信心。当然，案主仍然无法彻底摆脱痛苦心情，因为这还需要一个较长的服务和恢复过程。由于灾情比较严重，案主过激反应比较大，个案干预往往比较困难。而且，由于有的灾区基本家家受灾，都有亲人去世或受伤，悲痛情绪互相交叉感染，也给个案干预工作带来了压力和挑战。在这种情况下，鼓励他们互相沟通和相互体贴就显得尤为重要。

（三）咨询与转介

在个体层面，社工对于在地震灾害中遭遇创伤的案主开展个案咨询与辅导，协助其克服心理障碍和重塑生活信心，通过调适家庭环境、重整社会功能和重建社会关系，使其能够重新融入社区与社会生活中①。同时，对社区民众社会救助的询问及无法提供服务的个案给予咨询或转介，并加以追踪确认其获得适当和迫切的服务。而且，鉴于服务时间有限，为了帮助案主彻底解决问题，

---

① 朱晨海、曾群：《结果导向的社会工作评估指标体系建构研究——以都江堰市城北馨居灾后重建服务为例》，《西北师大学报》（社会科学版）2009年第2期，第66页。

社工组织应根据实际情况将该个案转介给专业服务机构或下一批社工和志愿者①。

如南投县所成立的 23 个社区家庭支持中心、台中市所成立的三个生活重建中心以及台中县所成立的五个社会福利工作站，以及民间单位如世界展望会的原住民乡服务站、家扶基金会的儿童扶助工作、儿福联盟的失依儿童访视计划等等，都是透过专业的社会工作，进行个案的访视辅导，使其依个案管理的方法，提供直接的服务或是转介不同的服务项目，使这些民众能直接地就近得到在地服务②。

在个案服务过程中，当社工与案主有影响专业服务关系的非正式关系存在时，还可以让其他社工代替接案或进行转介，尤其是工作站在处理保护性个案或者自杀个案时需要这样做。在个案咨询与转介方面也会出现有的社工由于社会工作理论知识和实践技巧掌握不足，导致对"个案辅导和心理咨询在方法和思路上存在什么区别"不了解及"摆不正自己的位置"等，从而无法有效地开展个案工作或进行心理支持工作③。

（四）服务监督与评估

评估与监督是个案工作一个重要的组成部分。为了确保所提供服务的质量能达到案主可接受的标准，并且检讨资源的运用是否充分且有效率及了解干预所产生的影响以作为结案的参考，需要对个案方案及行动进行评估，进一步体现个案服务的责任和信誉，确保服务体系的协调和功能的发挥，使案主进一步持续获得

① 温静：《灾后学校社会工作介入研究——以"抗震希望学校社工志愿服务项目"为例》，《社会工作》2009 年第 8 期，第 40 页。
② 冯燕：《台湾9.21灾后重建中的社会工作》，载《九二一灾后重建经验交流研讨会论文集》，2000。
③ 谭祖雪、周炎炎、杨世箐：《灾后重建中的社会工作：角色状况及其影响因素——以都江堰等5个极重灾区的调查为例》，《华东理工大学学报》（社会科学版）2009 年第 3 期，第 25－26 页。

所需的服务，下面这一个案服务主要是通过案主的正向改变来评估服务的效果。

　　失去亲人的单亲妇女 D 某，起初在震后遇到各方人士到访时，基本上是有一搭没一搭地聊天，她觉得他们过来问一下，生活还是这样，没什么实质的改变，因此，她最初拒绝与人交流。但是，作为社工，我每天都会去，为她提供心理抚慰服务，虽然我也一样不能改变她的物质生活，但却能改变她的心理状况。在一段时间的心理抚慰下，她也已经能主动跟人说起死去的丈夫和女儿。回忆起地震灾害发生的日子，她说，看到别人一家子团团圆圆的时候就想起自己，也不是刻意要哭，泪水就是不停地流出来。但是三个月之后，她现在已经不去想了，认为生活总得继续，并且愿意与人交流，而且也逐渐做一些力所能及的事情（YWM，女，24 岁，本科，一线社工，XCQ 社工机构）。

　　在这一个案工作服务过程中，案主的改变较为明显。虽然在灾害危机处理过后，社工服务取得了一定的效果，但社工还要继续评估案主是否有进一步接受咨询和治疗的需求，或者是需要社会福利资源、社会机构的长期辅导与协助，还是需要转介卫生或社会政治机构。部分文献显示，灾难后一年内自杀现象将达到最高峰，因此大约要持续二至三年的追踪①。短期的服务过程并不能完全满足案主的真正和长期的需要，在结案后，还需要评估案主的进一步需求，以便提供持续性服务。

三　灾害个案工作方法的内容

　　在地震灾害中，社工开展了多项个案辅导与管理工作，提供的服务项目包括家务服务（陪同就医、关怀访视、协助膳食和环

---

① 陈淑妃：《灾变社会工作重建模式之研究——大安溪部落工作站的案例分析》，东吴大学社会工作学系硕士论文，2006，第 19 页。

境清洁等）及看护服务（身体清洁、复健运动、翻身和擦澡等）①，致力打造爱心平台，社工的灾害个案服务具体又有以下几种类型。

第一，儿童托育与青少年课后辅导：针对学龄前儿童提供托育服务或对一年级至六年级之间的儿童进行课后辅导服务。第二，老人问安关怀服务：对社区行动不便或不常外出之老人，以志愿者电话问安或关怀访问探视的形态，定期与老人接触，建立互信友善的关系。第三，送餐服务：针对社区中没有能力自行准备饮食的失能者提供送餐到家的服务，为社区中失能者提供充足的饮食服务。第四，临时照顾服务：针对身心障碍者或老人家庭提供到家临时照顾服务，使家庭照顾者在沉重的照顾工作中得到休息，以保障照顾者自身的生活品质。第五，居家照顾服务：服务对象主要包括居家老人、身心障碍者和母亲因故无法照顾的儿童等，社工应针对这些遭到破坏的家庭和个人给予疏导和帮助，使之重新走向正常与和谐的生活，并最终融入社会主流②。由于这些服务对象的日常生活需要他人协助，因此，社会需要增强案主的生活自主性和独立性，居家照顾服务成为社工个案服务的重要内容。在个案服务过程中，以青少年辅导服务成绩较为突出，"社工姐姐信箱"就是此例。

社工设立了 12355 快乐成长热线与"社工姐姐信箱"。社会工作者运用电话、书信往来及面谈和家庭探访等形式了解和解决青少年所面临的问题。从 2009 年 4 月 17 日正式设立至今，共收到信件 51 封，梳理介入个案 38 个，其中涉及人际交往、家庭关系、个

---

① 林美华：《政府与非营利组织伙伴关系之研究——以中部地区三县市生活重建服务中心为例》，暨南国际大学公共行政与政策学系硕士论文，2003，第 46 页。

② 石劲松、刘美芳、曾新华：《全方位而有价值的救助——社会工作介入汶川地震灾后重建责任、方式及模式探讨》，《重庆科技学院学报》（社会科学版）2009 年第 3 期，第 84 页。

体心理等方面的问题，以小信箱为切入点，采取微观个案工作服务模式来开展深入的社会工作服务，解决青少年所面临的各种问题，取得了良好成效①。

　　社工姐姐信箱的设立为青少年儿童和社工之间搭建了一个良好的沟通桥梁，在社会工作专业关系建立及个案介入中起到了重要作用。事实上，除了"社工姐姐"这一介入个案服务的策略之外，还有一些社工机构根据灾害服务工作的实际需要，采取贴近案主的服务方式同样取得了较为明显的服务效果，以中山大学和广州启创社工服务中心为例，从 2008 年 5 月 22 日至今，中山大学社工教研中心已从中山一院接案 24 例，陆续开展个案跟进及辅导工作。还有待处理的 24 个地震受伤的个案分别由 6 名社工跟进，主要涉及 23 个家庭，其中有 1 个伤者没有陪护家属。伤者中 18 名成年人，6 名青少年。除了中山大学社工教研中心积极介入灾害个案服务之外，广州启创社工服务中心也加入了个案服务的行列，从 5 月 19 日开始，由中大社工教研中心专业顾问督导、香港 2006 年的优秀社工、有丰富经验处理危机及受创伤个案的资深社工及家庭治疗师领导这一计划，督导广州市海珠区启创社会工作发展协会专业社工为地震中身心受创的家庭及伤者展开个案及辅导服务。
　　在台湾地震灾害服务过程中，个案工作方法也是社工常用的一种方法。在 2001 年度的服务报表统计期间，台湾南投县 19 个中心所辅导的新开个案量总计 2460 案，列入个案管理者有 1863 案，继续辅导关心的旧有个案计 3707 人次，而经过评估后访视而没有开案者计 7561 案。上述生活重建服务中心，三成以上受助个案都有许多重要问题与需求，非常需要社工运用个案管理专业知识提供包裹式服务。此外，受助个案主要问题与需求包括经济补助、心理辅导、情绪支持及就业辅导等①。

第二节 灾害服务中小组工作方法的介入

小组工作方法也是社工组织在灾后重建中可供选择的实务模式，它是指在小组层面组织不同年龄、不同性别的服务对象开展小组活动，形式包括音乐治疗、家庭服务、教育成长、技能传授和团康游戏等。小组活动可以帮助案主走出灾害阴影，安然度过人生重大的转折期，并发展和适应新的社会角色，从而积极健康地成长。一些学者认为小组工作方法在灾害紧急救援时期成效显著，而在灾后重建中，这种工作方法的成效就会大打折扣。但事实上，在灾后重建时期，由于专业的社工人员人力不足以及组织资源有限等，社工组织不能只针对个别案主，应充分利用小组工作的优势，在资源有限的情况下提供及时而充分的服务。

一 小组工作服务形式与内容

小组工作是灾害社会服务中采取的主要模式之一，它是把有相似受灾情况的灾民集中在一起进行灾害心理援助，同时，根据灾害服务的需要，开展不同主题的小组，而且在具有同质性的成员组成的小组内，围绕主题开展各种形式的活动（角色扮演、历奇、分享、成长树和游戏等）②，它的主要形式如下。

（一）青少年成长团体

根据灾后安置点青少年的情况，理论上可以设计和实施全面的青少年正面成长计划。但是，由于专业力量和资源有限，只能根据正面成长的理念先开展以提升自信心为目的的青少年成长小

---

① 林美华：《政府与非营利组织伙伴关系之研究——以中部地区三县市生活重建服务中心为例》，暨南国际大学公共行政与政策学系硕士论文，2003，第48页。

② 温静：《灾后学校社会工作介入研究——以"抗震希望学校社工志愿服务项目"为例》，《社会工作》2009年第8期，第39页。

组活动，等以后时机成熟再逐步推进。社工针对正处于青春期的初中和高中生成立成长团体，协助青少年通过同辈群体建立正向自我认同，学习良好的人际互动方式，这一部分的成效也许需要较长时期进行观察。例如，夏令营和游戏的方法在灾后青少年工作服务中是两种比较好的办法，同孩子们玩熟悉的游戏可以化解其抵触情绪，有利于尽快建立专业服务关系①。同时，青少年成长团体的举办面向对象从儿童到大学生，目的是增强青少年学习和社交能力，这种小组活动方式在实践中取得了不错的效果。

这些小孩子先前特别聪明，也能沉下心来读书，但是地震之后，整日在外面晃荡，也不爱说话了，坐不下来。小孩子没有人管，整天在灾害现场晃荡，我们就觉得，太危险了，马上要把他们管起来。乡政府也顾不上细节："行，你们先弄吧！"消息传回去，马上，七顶大帐篷运送过来，随即搭好，预计招生150人，一下子来了500个孩子。从一年级到初中生，远的要走几个小时过来，家长还恳求上课时间晚一点，让他的娃儿能赶上。

没有老师、没有课本，干什么呢？做游戏吧。我们这些社工挖空心思，把自己小时候玩过的游戏都想出来了，最受欢迎的是有的社工在机构拓展训练时所玩的游戏，孩子们玩得特起劲，水平还挺高！孩子多，帐篷和志愿者都不够，只能按年级分日上课，但就是这样，孩子们也很开心。前天"六一"节，还主办了一场精彩的演出。我们买的乐器也及时送到了孩子们手里。拿到手里就开始吹，可喜欢了！（个案106，WCD，女，27岁，大学本科，CXQ社工机构社工）

社工为了将整日在街头盲目游玩的孩子组织起来，并且让他们安静下来学习，通过小组带他们一起玩游戏，帮助案主从伤痛

---

① 管雷：《优势视角下汶川地震灾区青少年的社会工作介入》，《浙江青年专修学院学报》2008年第3期，第24页。

中走出来，同时通过培养青少年兴趣和爱好增加其技能。当然，一些灾区教育由于长期处于落后状态，需要一段时间来逐步加强，小组活动具有周期性、短暂性和非持续性等特点，难以满足灾区长期教育的需要。尽管如此小组工作方法在灾害青少年悲伤和教育实施过程中具有重要意义，它比任何特定具体结果更加重要。因此，在开展小组工作时，社工与灾区青少年应建立平等与合作的关系，并且在分析和制订计划的过程中鼓励他们尽量多谈自己的理想、兴趣和行为习惯等正能量的事情，一起完成小组工作任务。而且，在开展小组活动时，应根据青少年的兴趣和特长来安排，这样才能充分挖掘他们的潜力，从而达到助人自助的目的。

绵竹年画作为中国四大年画之一，历史悠久、色彩素净。我们创办了一个年画班，约请外地著名的年画师给孩子们教授年画技巧，这是他们的作品。年画班目前是第二期，共有26名孩子参与。在项目正式运营前我们就参与了CH学校社会权利效能激发。板房学校复课后，我跟随教师在CH学校展开了以游戏活动为主的儿童暑期效能激发。那个时候，孩子们根本没有课余活动，要么就坐在教室发呆，要么就在室外打架。在最初接触孩子们的时候，打架几乎就是这群小孩子的家常便饭。我们的出现，让他们找到了可以玩耍的东西。

社工与志愿者最大的不同正在于，建立了一种临时持续的效能联络。通过长达一年多的同吃同住同玩，我们在辅导孩子们的同时，也承担起了保护的义务。或者说，不应该叫保护，而是尊重案主。他们的创伤本来就很大，假定反复地提及，只会加大小孩子的伤口。学年画还能转移他们的注意力，而且，孩子们可以以年画为基础，用年画的收入创办一个基金会，以辅导需要辅导的人（个案105，HJ，男，25岁，大学本科，CH学校驻校社工）。

年画小组活动不仅转移了孩子们的注意力，而且得到了大人和社会的肯定，孩子们从过去打架斗殴和无所事事的状况转到愿意静下心来画画，并且增加了新的知识，提高了自我能力。这不但挖掘了孩子们的内在潜力，而且通过出售年画获得了收入并以此创办了基金会，还能帮助其他需要帮助的人，基本达到了社工"助人自助"的要求。

（二）单亲妇女支持团体

这种方法主要协助单亲妇女以互助团体的方式形成支持网络，强化她们的社会支持体系，动员内在力量面对多重角色冲突下所产生的压力。在灾害服务过程中，单亲妇女的需求非常特别，失去孩子与家庭之后，她们的心理非常脆弱，再加上文化知识水平偏低，很难找到合适的工作，其精神压力会突然加大。因此，找到适合单亲妇女的服务方式尤其显得重要。

当裴谕新一行第三次到张家坪的时候，董香拿出一幅自己正在绣的"福"字，这个字最简单，先做着玩玩。"不知道将来做什么，我一个人，孩子又没了，天天吃了睡，睡完耍，一到晚上心里发慌。不如做点手工，什么都不去想。"董香的话突然间提醒了裴谕新，她想起映秀地区属于羌族聚居区，羌绣是这里的民族特产，裴谕新等一群社工开始考虑为当地妇女组建刺绣小组。失去孩子的妇女们拿出自己孩子生前的画本，画格子，定样……

社工组建刺绣小组的初衷是让她们既可以常常有机会聚在一起做刺绣、谈心里话、彼此支持，又能在做刺绣的过程中转移注意力，把心思放到有建设性的事情上来。同时，社工帮忙到外面找到成都青年会收购绣品，并准备将她们的绣品展出拍卖，收入回馈给妇女。刺绣小组由最初的五六人，一下子发展到20人。8月24日，刺绣小组的作品展览在一间板房中进行。20名在地震中失去孩子的妇女将广东社工用作厨房的板房打扫得干干净净，作品一件件挂起来显得琳琅满目。原本脾气古怪的董香看到自己的作品挂起来并被标上价，在板房内高兴地跳起舞来。

董香更多的时候还是把自己关在板房里绣女儿的画，社工小组其他成员跟我们说，她还主动帮大家买针线，因为她以前做保险，是唯一出过映秀的。就这样，董香逐渐负责起刺绣小组的后勤工作，成为妇女们的核心。这种担当，也改变了董香因变故而暴躁的性格。地震之后，她与前夫逐渐复合起来，连她自己也说不清楚为什么。董香听说社工要离开映秀，当天她还特意化了淡淡的妆①。

在灾害服务过程中，要找到适合单亲妇女的干预途径非常不容易，社工根据灾区少数民族地区特色和文化特色，挖掘羌绣这一民族特产组建了刺绣小组，帮助失去孩子和亲人的妇女们聚在一起做刺绣转移注意力。同时，由于境况相似，她们能够互相倾诉心声，不仅可以获得情感性支持，而且也能够得到情绪释放，还能获得生计上的部分来源，从而形成单亲妇女支持团体，影响并改变了自己的负向情绪，从而采取积极的生活态度和工作行动。

（三）悲伤辅导团体

在组建悲伤团体时，社工要善于动用创伤治疗方法。遭遇亲人伤亡的灾民，其内心伤痛很难在短期间内被抚平，心理关怀及创伤治疗服务应该持续②。社工可以通过组织对灾民进行创伤治疗，例如成立悲伤辅导团体，协助灾害中失去亲友的灾民以定期聚会方式说出失去亲人的悲伤经验，从而纾解心中抑郁的情绪，调整不良的社会回应方式而发展出正向的人生态度③。

在灾害心理调查过程中，我们发现一些灾民过分关注困难，容易被激怒，有些灾民开始对生活丧失希望与信心，部分参与救灾的镇村干部心理压力也非常大……针对这些有心理创伤的案主，我们主要做一些小团体的治疗，把有相同经历的人聚在一起，让

---

① 徐滔：《"映秀母亲"网上重建生活》，《南方日报》2010 年 5 月 18 日。
② 陈俐蓉：《蜕变与新生：台北县新庄龙阁社区灾后重建历程之研究》，辅仁大学社会工作学系硕士学位论文，2003，第 144 页。
③ 陈介中：《期待一场没有 NG 的社会福利演出——南投县生活重建服务中心终止问题及因应对策之探讨》，暨南国际大学人文学院社会政策与社会工作学系硕士学位论文，2004，第 30 页。

他们彼此感同身受，那个治疗效果是很好的。"扫棚"是灾后社会
工作的重要方式之一，也是重要的小组心理援助的途径。社会工
作者走访每个帐篷、板房，了解受灾群众的实际需要，也同时进
行安抚工作。悲伤辅导团体主要采用专门的心理治疗方法，例如
分批次组织案主到景色优美、环境条件良好的疗养地居住几日，
由心理专业工作者陪同，其间有对他们进行团体心理干预，更多的
是心理工作者和他们一起吃饭、打牌、唱卡拉 OK 和游玩散步等等
（个案 108，WCZ，女，26 岁，大学本科，XCQ 社工服务机构）。

　　社工通过"扫棚"工作及时了解和发现受灾群众的心理需要，
同时根据专业经验对心理状况进行评估，对发现的心理问题进行
及时的心理疏导，对于严重的心理创伤者则转介给专门机构进行
更深入的治疗。社工采取有针对性的工作方法，如认真倾听其心
声并让其充分表达灾后的心里感觉，尊重情绪表达和把自己作为
灾民宣泄不良情绪对象，与受灾者建立良好的关系并协助其寻找
资源和帮助，陪伴灾民走出困难并逐渐帮助其恢复生活信心和点
燃生命希望。因此，创伤治疗方法能为灾民提供心理及社会支
持，帮助其摆脱灾害、死亡造成的生活阴影，并且正视现实和重
新树立生活信心。有些社工根据当地习俗，在清明节与亡者家属
共同开展祭祀活动，以此帮助案主尽快从悲伤中走出来。当然，
由于遭遇心理创伤的灾民较多，个案工作方法往往不能满足全部
需求，悲伤辅导团体的小组工作方法就成为社工常常采用的介入
方法。

　　2008 年 5 月 24 日，四川省民政厅组织省里非重灾市（州）
"社工人才百人计划"中接受过正规社会工作教育的志愿者，进入
成都市受灾群众安置点。针对受灾群众普遍出现的恐慌、焦虑、
无助等消极情绪，社会工作者在成都市救助站、成都市第二社会
福利院和都江堰市"幸福人家"、彭州市通济镇等地，采取社会心

理治疗、理性情绪治疗、认知行为治疗等专业方法辅导团体[1]。

在组织悲伤辅导团体时，社工应根据丧亲后的情绪和行为表现选择不同的辅导策略，包括对幸存亲友的生活照顾和心理抚慰，对受灾群众的心理援助采取多元和整合的方式，强化灾民的积极行为，并且通过知识培训增强灾民自我调适能力。同时，对于社工来说，为了更好地向灾民提供心理服务，也需要学会创伤相关的理论与技巧，并根据灾民受创伤的程度对其进行有针对性的悲伤辅导。

小组工作形式多样，如组建志愿者服务队，并且让居民中具有领导能力、奉献精神和一定技术、职业背景的人成为志愿者中的核心人物，一方面能够让志愿者体现个人价值，成为灾区群众自我发展和自我服务的典范人物，另一方面，还能够依靠他们的个人魅力产生示范效应鼓舞人心和团结居民。另外，在尊重当地文化个性、风俗习惯及民族信仰的基础上，开展形式多样的文娱活动，不仅能够有效缓解居民的压抑情绪，而且能够丰富他们的精神文化生活[2]。同时，针对困难家庭，社工除了给予物资支持外，还需要借助相关方面的资源，如向政府求助贷款和向国际红十字会等民间组织申请帮助，鼓励他们采取更好的生产方式增加经济来源。

据都江堰市社工协会会长杨忠明介绍，2008年6月底，作为对口援建的一部分，上海社工很快进驻了都江堰市的活动板房安置点。在为期近半年的时间里，服务团为四个安置点近26000名居民提供社会工作专业服务，创立了"和谐巷""火凤凰""飞翔的翅膀"等品牌项目，丰富了灾后重建的内容。中山大学和香港理工

① 《来自四川地震灾区恢复重建的系列报道（三）在重建中找到自己的坐标——四川社工灾后成长之路》，《中国社会报》2009年5月12日。
② 吕雪峰：《灾后安置社区建设的路径探索与经验总结——以社工服务为视角》，《学习与实践》2009年第8期，第27页。

大学联合映秀镇发起的映秀母亲项目，在个人与社会关系、优势视角以及弱势优先的理念指引下，集哀伤辅导、心理支持、组织发育、生计建设等功能于一体，通过发展丧亲母亲兴趣小组，推动妇女情感支持、合作创收、文化传承、重建自信心，协助灾区人民开展自救和自建①。

活动以"晨露之声"和"暑期大课堂"为主线，分别定了"社工的到来""健康生活，快乐学习""生命历程教育""展望未来"四个主题。工作者把来家园玩耍的孩子编成一个班级，每天通过点名来统计孩子们到家园的次数，为了让班级有凝聚力，还为它起了名字——"快乐童年，欢乐班级"，定了班规——"团结、友爱、互助、尊重、接纳"。针对家园的实际情况，工作者有针对性地开展了适合这一年龄阶段孩子特征的活动②。

为了配合形式多样的小组工作，社工必须融合并运用多学科知识，为灾民提供多元化服务。例如，社工针对学生在震后出现的各类行为和适应性问题，运用心理学咨询理论、人格理论、学习理论、社会学系统理论、资源理论和小组动力学等，坚持每个人都有潜能并可以被发掘的理念，促进关系的改变和互动的加强，学习社会适应性技巧和行为方式激发案主潜能，在情绪、态度和行为上获得进一步成长③。

二 小组互助网络

小组互助网络是把面对相同问题的人整合在一起，建立一种

① 刘斌志：《5·12震灾对我国社会工作教育的启示》，《重庆师范大学学报》（哲学社会科学版）2009年第2期，第24-25页。
② 杨成凤：《震后社会工作介入儿童友好家园的思考》，《社会工作》2011年第12期。
③ 曲绍旭、周沛：《论灾害救助中的社会救助网络构建与社会工作介入》，《社会工作》2010年第3期，第7页。

互帮互助的网络关系，这种形式特别适合小范围内的网络层次构建，可以运用小组工作方法来完成。社工首先要了解灾民的基本情况，并以此为基础建立信任关系，然后运用经验分享和相互支持等方法对灾民进行教育和治疗以形成互助网络，这一网络的构建是灾后重建取得成效的关键因素之一①。社工归纳出一些较难从灾变中恢复的人，如老人、小孩、缺乏教育的人口、低收入户、有心理及社会问题的人、失利或经济低迷的社区中的人。然后，评估案主是否有进一步接受咨询治疗或需要社工长期协助辅导的需求②。在此基础上，社工协助这些弱势群体以互助团体的方式形成支持网络，强化其社会支持体系并动员其内在力量，以应付灾后重建带来的重重压力。

三　小组督导制度

在灾区从事实际救灾工作的社工由于无法直接解决灾民问题，加上社区状况和专业想象上的差异、团队人员不稳定、机构合作协调的不易、小组运作方式的隐晦不明、助人团队与受灾社区距离的限制，对于支持的成效常常感到怀疑③，这容易导致社工产生挫折感。因此，社工机构的督导建设，就显得非常重要了。一般说来，督导主要有四种类型，即管理督导、训练督导、咨询督导和教师督导，这四方面的督导都是灾害社会工作服务迫切需要的（见图4-1）。社工需要专业督导，定期或不定期前往灾区辅导中心展开专业督导或提供专业服务咨询。从规模来分，主要有个人督导或团体督导两种形式。督导的目的是通过对工作过程做回顾、体验与反思，帮助社工掌握基本理念，调整工作方法和界定专业

---

① 曲绍旭、周沛：《论灾害救助中的社会救助网络构建与社会工作介入》，《社会工作》2010年第3期，第7页。
② 陈介中：《期待一场没有NG的社会福利演出——南投县生活重建服务中心终止问题及因应对策之探讨》，暨南国际大学人文学院社会政策与社会工作学系硕士学位论文，2004，第30页。
③ 陈俐蓉：《蜕变与新生：台北县新庄龙阁社区灾后重建历程之研究》，辅仁大学社会工作学系硕士学位论文，2003，第21页。

界限，这也是社工专业内部一种有效的团队工作模式。社工事先针对不同灾害的特性、弱势群体及地区特征，初步掌握灾民问题及需求，了解灾民及工作人员身心压力、冲击知识、政策方案、新的全球生态伦理观和科技所带来的灾难等。

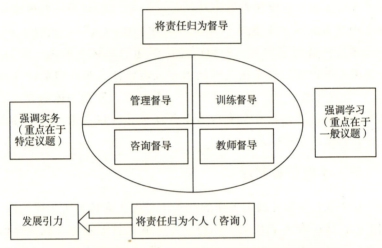

图 4 - 1　灾害社会工作服务过程中的督导类型及任务要求

　　总之，在小组工作中，社工始终要坚持助人自助的理念去开展活动。如果只会做小组，而不是带着助人精神去开展活动，或者出发点仅仅是为了完成任务指标和获得绩效工资，而不是为了让服务对象获得更好的生活条件和发展潜力，那么就会被动地去找服务对象和被动地带小组，一旦工作结束，社工在对象身上什么也没有留下，同时，也激发不起社工自身任何的工作反思，特别容易产生职业倦怠感。而且，进入重建的第二年，灾区条件往往超过了外界的想象，工作机会、培训机会和待遇等越来越好，社会工作起点和平台都会比以往更高，这容易使青年社工形成职业惰性，更多地从自身利益和机构本位主义出发，丧失了刚进入灾区时的专业使命感、慈善救援心和工作积极性，而是主要依靠外界回报和支持留在灾区。这不仅影响了社工自身向积极的人生方向发展，而且影响了灾后社会工作进程的深入和服务质量的提升。

第三节　灾害服务中社区工作方法的介入

　　社区工作方法是以整个社区为服务对象的专业工作方法与过程，它需要社工通过实地调查来评估社区共同需要，并与社区居民共同发掘社区中的问题，它也是社工组织在灾后重建中常采用的一种实务模式。韦伯斯特（Webster）认为，在灾后重建中，社工不能只针对个体提供支持，还应运用社区工作方法，协助社区走出灾变历程①。在国外，社会工作介入灾后重建主要是以社区重建为主，这体现了非营利组织、政府、企业与民众多方协同参与的模式，它不仅注重满足居民的多种需求，而且强调发动居民参与灾后社会重建服务工作。非营利组织指导社区居民组织自己整合社区各种资源及了解居民需求，从而与居民建立相互信赖的关系及形成良好的沟通，并注意建立与政府和企业之间的伙伴关系与协调相互冲突利益的机制，最终达到促进社区重建和营造的目的②。

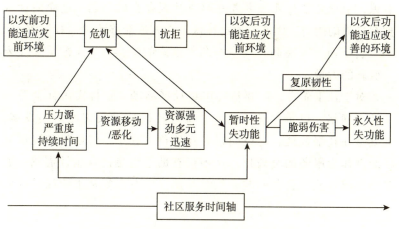

图4-2　社区工作服务和恢复过程模型

---

①　Webster, S. A. , Disasters and Disaster Aid, *Encyclopedia of Social Work* (19th.) (Vol. Ⅰ) . Washington D. C. ：NASW, 1995：761 - 771.

②　刘斌志：《5·12震灾对我国社会工作教育的启示》，《重庆师范大学学报》（哲学社会科学版）2009年第2期，第24-25页。

一 社区工作的重要性

在地震灾害服务中，面对灾区民众"生计归零"的现实，推动民众自助、互助和社区生活生产恢复重建及可持续发展成为社工灾害服务中最迫切的任务。"以社区为本"的工作模式则是社工介入灾害服务的主要途径。虽然在灾后重建和社区发展中社区工作经常被忽视，但它作为灾害恢复的一个核心阶段和重要任务是不容置疑的①。马士伯（Mathbor, G. M.）指出，社工应该利用社会资本如社会网络、社会凝聚力、社会互动和社会团结减轻自然灾害对社区的影响②。

灾民社会关系重建和社会心理重建的核心任务是重新建立社区归属感、社区发展意识和社区凝聚力。在灾害服务中，社区工作以社会生态系统理论和增能理论为指导，以重点开展社区能力建设来提高居民社会资本获得率和使用率，从而恢复和加强居民的社会支持和社会网络。社区工作模式的目的在于凝聚社区居民意识，引导其参与社区事务并解决社区存在的问题，进而使社区拥有自治的能力。因此，通过社区工作方法能够实现"社区参与"和"自下而上"民间社会参与两种模式的结合，为灾区重建注入一股新的力量。

对于社工而言，需要精心组织社区活动，重构灾民社会关系和社会网络，以重塑灾民信心、推进社区建设及灾民个人发展。尤其是在扎根社区、与民同行和在地化过程中，将恢复和发展社区经济作为服务的突破口。这不仅有助于满足民众生计需求，而且能够促进社区公共参与、社会互助、生态恢复及永续社区的发

---

① 徐文艳、沙卫、高建秀：《"社区为本"的综合社会服务：灾后重建中的社会工作实务》，《西北师大学报》（社会科学版）2009 年第 3 期，第 64 页。

② Mathbor, G. M., Enhancement of Community Preparedness for Natural Disasters: The Role of Social Work in Building Social Capital for Sustainable Disaster Relief and Management, *International Social Work*, 2007, 50（3）: 357 - 369.

展①。社工通过社区平台，运用社区工作方法，将儿童、青少年、妇女和老人等群体有机结合起来作为服务对象，通过丰富多彩的社区活动来为居民提供专业服务（见表 4 - 2）。

表 4 - 2　社区工作中社工不同阶段的角色及任务模式②

灾难发生	社区工作模式	社区工作阶段任务	社工角色	功能任务
预防规划期	社会计划模式	1. 分析问题 2. 和居民讨论优先处理顺序	教育者 资源整合者 告知者 需求评估者	1. 防灾观念的教育与倡导 2. 物资与资源的整备 3. 灾难潜势社区的评估
发生后初期		有效率策略方案	规划者 资源提供者 信息提供者 需求反映者	1. 人力物力整合与运用 2. 紧急安置/救助启动 3. 分析社区问题 4. 评估且满足居民基本生活/心理与社会需求
暂时安置期		1. 领导居民行动 2. 成效评估	支持者 执行者 协调者 咨商辅导者	1. 创伤压力症候群与悲伤辅导 2. 分配资源与补给物资 3. 协助居民适应新居住社区与生活
重整复原期	社会行动模式	1. 问题具体化 2. 提升居民意识	组织者 个案管理者 团体催化者 社区工作者	1. 长期重建中心建置 2. 恢复原有生活/就业/就学机能 3. 家庭与社区的重建方案
重建发展期		1. 行动组织 2. 赋权	使能者 增权者 倡导者 研究者	1. 扶植自立能力，重回生活轨道 2. 建立社区资源网络 3. 培植社区人才 4. 计划评估与研究

二　建构社区组织

社区工作强调社区自律与居民自助原则，在灾后重建阶段，

---

① 边慧敏、杨旭、冯卫东：《社会工作介入灾后恢复重建的框架及其因应策略》，《社会科学研究》2013 年第 5 期。
② 林建成、蔡纬嘉：《灾难社会工作者之角色定位与反思》，《国政分析》（社会），2011 年 4 月 26 日，100 - 012 号。

由于社区居民的需求及社区问题与社区发展的类型存在着许多差异，社区工作有不同的内容与模式，它既要重视受灾居民房屋重建、城市旧区的更新、社区重生、社区空间重建、生态环境恢复、产业重建与恢复、居民社区营造式的重建、社区文化重建和重塑等，也不能忽视社区集体记忆的恢复与重建，社工要对社区文化资源和文化空间给予特别的关注，[①] 具体来说，灾害社区工作主要内容见图 4 - 3 所示。

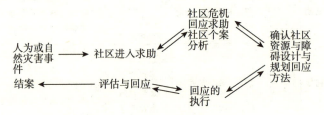

图 4 - 3 社区工作的基本模型

社会工作的开展必须从服务对象的需求出发，社工在进行服务之前一定要做好调查研究并做出服务对象的需求评估，然后有针对性地开展服务。社工的工作重心是为灾区居民提供服务，而满足灾民需求是社工服务的基本目的。例如，灾害发生后，学生问题变得多元，社工需要对其需求进行详细评估，一方面搜集家长对学校工作的意见与建议，另一方面也向家长说明学校的相关政策，在此基础上通过社区工作方法使学校、社区和家庭建立有机联系。

以复旦大学服务队为例，在进入社区初期，服务队花了 1 - 2 周时间逐家逐户探访，了解所有居民有何服务期待，包括希望开展何种群体活动。这不仅完成了作为社会工作实务过程首要环节的需求评估（他们需要什么），同时根据优势视角完成了对社区的

资源评估（他们能做什么）①。

　　社工进行社区服务活动时，所有活动的开展都是建立在需求评估的基础上。社区活动由社工发起，但具体开展什么活动则由居民需求决定。如果不把服务对象需求放在第一位，而是凭借自己的主观愿望来制定计划，最后受到伤害的不仅是服务对象，社工同样也会因为没能达到预期的服务效果而沮丧。因此，只有根据灾民需求制定社区活动方案，才能得到居民的支持，而且也有利于培养社区骨干，从而为社工组织的自主运转奠定扎实的基础。

　　虽然只有社区居民才真正清楚社区问题，但很多时候社工需要帮助社区居民发现真正的需求②。同时，社工需要帮助灾区基层组织和社会各方面力量参与灾后恢复重建并提供各种服务平台，促进各项社会服务政策落到实处，增强社会工作的关注度和认同度。一般来说，社工主要通过社区组织来运作，社区组织包括社区论坛、小组论坛、生活小站和社区工作站等形式，其角色在于协调社区关系，动员和争取社区内外资源协助灾民组织起来参与重建，从而增加灾民自主感和责任感③。同时，社区工作方法对社工也有特殊要求，苏莱曼（Soliman）认为社工必须具备社区组织知识、技术和经验来帮助遭受灾害的社区，根据社区需求制定和执行适当的服务方案，并进行执行效益的评估④。

　　在社区工作中，社区组织常常被用来缓减政府和民间机构之间的冲突、实现优势互补。社工通过协调不仅可以避免灾害社会

①　徐文艳、沙卫、高建秀：《"社区为本"的综合社会服务：灾后重建中的社会工作实务》，《西北师大学报》（社会科学版）2009 年第 3 期，第 64 页。
②　边慧敏、杨旭、冯卫东：《社会工作介入灾后恢复重建的框架及其因应策略》，《社会科学研究》2013 年第 5 期。
③　陈俐蓉：《蜕变与新生：台北县新庄龙阁社区灾后重建历程之研究》，辅仁大学社会工作学系硕士学位论文，2003，第 137 页。
④　Soliman, H. H., Community Responses to Chronic Technological Disaster: The Case of the Pigeon River, *Journal of Social Service Research*, 1996, 22 (1/2): 89 - 107.

服务的重复与浪费及资源不足或过多情形，而且能够提供有效率及有效果的社会服务输送。例如，志愿服务和各慈善机构间的协调与合作，是以服务为导向，投入开创性及实验性服务，促使政府部门对其所开展的服务提供经费补助。在这一模式中，社工被期待扮演组织者、媒体接触者和管理者的角色（见图4-4）。

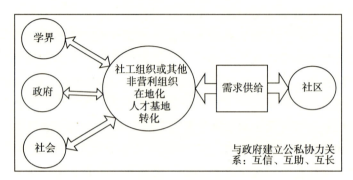

图4-4　社区组织构建关系及任务

同时，社工针对社区居民的需求并通过一段时间的社会服务或主题动员后，着手组织社区居民来争取共同利益，进而催化或协助组建社区重建委员会、农民产销班、合作社、社区妇女团体和各种义工队等社区组织。在这些组织中，又以社会暨心理关怀站最令人瞩目。

在服务过程中，华理社工服务队把项目重点放在居民自治组织的建设上。自2008年6月27日第一个社区组织"老年协会"成立之后，又先后成立了老年舞蹈队、拳剑队、合唱队、腰鼓队、诗文社、志愿者服务队、社区学校等一系列组织。同时，开展了丰富多彩的社区活动，如广场锅庄舞、建军节慰问座谈会、华理杯奥运篮球赛、勤俭杯象棋大赛、Q安置点摄影展、塑造阳光心态系列活动、国庆欢乐游园会、"庆国庆，心连心"文艺联欢晚会、中秋游乐联谊活动等。各种社区组织的成立及相关活动的开展，增进了安置点居民身心的自我康复，加快了他们走出地震阴影的速度，激发了他们开展灾后生产自救、重建家园的热情，并增进了居民之间的交流与互动①。

复旦大学服务队在所在的城北馨居祥园社区为期半年的服务期内，先后帮助社区成立了腰鼓队、舞蹈队、合唱队、象棋俱乐部等各种群众性文体组织，并开展了诸如趣味运动会、社区文艺晚会、饺子宴等各种社区活动②。

入住安置点后很多居民因为灾害失业或原本就赋闲在家，对新社区的陌生又使他们失去了原有的休闲生活，很多时候都显得茫然而无聊。多数社工都会在安置点开展社区文化活动，一方面可以活跃社区气氛，另一方面希望借此为居民提供彼此熟悉的机会，以此增加居民对社区的认同感与凝聚力。这些组织的出现不仅帮助参与居民迅速认识新朋友，而且也成为社区内非正式支持的重要来源。因此，开展社区活动和建设社区组织是社工非常愿意并且擅长的领域，但社工专业性也因此常被质疑，社区活动被与组织人唱唱歌和跳跳舞等同起来了。

甘达村四社社长多杰作为社区的青年领袖，热心社区公共事务，率先组织四社青年人清理垃圾，在他的带动下，部分热心牧民开始加入其团队，在社工站的引领和协助下，该团队初步建立了章程制度和工作原则，并自行开展社区活动。社工站的成员通过这些活动，实现了与村民的沟通与互动，更好地融入社区、服务社区③。

组建社区组织是灾区社会关系恢复与重建的基本内容，社工

① 杨发祥、何雪松：《灾后社会重建中的社工介入：理念、目标与方法——基于四川省都江堰Q安置点的实证研究》，《甘肃社会科学》2010年第3期，第150页。
② 徐文艳、沙卫、高建秀：《"社区为本"的综合社会服务：灾后重建中的社会工作实务》，《西北师大学报》（社会科学版）2009年第3期，第64页。
③ 乔益洁、赵文财：《经验与反思：玉树灾害社会工作与社区重建》，《青海师范大学学报》（哲学社会科学版）2013年第5期，第4页。

站的工作目标既有对社工的培养，也有对当地社区领袖的培养。
社区组织主要有以下几种类型。

（一）社会暨心理关怀站

社会暨心理关怀站主要是专业性较强的非营利组织为协助灾
民进行灾后重建而动用民间资源成立的，核心任务是为灾民增权，
主要采用专业社工驻站、在地思考和行动反思等社会工作机制[1]，
社工扮演政府与民间重建协调及社区组织内沟通协调的角色。国
际上通常将灾害社会服务（disaster social services）的目标界定为：
提供所需资源给弱势与脆弱性群体、预防严重的身体健康与心理
健康后果、链接个人与社会资源系统、使多种资源系统更具便利
性、改变微视与宏观体系以增进案主福祉等[2]。这不仅是服务的重
点，也是社工组织擅长的服务领域。

关怀站工作重心主要是灾民生活重建，通过设立心理卫生中
心、开展巡回医疗、规划长期照顾系统和灾后生活重建追踪等途
径[3]，为灾民生活重建提供专业服务。在台湾9·21生活重建计划
中，关怀站除了确定重建类别、主管机关及工作内容外，还特别
强调以"帮助确实需要帮助的居民、有效利用政府及民间团体资
源、优先运用灾区人力、鼓励灾民自立自强重建家园、强化灾区
医疗服务和公共卫生、重视灾区心理康复及社会心灵重建、加强
民众防灾应变能力及知识的倡导"等为生活重建计划的重点，同
时鼓励企业、个人、宗教及其他民间团体从事有关生活重建工作
（见表4-3）[4]。

① 陈淑妃：《灾变社会工作重建模式之研究——大安溪部落工作站的案例分析》，东吴大学社会工作学系硕士论文，2006，第64页。
② Zakour, M. J., Disaster Research in Social Work, *Journal of Social Service Research*, 1996, 22 (1): 19-30.
③ 陈秀静：《九二一震灾后生活重建工作之研究》，东海大学社会工作系硕士学位论文，2001，第77页。
④ 谢志诚：《台湾九二一灾后生活重建机制的形成、演变与内容》，http://www.taiwan921.lib.ntu.edu.tw/newpdf/ST005.pdf，2008。

表 4 - 3　台湾 9.21 生活重建计划项目分类

类　别	主管机关	内　容　说　明
心灵重建	文建会（"内政部"、"国防部"、"教育部"、卫生署、青辅会、原民会）	结合宗教及其他民间团体力量，透过文化倡导活动、心理咨商、讲习、训练课程等，开展灾民、救灾人员及社会大众心灵重建工作，抚慰社会大众之心灵创伤。
社会救助及福利服务	"内政部"（"国防部"、原民会、文建会）	针对受灾对象之不同需求，结合宗教及其他民间团体力量，订定各类救助措施，分工合作，提供灾区失依老人、孤儿、身心障碍者及生活扶助户之后续协助与照顾，并协助组合屋临时小区住户建立小区意识，协助灾民重建生活。
学校教学及学生辅导	"教育部"	结合大专院校及民间团体力量，协助灾区学校复课及学生就学，办理学校师生心理辅导及心灵重建，并协助私立学校修复、重建学校建筑与教学设施。
就业服务	劳委会（青辅会、原民会）	配合灾后工作之推动，妥善调配重建所需人力、辅导原住民投入重建工作；加强失业辅助、就业服务及职业训练等措施，协助灾区失业灾民就业。
医疗服务及公共卫生	卫生署、环保署（原民会）	协助灾区民众扫除就医障碍，维持正常健保医疗服务，加强灾区防疫及环境维护，避免发生传染疾病与重建灾区医疗体系。

　　"抗震希望学校社工服务行动"项目在汶川地震发生后的两年多时间里，派遣的高校社工系专业社工，一直在广元和德阳以抗震希望学校为基地开展工作，在灾后心理和生活重建方面长期发挥着重要的作用。社工服务行动坚持"长期驻扎，专业品质"的项目特性，为灾后重建学校精神家园做出了突出贡献，受到了当地学生、老师和家长的欢迎，也得到了地方政府的高度认可①。

　　在社区工作中，社工还需要扮演个案管理者的角色，重视个案需求并链接相关资源，同时与灾区居民直接接触和互动，协助

---

① 《希望社工服务中心正式成立"希望工程"服务扎根地震灾区》，四川新闻网，http：//www.newssc.org，最后访问时间：2011 年 1 月 20 日。

其尽快完成生活重建。关怀站还通过链接社会资源与增加灾民服务等方式促使地方灾民加入，使关怀站及其服务真正实现"在地化"，真正成为灾民"增权赋能"的非正式组织。

（二）社区服务中心

社区家庭生活重建服务中心（简称"社区服务中心"）是另外一种重要的社区工作组织形式，灾害是不可预测的，但是人们对灾害恢复与重建却可以规划设计，政府通过积极的政策设计和制度安排，支持社工组织设立"社区服务中心"，从而帮助灾区创建非正式的社会支持[1]。许多研究都发现灾民在灾后会动用自己的亲属、朋友和邻居等社会网络和社会关系来获得非正式社会支持，这些支持对受灾者的灾后恢复起到了非常重要的作用[2]。对于社工组织而言，自行规划和接受政府委托的灾后重建方案，是其参与灾后重建的有效途径。"社区服务中心"的重要目的在于建构一个非正式的灾后社会服务网络，以解决资源分配不均现象，同时也建立一个区域性社会服务资源分布的全局视野。

在什邡洛水镇大中华板房社区建立了名为"心空间"社区活动中心。中心占地近 700 平方米，设有儿童活动室、老年活动室、图书室、休闲茶舍、社区影剧院、绣坊、培训中心、科普教育中心等多个功能区，为社区居民提供就业、创业培训以及无偿创业资金支持，开展儿童和老年社会工作服务，同时举办社区舞会及晚会、举办儿童才艺大赛等活动，培养提升社区互助精神。中心还通过开展建筑技术、刺绣技术、家政服务等培训来解决当地居民可持续生计问题。"心空间"社区活动中心所有设施均免费使用，同时可在活动

---

[1] Nakagawa, Y. & Shaw, R., Social Capital: A Missing Link to Disaster Recovery, *International Journal of Mass Emergencies and Disasters*, 2004, 22 (1): 5 – 15.

[2] Soliman, H. H., Community Responses to Chronic Technological Disaster: The Case of the Pigeon River, *Journal of Social Service Research*, 1996, 22 (1/2): 89 – 107; Drabek, T. & Key, W., *Conquering Disaster: Family Recovery and Long-Term Consequences*, New York: Irvington, 1984.

中心享用茶水及糕点，每月可直接服务人群 9000 人次以上。社区活动中心为当地居民提供了一个集休闲、娱乐、培训于一体的公共交流平台，让社区居民的生活充满欢乐与希望①。

"上西街儿童友好家园"坐落于四川省广元市上西街道女皇路板房临时安置点，震后的板房区共有七百多户，两千多人，辐射了三个社区：皇泽寺社区、女皇路社区、橄榄园社区，共八千多人口，共有未成年人一千一百多人。儿童友好家园的设施比较齐全，园内活动场地较大，附有活动室、图书室、沙池、多功能组合玩具、心理咨询室、家园设备储藏室。这些硬件设施为活动的开展提供了充分的物质保障②。

通过深入基层的方式，社区服务中心将灾害社会服务扎根于社区，同时扮演社区灾后福利输送角色，为灾民提供"单一窗口"整合式社会服务，也是社区照顾或是服务社区化理念的实现③。社区服务中心提供了集培训、学习、娱乐、休闲和健身为一体的服务，对内要协助社区兴建临时住房和正式住房、发展灾区自治组织、反映社区灾民意见、凝聚灾民意识、促进社区共识形成、强化社区解决共有问题的能力、结合草根力量推动重建和促使灾民学习等④，对外要负责维系灾区与外界的良性互动关系，协助灾民取得社会支持及外界资源等。

在四川大地震灾害服务过程中，大陆社会工作组织积极介入灾后重建中的社区服务过程，这些组织提供专业服务并探索本土

---

① 郭虹：《以社区为主体——汶川地震灾后重建民间模式和建议》，《中国发展简报》2011 年夏季刊。

② 杨成凤：《震后社会工作介入儿童友好家园的思考》，《社会工作》2011 年第 12 期。

③ 王增勇：《从社会工作的观点看南投县社区家庭支持中心经验》，载《灾后生活重建研讨会——南投县社区家庭支持中心经验的回顾与展望论文集》，2001。

④ 陈秀静：《九二一震灾后生活重建工作之研究》，东海大学社会工作系硕士学位论文，2001，第 85 页。

社会工作实务模式，有力地推动了社区服务和社区建设的进程。同时，中国台湾社工界也给予了高度关注，不仅赶赴大陆交流经验，还成立了"川盟"联系各种专业力量和社会力量帮助四川、陕西和甘肃灾区进行社区重建工作，先后在大陆筹备成立了4个社区与生活重建中心，由红十字会总会主办，川盟盟员组织承办，陪伴社区重建服务发展并培养在地组织（见表4-4）。

表4-4 台湾川盟组织在大陆成立的社区服务中心基本情况

地点	川盟组织	在地组织	成果	期程
四川德阳市绵竹县天河	儿童福利联盟文教基金会	云南青少年发展中心	天河小学表演队、天河小学学童活动暨图书室、教师图书角、天河社区电影放映小队、云南青少年冒险教育中心	3年落地天河小学
四川雅安市名山县	中华基督教救助协会	厦门关怀心理咨商团、四川康桥眼科医院、西南石油大学社工系、西南民族大学社工系、中锋红十字会	注册乐扶社工中心提供大学社工学生实习基地	3年落地中峰红十字会
陕西勉县	国范文教基金会	勉县县医院	全科医学培训基地、全科医学示范门诊、执行勉县社区卫生推动计划	长期支持
甘肃西河县薛集村	海棠文教基金会	西河县红十字会兰州大学	修复村民戏台子筹划演出、开办幼儿园、组成妇女活动学习小组	3年落地西河红十字会
陕西宁强县玉泉坝村	联合劝募协会/家扶基金会	陕西妇源汇性别发展培训中心	村民自愿组成专业生产合作社，推动生态保护的替代生计，建立社区经济发展互助基金，建立社区幼儿园，培训当地幼儿教师	3年落地陕西妇源汇

在大陆设立社区服务中心，一方面可以作为台湾社工进出灾区服务的据点，同时也可以回应来自大陆各方灾害服务的咨询需求以及分享台湾9·21地震灾后的重建经验。另一方面通过培训工

作人员、介绍社区重建概念、激发当地居民积极参与的意愿、发展在地非营利组织及协助灾民走出灾难阴霾等行动达到服务社区的目的，尤其注重在未来当外界援助撤离灾区之后，灾民可以凭借自己及社区的力量规划和制订社区发展计划，创造和发展新的社区生活。在社区服务过程中，台湾社工通过发掘灾区居民需求、有效运用资源网络、发展各项福利服务、专业培训、协助灾民生活重建、改善生活质量、引导社区组织发展、鼓励灾区民众共同参与重建工作、培养社区凝聚力和采取行动改变社区生活环境等社区工作方法，为大陆社区重建提供了重要的参考并推动了社区服务的深入发展。

（三）自发性社区服务体系

这是一种有效的社区资源链接服务模式，人们常常认为自发性行为是一种缺乏组织的行为，不利于组织目标的有效实现。但在灾后重建中，社会资本具有特殊的作用[①]，非正式自发性行为更是不可忽视。通过利用在地的社会网络，社工机构调动社区和公众的参与积极性，自发组织起来共同重建美好家园，这也是灾害社会服务一种有效的非正式途径。社工组织与社区合作自发组成社区服务体系，作为重建时期灾民接受服务的第一据点，这类组织往往数量不多，而且以志愿者或社会工作者为主，通过深入社区基层服务的方式，与灾民一起合作，协助重建区灾民解决因灾害所衍生出来的各种社会问题，齐心协力完成家园重建。

为挖掘和发挥居民自我管理的能力，使居民相互之间成为解决现实困难的可贵资源，逐渐形成自力更生与互助和睦的社区氛围，华理社工服务队成立了以巷巷增能为特色的"巷巷会"（居民自我管理弄堂会），通过巷巷居民之间的相互交流讨论，形成居民自我管理的氛围，相互监督实施自我管理讨论会的成果，促进社

---

① 赵延东：《社会资本与灾后恢复——一项自然灾害的社会学研究》，《社会学研究》2007 年第 5 期，第 23－60 页。

区团结和睦。具体目标是："大家共商量，想想怎么做，户户都参
与，一起来行动。"①

"巷巷会"这种社区自发性服务组织使得社工服务有效地结合
了地方特色，而且形成了良好的社工服务辐射效应，推动了灾后
社区重建工作的顺利开展。社区服务的主体主要有社区组织、社
区工作会、社区工作站等②，主要提供灾害咨询与转介、灾民个案
辅导与管理、灾民居家照顾服务等。这些都是在政府没有提供任
何指导和资助的情况下，由非营利组织与社区自发组织运作起来
以积极行动缓解灾害带来的损失的③。同时，社区服务组织要扮演
好对外沟通与协调的角色④，有效整合社会各界力量，从而积极推
动灾后重建和社会工作服务。

三 住房与社区自治辅导

在灾后重建的各项工作中，最棘手的就是住宅重建，这也是
灾民最为重视的现实问题。灾害发生后，政府和民间社会虽然对
灾民进行了紧急安置，并设置了临时住所和过渡房，但对灾民后
续的正式住房重建与安置存在明显不足。而且，在灾后重建过程
中，半数以上的灾民会迁出原来居住的社区，可能造成原有社会
资本与社会支持的损失⑤。此外，住宅重建固然重要，但安置点居
民的重建也不能忽视。实际上，新旧居民对住宅重建认识的差异，

① 杨发祥、何雪松：《灾后社会重建中的社工介入：理念、目标与方法——基于
四川省都江堰 Q 安置点的实证研究》，《甘肃社会科学》2010 年第 3 期，第 150
页。
② 陈俐蓉：《蜕变与新生：台北县新庄龙阁社区灾后重建历程之研究》，辅仁大学
社会工作学系硕士学位论文，2003，第 31 页。
③ Nakagawa, Y. & Shaw, R., Social Capital: A Missing Link to Disaster Recovery,
International Journal of Mass Emergencies and Disasters, 2004, 22 (1): 5-15.
④ 陈俐蓉：《蜕变与新生：台北县新庄龙阁社区灾后重建历程之研究》，辅仁大学
社会工作学系硕士学位论文，2003，第 32 页。
⑤ Kaniasty, K. & Norris, F., Mobilization and Deterioration of Social Support Following
Natural Disasters, *Psychological Science*, 1995, 4 (3): 94-98.

会衍生出许多的社会问题。而且，受灾地区多属于偏远山区或乡村社区，村民对土地具有根深蒂固的认同，使得政府在推行统一机构安置住房方面会存在许多困难①。因此，灾民住宅重建不仅需要政府部门的协助，也需要社工组织提供非正式社会支持，社工组织不仅需要提供资金与人力支持，也需要其他社工机构协调并统一灾民的重建认识。

三佳社区位于市区南街临街，有住户64户，该社区房屋已经建成10年，共有6层楼，底层有24户临街门市，楼上有40户住户。在汶川特大地震中，该社区的房屋经过专家应急评估时被评为D级，建议拆除。由于涉及门市利益，部分业主不愿楼房被拆，一些住户代表收集大家的意见和建议，又请绵阳一建筑公司评估，搞了一个加固方案，报建设局备案，引起另一批住户的不满。这样就形成意见对立的双方，一方是不愿拆房的临街底层商户，一方是怕楼房不安全同意拆房的各楼层住户。住户认为：因为震前底楼商户把每户的后门都封堵了，并在承重墙上开门，以致该社区房屋受损严重，商户应该对此负责。由于争论激烈，三星社区等的社区干部也介入调解，但双方就是否拆除原建筑，无法形成统一意见和共识，该社区维修加固被迫停止。

2009年2月11日此事又被该社区居民提上议事日程。这时，社区里已经有北京灿雨石咨询中心的"社区参与行动志愿者服务队"在开展活动，经各方商定，在2月23日上午召开业主代表大会，下午召开业主大会商量维修加固方案。2月22日社区居民和各方通过多种形式和途径将要商议的问题通知到每位业主。2月23日下午，64户业主中到现场的有54户。社区参与行动志愿者服务队作为第三方出现在调解现场作为协商会的主持人。主持人先让门市一方的代表说出前期工作进展、维修加固设想、意见，接着

① 王增勇：《从社会工作的观点看南投县社区家庭支持中心经验》，载《灾后生活重建研讨会——南投县社区家庭支持中心经验的回顾与展望论文集》，2001。

让在场的楼上住户发表意见，其他业主提出批评或者不同意见。每当有业主发生争论时，志愿者都让业主对着主持人讲话，让每一位到场的参与业主都有发言权。同时让双方都把自己方案的优点说出让大家一一来评判，并不时归纳双方的共同点和分歧点，在到场的70%以上的业主发言后，让大家表决，并趁热打铁，及时要求到场的业主签署意见，形成决议。2月23日，社区居民达成一致意见，到建设局开工备案，居民已把维修资金交纳，并开工维修加固①。

为了板房拆迁的工作更加有序进行，更加能照顾居民的实际利益，将政府的"硬指标"软化地执行，我们先与板房管理委员会制定了板房拆迁方案。但是当我们把方案拿到管委会时，并没有引起重视。于是我们多次拜访管委会主任，跟他一起切磋、讨论，看到他值班的板房又简陋又潮湿，我们十分心疼，他已经是年近60的人了，地震后基本上没有休息过，极度疲劳让他思考问题都显得缓慢了很多。我们给他送去了电热毯，倾听他的故事，他对我们越来越信任。之后我们才讲到了拆迁的方案，他又向分管板房的副书记汇报，并促成了我们与副书记的交流。在副书记的许可下，我们邀请整个板房管理委员会的工作人员一起讨论拆迁工作，以第三方的身份参与到板房拆迁的宣传、动员、直接服务中。最为可喜的是，社会工作者以自下而上的视角制定的拆迁方案，大部分获得了管委会的认可，而且对他们的工作态度和工作方式产生了影响（个案106，WCD，女，27岁，大学本科，CXQ社工机构社工）。

在四川大地震中，居民住房受到严重损害，给群众生活、工作和学习等各方面带来了许多不便，住房重建过程中需要居民积

---

① 郭虹：《以社区为主体——汶川地震灾后重建民间模式和建议》，《中国发展简报》2011年夏季刊。

极参与，更需要各方密切配合。同时在灾后房屋维修加固过程中也会遇到各种困难，社工的介入就显得尤为重要。而且，在建设灾民过渡房和临时住房时，居民普遍反映与政府合作十分麻烦。在实际服务过程中，也出现了一些年轻社工抱怨周围的人不了解和不理解社会工作，这时社工需要放下所谓的"专业"架子，少一点评判，多从实际出发，积极积累社会经验和人生阅历，做好政府的"公关"工作，为灾民住房重建提供资源链接服务，这也是社会工作服务的重要组成部分。

与此同时，社工需要协助社区发展出自治组织，反映社区居民意见，促进社区共识的形成和提高社区共同解决问题的能力。住宅重建工作尤其需要以社区总体营造的精神，使社区居民形成自己的组织和发现自己的资源与特色，寻求社区永续发展的路径。

龙门宝山矿区原先是一个国有铜矿，2002年倒闭。社区的几千人基本是老人、妇女和小孩，青壮年人大部分外出务工。社工组织共同开展了一个名为"新家园"的计划，帮助本地进行社区重建。他们在一所废弃中学的院子里搭了帐篷，供周围的居民看电视、聊天、喝茶。摆龙门阵是四川人最重要的业余生活。此外，看小孩、支教，甚至饮用水服务也由他们提供，一切都是免费的。震后当地缺乏饮用水资源，佛山一家企业捐赠了净水设备。在投入运行前，社工们组织居民讨论相关事宜，由参加会议的居民通过朴素的民主方式确定了送水的时间、形式等。而社区居民的方案也非全然从自身的利益出发，讨论中就有居民说，时间上不仅要考虑社区居民自己的方便，也要考虑到给水的志愿者自己的吃饭问题。这样最终时间确定为上午10点到11点半，下午4点到5点。推动社区居民自己商讨决定公共事务，这是培养社区自治能力的重要一步。

两个月后，这里的社区民主已经基本成型。在一次讨论"浴室管理办法"的会议上，会议主题是如何管理两台热水器，以解决冬天洗热水澡难题。参加社区会议的人比上次多了几倍，气氛也更加热烈和谐，开会和议事效率也大大提高。抱团取暖能力的提高，是他们渡过寒冬的重要支柱。同时另外一个可喜的变化是，伴随着社区自治的开展，地方政府本身也在进步，权力的行使方式更加灵活。"新家园计划"就得到当地环保部门的直接支持和参与。而在汉旺镇，NGO 在政府支持下融入社区，开展社区自治，还计划在板房区建设上千平方米的社区中心。在这些事例中，政府对社区自治的支持力度前所未有，却并不干涉 NGO 内部事务，也没有将 NGO 改变为政府附属物的意图。我想这应该是一个理想模板。渡过这个漫长的冬天，甚至整个灾后重建都太需要政府、NGO、当地民众的抱团合作了①。

居民通过社区活动逐渐恢复了社交活动和心理平静，更深入的社区自治则是在社区公共事务的决策过程中体现的。在社工引导下，通过社区自治实践，灾民在社区自我管理方面已经有了更多经验及培养了更好的习惯，思维也更加活跃，老百姓也逐渐克服了"等、靠、要"等思想，齐心协力地重建家园。同时，社工也需要将自己的理想和事业在灾区扎根，凭自己的双手和爱为重建中的灾区尽一分心。

四　社区资源链接服务

社区活动与社区支持网络的建设历来是个人社会支持网络的重要来源，在灾后重建中，原有社区被破坏，居民进入安置点后面临一个陌生的社会空间，这对社区网络建设提出了更高的要求。社工需要社会资源的支持来回应居民的需求，因此，社工除了所属机构资源支持之外，需要更加重视社区资源的发掘，通过社区正式与非正式资源的联结与运用，建构完整的社区社会服务网络。

首先，社区内部或社区附近可能还有其他社会服务机构（如心理咨询站、医院和学校等），可以尝试与之建立跨专业合作关

---

① 唐昊：《地震后的严冬》，中外对话网，最后访问时间：2008 年 12 月 12 日。

系，将有需要的居民转介给他们。其次，社区居民中也有许多当地的"能人"（如私营企业主、文化名人和党政官员等），他们热心社区事务，通过他们的社会网络能寻找更多的本地资源支持。再次，社工在非专业领域，还可以发挥沟通、协调及资源整合的功能，整合社区重建所需的人力、物力和财力等资源，并将这些资源输入社区中，协助社区居民及社区组织运用社会资源，推动社区重建工作。最后，社工还可以努力提高社区居民与外部资源链接的能力，以社区为沟通平台，将外部资源与灾区内部资源和社区发展衔接起来[1]。为了让灾民及时掌握社会重建的各种动态信息，社区信息沟通平台的建构尤为重要和迫切。

华理社工服务队在安置点设立了 5 个社区信息之窗与居民信箱，并创办了一份《勤俭快讯》周报，面向安置点每户人家免费发放。《勤俭快讯》、社区资源图、信息公告栏以及居民信箱、广播等，构建了一个立体、便民的信息平台网络[2]。

通过信息平台，及时传递相关政策信息和社工服务信息及居民的需求，促进社区各个层面和各个群体之间的信息沟通，起到正面宣传和积极引导的作用，不仅有利于灾民社会情绪的疏导，也能够丰富灾民的日常生活。社区平台建设能进一步加强社区和居民社会资源的链接及社会网络的重构，有利于恢复和提高社区和居民运用社会资本的能力，避免社区和居民重建资源短缺的困境。

五　社区教育服务

社区教育试图将教育和社区紧密地结合起来，在社区教育中，

---

[1]　边慧敏、杨旭、冯卫东：《社会工作介入灾后恢复重建的框架及其因应策略》，《社会科学研究》2013 年第 5 期。

[2]　杨发祥、何雪松：《灾后社会重建中的社工介入：理念、目标与方法——基于四川省都江堰 Q 安置点的实证研究》，《甘肃社会科学》2010 年第 3 期，第 150 页。

社工扮演着教育者和促进者的角色。社区教育关注的焦点是社区居民和社区团体,通过广泛动员社区居民参与社区事务,共同制定社区目标与行动方案,从而达成解决社区问题或者社会变迁的目的。

在灾后重建过程中,社区教育是其中的重要环节和主要目标。由于安置社区的管理机构是临时组建的,人员是临时抽调或者招聘来的,即使是居民组长等也是社区内的志愿者担任的,因此,管理人员普遍缺乏社区工作经验与能力。外地社工需要通过专业培训培养和发展在地社工及志愿者,以形成自我发展的社会工作人力资源体系,共同参与灾后重建工作①。从社区管理角度来说,通过对管理者进行增能培训让他们在灾难情境中成为居民生活秩序化的有力推动者在服务过程中就显得尤为重要了。

服务队先后举办了"社区骨干能力提升学习会""居委会主任培训班"等培训活动,让他们通过对本职工作的角色认知与功能定位,习得相应的解决社区问题的科学方法与技巧,并在管理工作中能够做到彼此相互理解、支持、合作,这是实现社区各管理系统之间有序化运作的关键性步骤②。

为了更好地明确社区内各类岗位的职责和挖掘社区骨干的工作潜能,社工需要搭建各种培训平台,并构建培训对象社会支持网络以提升其工作能力,如开展社区骨干、居委会主任、居民小组长、志愿者服务队及地方专业社工培训等。在这一过程中发现和培养一批社区领袖,逐步锻炼其项目策划能力、组织实施能力和沟通协调能力等。社区能力建设一方面可以通过培训,另一方

① 朱晨海、曾群:《结果导向的社会工作评估指标体系建构研究——以都江堰市城北馨居灾后重建服务为例》,《西北师大学报》(社会科学版)2009年第2期,第66页。
② 吕雪峰:《灾后安置社区建设的路径探索与经验总结——以社工服务为视角》,《学习与实践》2009年第8期。

面可以通过实践真正提高社区的生存和发展能力，这已被证明是一个很好的工作模式。总之，只有社区自我发展能力增强，才能达到自力更生和自我发展的目标[①]。

六　社区信息平台建设服务

社区信息平台建设不但可以在居民之间以及居民与政府之间架起沟通桥梁，而且能够发挥其在舆论导向、文化建设和优化社区人文环境等方面的显著作用。首先，在社区工作中，社工应做好信息链接工作，杜绝误传谣言、稳定信息来源和畅通传播渠道，在信息资源上能够实现共享，这能给居民灾后生活带来安全感和认同感，特别是社区内纵向信息链接，不仅能够杜绝谣言传播，而且能稳定民心和增强社区团结。其次，社区还应通过宣传栏、社区广播站和社区报纸等加强信息平台的建设工作。社工可以在社区人员流动较大的地方及社工站附近设置宣传栏，张贴政府信息、服务信息和活动海报等。最后，在居民中选拔适当的人员进行培训，从事社区广播等宣传工作，例如创办灾区报纸，并且由专人负责组稿和编辑工作，做到每周一期，及时免费发放到居民手中。

七　社区意识培养服务

这主要是指社工以居民生活需要为前提，着重培育居民的社区意识，同时根据社区内的生活格局、居住模式、居民的生活和身心状况，在社区建构有效的沟通与交流机制，找到有效的社区联结机制，进而形成稳定、持续和多样化的互动关系，这不仅有助于提升居民的生活品质及拓展居民的社会活动空间，而且能够培养居民的社区意识，从而形成共同的精神家园。简言之，良好的社区意识是构建居民自我管理、自我服务、自我教育和自我约

[①] 韦克难、黄玉浓、张琼文：《汶川地震灾后社会工作介入模式探讨》，《社会工作》2013 年第 1 期。

束机制的关键所在①。

在四川省绵竹县汉旺镇，来自 NGO 备灾中心的社工则通过专业服务把社区凝聚成了一个大家庭:"自然之友"新生电影院的建立，不仅让村民们在电影棚里找到了一个新的社区公共交流平台，更让他们找到社区归属感，找回了地震前的那种富有生气的社区气氛;乡村图书室暨儿童活动中心则让当地儿童有了一个可以玩耍的公共空间。

此外，为了加强社区意识建设，还需要弘扬抗震救灾精神，通过对先进人物和事迹的宣传和报道，提升居民的思想意识、道德觉悟、人文修养和精神素质，引导居民树立合理减灾观，使居民发扬自力更生、自助他助的艰苦精神，确保灾后社区建设的和谐与稳定发展。

总之，社工需要在社区广泛开展灾后重建的宣传活动，充分调动居民的积极性和能动性，大力开展形式多样的社区服务。在此基础上，社工需要积极引入社区重建与发展资源，协助受灾居民进行生活和生产恢复与重建，尤其需要做好伤残人员与丧亲群体的心理抚慰工作，同时维护临时安置点的治安和生活秩序，尤其需要注意安置环境的卫生、加强防疫工作和帮助居民就业，在自助和他助理念下帮助居民通过自身努力解决自身困难。

八 社区营造模式

在灾后重建中，社工组织还需要扮演社区营造者的角色。一些学者认为在灾后重建中，社工组织擅长的只是为个别案主提供服务，而不擅长区域性服务。但桑德特和默梅尔斯坦（Sundet & Mermelstein）发现社工组织如果能够体察社区居民的需求，不但能

---

① 《NGO 备灾中心与自然之友携手共建新生电影院》，搜狐公益网，2008 年 6 月 5 日。

有效提供区域性服务，也是灾后社区能存活的重要因素之一①。韦伯斯特（Webster）也认为社工组织要运用社区工作方法凝聚社区力量，提升灾民的"社区意识"②，协助灾民重新营造社区，不仅能使灾民顺利渡过灾后重建的痛苦历程，对于灾后公民社会的建立也有很大帮助③。为了扮演好社区营造者的角色，社区工作者可以协助统筹社区建设，促进社区组织恢复及规划社区活动。同时，社区工作者还需要协助灾民房屋贷款及项目融资，为灾民提供软硬件复原、协助社区学校重建和社区灾变预防服务，动员志愿者参与社区重建等④。

　　社区营造要从社区本身做起，主要通过自发性、自主性且具有"民主参与"和"由下而上"的决策模式来进行，政府只是在初期提供各种鼓励和示范，重点则放在理念推广、经验交流、技术提供及部分经费支持等方面⑤，社区营造模式主要有以下几种。

（一）自下而上模式

　　这种方式是以社区居民为主体，并整合地方公共事务，同时通过民主政治的运作，将民意通过行政系统向上反映，促使政府政策在地方得到落实。同时，在这种模式中，社区居民精心组织活动，依靠自身力量推进社区建设和参与性发展。它强调在社区层面与地方政府紧密联系，整合社区内外资源为社区提供各种救援资源，促进社区居民开展互助合作。此外，社工通过重整社区社会网络，发动居民主动参与社区事务，建立起对临时社区的认同感和凝聚力，

---

① Sundet, P. & Mermelstein, J. , Predictors of Rural Community Survival After Natural Disaster: Implications for Social Work Practice, *Journal of Social Service Research*, 1996, 22 (1/2): 57 – 70.

② Webster, S. A. , Disasters and Disaster Aid, In *Encyclopedia of Social Work* (19th.) (Vol. I), Washington D. C. : NASW, 1995: 761 –771.

③ 官有垣、邱瑜瑾:《民间组织在九二一灾后重建体系中的角色、功能与社会影响分析》，载《在921灾后重建的参与和功能研讨会论文集》，创世基金会，2001。

④ 陈秀静:《九二一震灾后生活重建工作之研究》，东海大学社会工作系硕士学位论文，2001，第85页。

⑤ 翁文蒂:《非营利组织推动九二一重建社区总体营造之研究》，东海大学社会工作学系硕士学位论文，2002，第42 – 44页。

为社区重建提供支持和保障①。

在中国红十字基金会、上海南都公益基金会的共同资助下，绵阳市于近日在安县成立了红十字社工服务中心，这也是四川地震灾区首个红十字社工服务中心。服务中心成立后，中心志愿者将秉承"人道、博爱、奉献"的红十字精神，协助我市地震灾区构建和谐社区、关爱留守儿童、帮助贫困家庭及学生，积极为受灾群众发展畜牧业和养殖业、建设自住房等，争取外来资金和技术等方面的支持，帮助受灾群众识别高危建筑群组，并进行心理关怀和情绪疏导、志愿者培训等，提供发展性、预防性和补救性的服务。该红十字社工服务中心，隶属安县红十字会，其性质为民办非企业、非营利性单位②。

为了营造社区氛围，我们特地举办了"迎元旦"活动。这也是在居民第二次迁居到板房安置点时举办的，时值新年到来，大部分居民都搬入了新居，留下来的主要是没有能力修建新房子的人，或者房屋还没有加固好，其他的板房都拆了，他们被统一搬到了一片旧板房区，留居板房的很多人都抱怨自己成了"被遗忘的角落"。为了让居民们过一个开心的元旦节，同时能够鼓舞居民的士气、活跃板房区的新年气氛、增进邻里之间的交流，也为我们顺利进入这个新的临时安置区，我们设计了一个新年活动。活动流程是这样的。

（1）准备新年贺卡：在卡片上编号，印上服务中心的温馨介绍，向居民问候新年；（2）社工送卡片到板房区，居民自愿领取卡片，获得贺卡的人一天内向五位邻居送祝福，就是持卡片到五

---

① 朱晨海、曾群：《结果导向的社会工作评估指标体系建构研究——以都江堰市城北馨居灾后重建服务为例》，《西北师大学报》（社会科学版）2009 年第 2 期，第 66 页。

② 彭雪：《地震灾区首个红十字社工服务中心成立》，《绵阳日报》2008 年 11 月 18 日。

位邻居家串门，请各家在卡片上写下新年愿望，然后持卡片的这位居民在第二天将卡片送回到我们的办公室登记编号；（3）社工记录编号，并放入抽奖箱，居民领取纪念品，摄影留念；（4）第三天（正好是 12 月 31 日）下午在板房中央的空地举办抽奖活动。活动的奖品是当地一个最大的超市免费提供的，并且和镇政府、居委会协调好了联合举办。

　　这次活动设计借助元旦节这个时机，协助政府和居委会做了一个社区活动，调和了政府和百姓之间的矛盾。活动的流程让居民充分互动起来，相互传递喜庆的节日气氛、美好的祝福和愿望，推动了当地企业投身社会公益，解决和预防了临时安置区可能出现的社会矛盾，并且成为我们进入社区、认识社区的一个"开场"①。

　　这一模式通过自下而上组建社工灾后重建服务组织来提供社工专业服务，同时配合当地政府和群众以"社区重建"为理念进行社会资源的整合，并通过重建支持网络、抚慰灾民情绪、重建社会关系协助灾区人民开展重建工作②。对于特困家庭来说，可以开展贫困家庭支持计划，为贫困家庭提供链接社会资源、搭建信息平台和建立贫困家庭档案等服务。在自下而上的社区营造中，还需要特别注意找到适合社区的能人，以此培养和发现社区活动的在地骨干，并进行相关能力建设，这是"从活动到行动"的过渡。社区活动不仅是康乐或心理援助等方面的活动，还与后期的社区行动联系在一起。同时，社工也应力图得到政府的关注和扶持，从而实现自下而上与自上而下社区发展双重模式的结合。

（二）独立自主模式

　　这种模式是指居民自行组织并结合专家学者、文史工作者和政府等，根据社区实际需要进行规划和经营社区，从而让社区有

---

① 锁朋：《知所先后，执着坚守——5.12 两周年对灾害社会工作的思考》，http：//blog. sina. com. cn/s/blog_ 6719a7390100i2uu. html。
② 刘斌志：《5·12 震灾对我国社会工作教育的启示》，《重庆师范大学学报》（哲学社会科学版）2009 年第 2 期，第 24－25 页。

效组织和动员起来。社区动力来自居民之间的互动和交流，社区归属感则来源于村民之间的共事和互帮互助，社区发展则源于居民之间广泛的支持网络，因此，只有培育社区居民组织，才能真正有效提升社区协作能力。同时，虽然人们都相信只有社区居民才真正清楚社区问题，但是，很多时候需要社工去帮助居民发现自己的真实需求①。社区外的社工组织需要着力培养本土社工人才，使社工对居民需求建立起良性反应机制，才可能使这些服务项目实施得到进一步深化，并且优化社区服务模式，使其更加适应灾后社区重建。

（三）自动自发模式

这种方式完全出于自动和自愿，它以居家服务精神为宗旨，以对地方的认同及归属感为基础，通过对人的认同转化为对观念的认同，使社区居民自动自发投入社区公共事务的管理营运中。苏莱曼以个案研究法探讨社区遭遇河川污染的反应及社区动力形成的因素，影响社区反应的因素包括社区历史、居民对环境的意识、经济和社区参与等②，社区居民在遭遇河川污染时就会立即四处陈述，虽然有政治力量介入这一过程，但居民对政府不信任，因此自行成立社区组织，它通过组织社区进行抗争、动员媒体、分发传单、个别传递信息和演讲等方式唤醒社区意识，由社区组织成功整合公众力量，使在刚开始的时候认为不可能对抗有权有势的污染制造者的居民，成立共同体对抗有权力的对立者③。

（四）全民参与模式

这种社区工作方式主要是指让社区居民共同讨论社区的事情，培养居民"对事不对人"的议事风范，在接受别人意见的同时也

---

① 廖鸿冰：《灾后重建的桥梁和纽带：社会工作本土化探索——基于四川理县社会重建的实践》，《社会工作》2009 年第 10 期，第 11 页。

② Soliman, H. H., Community Responses to Chronic Technological Disaster: The Case of the Pigeon River, *Journal of Social Service Research*, 1996, 22 (1/2).

③ 陈俐蓉：《蜕变与新生：台北县新庄龙阁社区灾后重建历程之研究》，辅仁大学社会工作学系硕士学位论文，2003，第 28 页。

能够立刻进行反省，这有助于形成一种和谐氛围，通过长期经营使居民从自私自利向积极投入公共事务转变。

"巷巷会"计划是运用小组社会工作和社区工作模式发动、组织居民实现社区自助与互助的一个平台，"巷巷会"是由华东理工大学第一批服务队创立的"弄堂会"演变而来的。具体做法是：由社工启发、动员并参与，由"社区领袖"出面组织两排紧邻的、门对门板房的居民，经常在弄堂之间开座谈会，共同协商和研究由居民自己来解决问题的办法。这一机制，既促进了邻里之间的熟识以及自决和自我管理机制的建立，又有利于促进共同体意识的形成和社区自治的开展，以及居民自我管理能力的建设，深受居民的欢迎。同时，这一机制也减轻了管委会的负担，减少了居民对政府的误解，增进了居民对政府工作的理解和信任，深受政府安置点管委会的欢迎和支持①。

社区事务不是阶段性的，需要长期经营并注重传承，因此需要全民参与，需要大义工带小义工、老社工带新社工或"老手"带"新手"，让小义工、新社工和居民相关各方都参与到社区事务的建设中来，培养居民参与社区建设的能力并使之成为习惯，为灾区重建提供新的发展动力。

九　社区减灾服务

西方社会自20世纪80年代末以来，当灾害发生时，社区总是在第一线参与救援与重建的单位。针对人类社会面临生存环境日益复杂的事实以及天灾人祸无常的现实，以及为了构建一个免于灾害侵袭的生活社区，西方先后出现了"永续社区"（sustainable

---

① 徐永祥：《建构式社会工作与灾后社会重建：核心理念与服务模式——基于上海社工服务团赴川援助的实践经验分析》，《华东理工大学学报》（社会科学版）2009年第1期，第2-3页。

community）"安全社区"（safe community）和"防灾社区"（disaster resistant community）等以社区为核心、具有社会改革意义的概念和理论架构等，推动社区规划与管理新思潮的兴起与实践发展。其中，"防灾社区"的建立既是提升"社区安全"的基础，也是在建构"永续社区"过程中寻求效果最大化的减灾思想①。

社区减灾主要是促使民众熟悉社区环境的脆弱性，通过成立防灾减灾社会组织鼓励民众参与社区公共事务，进行社区空间改造或其他减灾活动，为民众提供重要的非结构式减灾参与渠道。2001年"9·11"事件后，美国政府进一步提出了"防灾型社区"（disaster prevention community）概念，2005年，联合国防灾会议发表了《兵库宣言》（Hyogo Declaration），倡导以社区力量进行减灾。在美国、德国、日本和澳大利亚等国家，社区参与已成为提升民众防灾、自救、互救意识与能力的重要渠道，例如德国政府推行了社区风险管理行动，联合国区域发展中心在亚洲六国也开展了一系列社区减灾实践。在社区减灾实践中，提高社区适应力是关键，社区减灾不仅需要解决一时之需，更重要的是提高民众灾害适应能力并强化社区合作机制，从而从根本上提高整个社区的适应能力，使其有能力应对灾害带来的一切改变。目前，面对社区应对灾害冲击能力不断下降的事实，如何使民众认识灾害的风险、降低社会脆弱性和提高灾害应对积极性则成为社区减灾面临的重大挑战。

"永续社区"从生态、社会及经济层面反省及解构既有的社区涵义，根据社区目标推动重构。"安全社区"的推动首先来自世界卫生组织（World Health Organization，WHO），通过居民生活与工作中健康与安全的提升为社区建构目标和减少伤害，而"防灾社区"主要从降低天然灾害对社区的影响着手，希望社区具备抵抗灾害的能力及提高社区"从灾变中迅速复原与调适"的能力。因

① 张丽珠：《小区防救灾的社会支持体系建构与灾害风险管理——子计划：灾害韧性与小区防灾社会支持体系之建构（II）》，2009，第1页。

此，无论是"永续社区""安全社区"还是"防灾社区"的概念都是通过持续强化社区居民的知识与能力，积极建构社区资源网络与累积社会资本，并整合政府防灾和救灾体系资源，促使社区具备不断进行解构和更新、培养社区韧性和抵抗灾害的能力。因此，为了建构一个完整的"防灾社区"支持系统，社工需要从"在地社区"公民参与的角度，进行人文、社会、政治、环境及信息科技等不同面向的操作，跨越不同学科和不同领域进行理论与实务的结合是社工必须具备的能力。

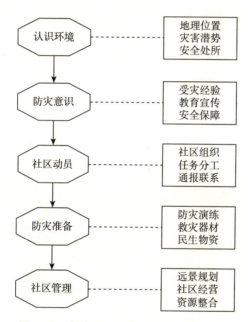

图 4 - 5　永续社区防灾社会工作推动程序

"防灾社区"的建立既是提升"社区安全"的基石，也是建构"永续社区"过程中寻求减灾效果最大化的重要课题。历史上应对灾害的经验及理论研究认为如果要建构一个具备抵抗能力的"防灾社区"，一方面需要对社区实质环境有完整了解，对不同地区可能发生的灾害类型进行辨别并针对地理空间实体的性质与现象能够有精准的掌控。换言之，一个社区的系统性风险管理评估能力及灾害空间分析与监控能力，不但提供了社区紧急管理的基本减灾与备灾架构，更是社区防灾和救灾的必要机制。另一方面，许多研究指出政府回应灾害组织的互动机制是社区灾害预防的关键，而地方社区的人文、社会和经济优势，包括社区社会资本累积状况、社区回应能力、社区居民复原力及压力承受能力等，也是评估社区灾害预防能力或解释地方社区建构能力的几个指标①。

在社区减灾中，安全社区建设非常重要，它不仅以社区安全状况为评判指标，更强调社区建立一套完善的程序和框架，使之有能力去实现安全目标。世界卫生组织（WHO）于 1989 年第一届事故与伤害预防大会正式提出"安全社区"概念，2001 年"9·11"事件后，美国政府进一步提出了"防灾型社区"。在 2011 年的日本海啸中，社区参与减灾活动的传统是这一特大地震灾害伤亡人数降低的关键因素。根据国际经验，成功开展安全社区建设的国家，社区事故与伤害能够得到有效降低。目前，面对社区应对冲击和压力的能力不断下降的事实，如何让社区民众认识到灾害危害性和脆弱性并积极应对是我国社区减灾面临的最大挑战。为了培养社区减灾的责任感和领导力，增强民众的减灾能力，最终达到提高社区适应力的根本目标，国家和地方政府可以通过正式认可并支持社区参与、社区参与减灾的政策设计、建立多元行动体系和减灾文化社区输入等途径，建构全球化背景下中国本土社区减灾模式。

建构完整的"防灾社区"支持系统，需要强调几个不同层面的能力强化与技术提升，主要包括：第一，政府防灾救灾组织互动机制的健全运作；第二，社区及居民防灾救灾能力的提升，包括灾害韧性与社会资本的强化；第三，灾害风险的可预测与管理；第四，预测与避免灾害发生的监视系统与技术建构。由于需要完成这些不同层面的任务，因此，不是只靠任何一个领域的专家学

① 刘丽雯：《小区防救灾的社会支持体系建构与灾害风险管理——总计划暨子计划：社会资本与小区防灾社会支持体系之建构（II）》，2010，第 11 页。

者的努力就能完成①。以社区为本的灾害管理模式（CBDM）作为一种防灾和减灾策略，是灾害管理中社区恢复和参与的有效手段，它包括以下几个核心要素：第一，强调社会中大多数弱势群体的参与过程；第二，强调当地社工的能力建设；第三，将灾害与发展议程联系起来；第四，外界力量扮演支持者、促进者和催化剂的角色②。

十　社区工作的局限

目前，在灾害社区工作实践中已初步探索出了成效较为明显的模式，即"社区组织、社区领袖与社区活动"三位一体的服务模式，通过建立社区组织并培养成为灾害社区服务平台，发挥社区协作与沟通的功能，能有效推进社区工作的进一步开展。但是，在社区服务开展过程中也面临着一些难题。

第一，我国社会管理体制呈现政治性和自上而下的特性，因此，社会工作往往要以纳入灾区行政体制为服务介入的前提，这虽然是取得合法性的基础，但在某些情况下，社会工作专业只能做专业范围外的工作，成为政府工作的替代品、附属品和延伸品，在处理受灾群众需求、灾后重建政策制定、社区建设与社区发展等重大问题上出现了缺位和无力的情况，这不仅降低了社工的专业性，也对社工的社会认同和公信力造成了伤害。

第二，社工组织以外来者的形式参与灾区社会工作服务，由于采取分批次和多层次的服务模式，而且每批社工的服务时间有固定限制，一般是 20 天左右，同时，由于时间短、任务重、专业性不强和经验缺乏等，非常容易出现社工在工作中介入不充分的问题，如调查不充分、评估不全面和服务不深入等。其次，各批次社工存在任务交接的问题，每批社工进驻社区提供服务时又要

---

① 刘丽雯：《小区防救灾的社会支持体系建构与灾害风险管理——总计划暨子计划：社会资本与小区防灾社会支持体系之建构（II）》，2010，第 12 页。

② 徐文艳、沙卫、高建秀：《"社区为本"的综合社会服务：灾后重建中的社会工作实务》，《西北师大学报》（社会科学版）2009 年第 3 期，第 64 页。

重新评估、重新了解和重建服务关系等，不但造成经验无法及时总结、延续和累积，而且也造成了服务资源浪费和重叠等现象。最后，由于人员轮换快，服务经验无法有效及时传承，社工组织在应对社区居民需要及反映社区关系变化等方面，也失去了敏感性、时效性和可持续性，从而导致社工服务与居民需求脱节的可能性，社区服务项目实施很难持续与深化，这是社区工作中一个很大的问题①。

　　第三，社区服务的目标是及时满足案主需求，快速和有效地解决案主存在的问题。由于不同案主的需求差异很大，而且还具有过程性和阶段性特征，同一案主的需求也是不断变化和发展的，当某一阶段需求得到满足之后，又会在新的阶段出现新的需求，这就需要社工高度重视社区居民存在的问题并进行动态性分析，对其需求变化进行及时评估和有效回应。因此，社工要建立动态和发展的社区服务机制，并因此制订出适合的专业服务项目，这就对社工提出了更高的要求，也给社工服务带来了比较大的困境，同时削弱了社区工作服务的效果。

---

① 吕雪峰：《灾后安置社区建设的路径探索与经验总结——以社工服务为视角》，《学习与实践》2009 年第 8 期，第 133 页。

第五章
灾害社会工作服务的组织策略

  这些年来，随着人类社会活动日益频繁，不同灾种和复合型灾害已经成为新的趋势和常态，许多从事社会工作教育的院校、社工机构与社工出于职业使命感与慈善心态积极参与灾区救灾，这些力量的出现促进了灾区社会服务的发展，但同时一些社工组织也出现了服务困境现象，如一些机构找不到自己的定位和服务范围，而有些在提供服务时出现了意外状况。这些问题出现的原因是多方面的，其中一个重要原因就是社会工作组织缺乏有效的介入策略，不仅在理论上缺乏深入思考，在实践上也非常缺乏经验。

  基于自然灾害后果所导致的复杂服务困境，社工组织如何抓住机遇发挥专业作用，如何积极推进灾害服务的深入发展，如何积极发挥社会工作在灾后恢复重建中的重要作用，如何有效介入灾后恢复重建，如何在灾害救助中坚持专业使命感与服务理念等，就成为社工组织在适应灾区服务发展过程中不容回避的现实问题。在面对重大灾害所造成的复杂冲击时，原本追求各自利益的组织和个体往往需要根据现实需求采取灵活的组织策略和富有弹性的个人服务技巧，如此这般才能达到有效战胜灾害、恢复生活和生产秩序的目的。

第一节　公私协力：灾害社会服务的
组织参与策略

在国外，由于"全能政府"的终结，民间慈善非营利组织（nonprofit organizations，简称"私部门"①）参与灾害救援的行为越来越受到社会各界的重视，这也充分展现了第三部门所代表的民间力量的兴起。尽管如此，多兹（Dodds）认为国外有关灾变社会工作的研究仍然处于起步阶段②。扎考尔也指出，西方学界和政府机构对非营利组织投入救灾行列的现象很少进行探讨③。台湾相关研究也仅有几篇，如洪郁婷以建构危机状态下的"公私协力"④ 关系说明了"九二一"紧急医疗与安置照顾在灾难管理过程中的角色，林美华以灾后生活重建服务中心为例，对政府与非营利组织间的伙伴关系进行了研究⑤。大陆关于灾害社会工作的实务经验非常有限，而相关理论研究几乎呈空白状态，可以说，这是一个需要关注的重要领域。

地震灾害的特殊性和复杂性，给政府（简称"公部门"）和民间组织的救助工作带来了巨大挑战，这需要他们在多变的灾害环

---

① 本研究将非营利组织即私部门界定为正式或非正式的组织、团体或个人，不以营利为目的，参与人员是自发且以实现灾害服务目的的结合，排除由政府或企业所成立的灾害救援或服务组织。

② Dodds, S. & Nuehring, E., "A Primer for Social Work Research on Disaster." *Journal of Social Service Research.* 1996, 22 (1): 27 - 56.

③ Zakour, M. J., "Disaster Research in Social Work." *Journal of Social Service Research*, 1996, 22 (1): 7 - 29.

④ 政府与非营利组织伙伴关系简称"公私协力"，起源于美国，20 世纪 80 年代以来，随着福利国家危机的出现，这一概念开始流行起来。在本研究中，"公私协力机制"指公部门与私部门共同合作，共同寻求资源整合，共同分担灾害社会工作责任，在灾害危机状态下的互助行为及机制保障。参见洪郁婷：《建构危机状态下的公私协力关系：九二一紧急医疗与安置照顾在灾难管理过程下的角色》，东海大学公共行政学系硕士学位论文，2002。

⑤ 林美华：《政府与非营利组织伙伴关系之研究——以中部地区三县市生活重建服务中心为例》，暨南国际大学公共行政与政策学系硕士论文，2003。

境中采取正确的行为策略，如此才能及时为灾区提供救助服务。本节所要说明的核心问题为灾害发生后，政府和民间组织如何面对问题丛生和失序的灾区系统？为什么需要建立公私协力机制以及如何建构公私协力机制？

一 灾害社会服务中"政府失灵"与"第三部门失灵"

"政府失灵"主要由本位主义造成，灾变发生时政府对大众所遭受损害的反应迅速与否将直接关系灾害紧急救助的效果。而政府科层制过分强调分层逐级上报与授权，阻碍了信息流通与命令的上传下达。因此面对特殊性和紧急性的灾害需求，政府僵化的科层体制缺乏应急反应能力[①]。同时，政府在灾害救援体系上采取临时任务编制方式，也造成了行政动员迟滞。洪郁婷研究发现，美国地方政府在面临重大紧急灾难时，官僚系统的实际运作往往会产生负面效果，她将这种情形称为"官僚病态"[②]。

"政府失灵"的另一个重要原因是缺乏专业的灾害工作人力。近年来，随着政府社会福利工作的人员精简，灾害管理人力普遍出现短缺。由于社会福利措施不断增多的同时政府部门编制人员并未增加，因此造成正式专业人力资源不足，有限的人力要处理相当庞大的社会福利事务，这就会使政府官员承受过大的工作压力，甚至普遍产生浩劫之感[③]。而在现有的人力资源运用上，也并未因多次处理灾害事件而积累丰富经验。由于平时缺乏防灾救灾

---

① 翁文蒂：《非营利组织推动九二一重建社区总体营造之研究》，东海大学社会工作学系硕士学位论文，2002，第 3 页；黄宾中：《灾变事件福利体系资源管理——危机处理中的公私协力关系》，东海大学社会工作学系硕士学位论文，2006，第 49 页；Schneider, S. K., "Administrative Breakdown in the Governmental Response to Hurricane Katrina," *Public Administration Review*, 2005 (65): 515 – 516.

② 洪郁婷：《建构危机状态下的公私协力关系：九二一紧急医疗与安置照顾在灾难管理过程下的角色》，东海大学公共行政学系硕士学位论文，2002。

③ 黄宾中：《灾变事件福利体系资源管理——危机处理中的公私协力关系》，东海大学社会工作学系硕士学位论文，2006，第 16 页。

训练，再加上相关认识的严重不足，灾害一旦发生，一方面现有队伍中缺乏经验丰富的工作人员，另一方面新来人员尚处于摸索之中，尚未累积相关救灾经验，这些都导致了政府在灾害社会工作中"失灵"现象的产生。

除了政府，第三部门在灾害社会工作中也存在"失灵"的可能。苏莱曼（Salamon）用"志愿失灵"（voluntary failure）概念对此加以说明①。"志愿失灵"的具体表现如下：首先是业余性（philanthropic amateurism）。多数慈善组织在从事灾害社会工作时，主要依赖少数兼职、志愿、非专业人士，这些人员流动频繁，因此可能出现热心有余而专业性不足的情形。其次是慈善资源的不足性（philanthropic insufficiency）。多数慈善组织以会员会费作为主要经济来源，而一般的慈善组织规模小，年平均收入仅仅百万元新台币，经济实力较为单薄②。受这些因素的制约，非营利组织擅长的只是小规模、区域性的救援行为，如果遇到区域较广的灾难发生，则会在救援上产生困难③，甚至导致一些慈善组织因人力和经费短缺而退出救灾行列。再次，政府福利政策扩张对慈善组织造成冲击。随着政府社会福利政策的扩张，对灾民的保障日趋多元，以及灾民急难金申请程序的简化和更高的额度，再加上未来社会保险机制的引入，灾民向民间慈善组织申请救助的几率就会相应减少，其所能发挥的空间将因政府福利政策的扩张而受到压缩④，弥补政府不足的价值日渐降低。最后，民间慈善组织缺乏民众信任。由于民众不放心慈善组织灾害服务成效，以及与一些

---

① Salamon, L. M., "Partners in Public Service: The Scope and Theory of Government-Nonprofit Relations, in Powell, Walter W. (ed.), *The Nonprofit Sector: A Research Handbook*, New Haven: Yale University Press, 1987: 99 – 117.

② 陈介中：《期待一场没有 NG 的社会福利演出——南投县生活重建服务中心终止问题及因应对策之探讨》，暨南国际大学人文学院社会政策与社会工作学系硕士学位论文，2004，第 212 页。

③ Kent, R. C., *Anatomy of Disaster Relief*, New York: Prnter Publishers, 1987.

④ 庄中毅：《救灾机制中危机管理理论之实践——非政府组织之角色与功能》，南华大学非营利事业管理研究所硕士学位论文，2004，第 109 页。

民间组织、媒体之间种种不愉快的合作，灾民对慈善组织产生了不信任心理。此外，由于缺乏公权力赋予的"合法性"基础，民间组织无法给灾民提供任何承诺，灾民也可能因为慈善组织宣传不周，担心受骗而心存疑虑①。总而言之，社工组织很难与非自愿案主建立关系。

二 走出"失灵"的困境："公私协力"策略

公私双方如何克服上述缺陷？这就涉及"公私协力"机制，这也是各国发展的趋势②。公部门的缺陷恰好是私部门的优点，而私部门的缺陷也恰好是公部门的优势。因此，通过建立"公私协力"关系，双方能够实现优势互补，有效克服"失灵"现象。从功能上讲，民间慈善组织在灾害救助中可起到补充性（supplementary）作用③。韦斯布罗德（Weisbrod）指出，"市场失灵"（market failure）、"政府失灵"（government failure）以及"契约失灵"（contract failure）导致了非营利组织的存在和发展④。在灾害救助过程中，非营利组织通过"志愿服务""公民参与"与"政策倡导"等方式，督促和协助政府开展救灾工作⑤，能够克服威权化（debureaucratization）和分权化（decentralization）所导致的行动迟缓缺陷。

从组织的角度来说，私部门是弹性扁平式结构，这种特征在人力、物力、财力的机动性与时效性上能克服政府僵化的缺陷。

① 陈介中：《期待一场没有 NG 的社会福利演出——南投县生活重建服务中心终止问题及因应对策之探讨》，暨南国际大学人文学院社会政策与社会工作学系硕士学位论文，2004，第 210 页。
② 黄宾中：《灾变事件福利体系资源管理——危机处理中的公私协力关系》，东海大学社会工作学系硕士学位论文，2006，第 41 页。
③ Kramer, R. M., *Voluntary Agencies in the Welfare State*, Berkley: University of California Press, 1981: 235 –247.
④ Weisbrod, B. A., *The Nonprofit Economy*, Cambridge: Harvard University Press, 1989.
⑤ 翁文蒂：《非营利组织推动九二一重建社区总体营造之研究》，东海大学社会工作学系硕士学位论文，2002，第 3 页。

由于缺少层级节制的命令，私部门在灾害过程中实行的不是自上而下的指挥，而是自下而上的通报系统。当灾害发生时，民间组织下属机构分工快速，可直接进入灾区进行救援工作。而灾民如果需要政府救助，则必须通过严格而繁琐的资格认定程序。私部门在资格审核与认定上，虽然没有一套制度化与专业化的认定程序，甚至有时是相关人员的主观认定，但正是由于没有行政程序与责任包袱，更能凸显出其弹性①。克兰德曼斯（Klandermans）指出，小规模、非散式及非阶层式的非营利性组织，拥有政府组织所不具备的优势②。从这个层面来说，弹性和机动性的社工组织可为案主提供政府之外充足且及时的社会资源，能够克服政府科层制所固有的缺陷（见图 5 - 1）。

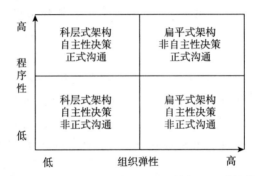

图 5 - 1 非营利组织与政府组织程序性与组织弹性的比较

此外，公私部门在灾害救助工作上存在互惠互利的关系。灾害服务属紧急性救助业务，对时效性与机动性要求高，需在短时间动员庞大资源，而这往往是政府科层所不能及时响应的③，因此需要私部门的协助。对私部门而言，通过与政府建立坚实的协

① 庄中毅：《救灾机制中危机管理理论之实践——非政府组织之角色与功能》，南华大学非营利事业管理研究所硕士学位论文，2004，第 121 页。
② Klandermans, B., "New Social Movements and Resource Mobilization: The European and the American Approach," *International Journal of Mass Emergencies and Disasters*, 1986 (4): 13 - 37.
③ 庄中毅：《救灾机制中危机管理理论之实践——非政府组织之角色与功能》，南华大学非营利事业管理研究所硕士学位论文，2004，第 120 页。

作关系，并从中获取社会资源，能够更好地维系组织生存①。政府对那些在灾害救助过程中配合度较高的慈善组织予以表彰或奖励，就等于直接或间接帮助私部门获得"合法性"、组织声誉和社会认同②，而这些可以说是其生存的关键。此外，与政府合作，私部门无形中也能获得许多灾害业务上的便捷性，通过政府详实可靠的灾害个案转介与信息传达③可省去许多业务上的成本。而且，政府所拥有的庞大经费和专业人才，也会助益于私部门的发展。

三 非协调约束：公私协力现状

从理论层面而言，公私确实需要建立"协力"关系，但现实如何呢？事实上，双方关系仍停留于非正式、非协调的互动层次，呈现出表面化和松散化特点。具体表现在如下方面。

（1）管道阻塞（inaccessibility），双方缺乏正式互动与沟通的联系渠道。由于政府官员对私部门的重视或认同程度不足，而且政出多门和缺乏弹性的行政特质，使得政府部门在建立联系渠道上缺乏政策支持与积极性。而私部门囿于保守心态，也不愿扩大与政府的互动范围。此外，虽然私部门自愿参与灾害社会工作，但政府对其贡献视而不见，这也影响了其积极性④。因此，对于私部门而言，与政府互动合作的必要性就变得可有可无，甚至会因为某些因素停止或改变与政府既有的联系。

（2）信任危机（unaccountability）的出现。在灾害救助业务的联系上，由于认知不同、联系沟通渠道不足、双方历来的成见以

---

① Singh, J. V. et al. （eds.）, "Organizational Legitimacy and the Liability of New-ness, *Administrative Science Quarterly*," 1986, 31: 93 –171.

② 陈秀静：《九二一震灾后生活重建工作之研究》，东海大学社会工作系硕士学位论文，2001，第57页。

③ 庄中毅：《救灾机制中危机管理理论之实践——非政府组织之角色与功能》，南华大学非营利事业管理研究所硕士学位论文，2004，第100页。

④ 庄中毅：《救灾机制中危机管理理论之实践——非政府组织之角色与功能》，南华大学非营利事业管理研究所硕士学位论文，2004，第106页。

及曾出现过政府官员贪污社会捐款、非法操作等不良现象，公私双方在救助过程中容易产生误解和信任危机①。这也使得民间组织对配合政府进行救灾的工作产生怀疑。

（3）各自为政（inconsistence）的局面。在政府高层漠视与民间参与不积极等因素的影响下，公私双方各行其是，资源无法有效整合，以致出现"各立山头"的状况②。

（4）重复浪费（duplication）的情形。在缺乏整合的前提下，私部门独自对灾民进行慰问与发放物资，展现了机动性与时效性，但也造成了救灾资源重复浪费及区域分配不均等消极后果。此外，公私部门对同一案主救助金的重复发放，也会间接养成案主对救助资源的依赖性，降低其自立自强的积极性③。

四　灾害社会服务中"公私协力机制"的建构

如何构建"公私协力机制"？在当前灾害危机越来越呈现"复合型"特点的情况下，"公私协力机制"的建构也应是"复合型"，即由几个不同机制共同组成。具体如下。

第一，建立互信机制。"公私协力机制"的根基来源于公私彼此之间的互信与互赖，在此之前，首先需要建立非正式、常态性的互动渠道，让公私之间形成相互交流的氛围，为信任机制的建立奠定初步基础。在此基础上，公私双方彼此学习对方优点，逐步建立起信任关系。总的来说，在这一阶段，主要通过政府正式行政权威或非正式的人际网络来加强彼此的互信④。

第二，建立政府主导机制。在"公私协力机制"中，政府应

---

① 庄中毅：《救灾机制中危机管理理论之实践——非政府组织之角色与功能》，南华大学非营利事业管理研究所硕士学位论文，2004，第86页。

② 张又升：《社会福利的"最后一哩"——乡镇市（区）公所福利输送角色与功能之探讨》，台湾大学社会工作研究所硕士学位论文，2004，第17页。

③ 庄中毅：《救灾机制中危机管理理论之实践——非政府组织之角色与功能》，南华大学非营利事业管理研究所硕士学位论文，2004，第106页。

④ 庄中毅：《救灾机制中危机管理理论之实践——非政府组织之角色与功能》，南华大学非营利事业管理研究所硕士学位论文，2004，第112页。

扮演主导者、号召者、促进者（facilitator）或协调者（co-ordina-tor）的角色①。由政府主导跨民间慈善组织与政府间的整合工作，统筹实际救灾业务，结合民间团体力量而发展出一种"藏诸正式结构之下的结构"（infrastructure）②。

广州民政＋高校＋社团联合的方式，让我们看到民政、高校和社团在灾难救助中的优势互补和高效率。民政利用自己负责社工人才队伍建设和社团管理职能来组织各界社工，并提供活动资金支持，从身份上说是比较合适的，同时，民政自己是政府职能部门，在灾害救助中具有承担救助救济责任的身份，能为高校和社团的社工进入灾区解除当地政府的误会和戒备，做政府和民间的桥梁。而高校和社团的社工可以有效弥补灾难救助中民政人员不足和专业知识不够的缺陷，使传统的物质救助转向物质和精神的全方位救助，最大限度地实现助人自助，提高我国灾难救助救济的水平③。

针对四川大地震的发生，2008 年 5 月 17 日，民政部下发了《关于进一步做好抗震救灾工作的紧急通知》，明确要求组织专业社会工作人才，发挥其专业和技能优势，认真做好受灾群众尤其是孤儿的心灵抚慰和心理康复工作。5 月 21 日，民政部部长李学举在全国民政系统支援汶川地震灾区电视电话会议的讲话中进一步强调，要引导社会工作者尤其是社会工作领域的专家到灾区，培训志愿者，对灾民实施人文关怀、心理疏导和社会支持，帮助灾民重建社会关系、调适社会心理、恢复社会功能，为帮助灾区重建社会秩序、增进社会和谐多做工作。灾情发生后，民政部社

---

① 张又升：《社会福利的"最后一哩"——乡镇市（区）公所福利输送角色与功能之探讨》，台湾大学社会工作研究所硕士学位论文，2004，第 22 页。

② Smith, M. J., *Pressure, Power and Policy: State Autonomy and Policy Networks in Britain United States*, London: Harvester Wheatsheaf. 1993: 52.

③ 《社工灾难救助中的"广州模式"》，《中国社会报》2008 年 8 月 6 日。

会工作人才队伍建设领导小组办公室在第一时间召集有关社会工作专家和实务工作者研究社会工作介入地震灾区的具体方案，并最终决定以"抗震救灾、重建家园"为主题组织赴地震灾区社会工作服务队。在民政部的指导下，2009 年 2 月 26 日，北川县、安县、平武县社会工作服务站授牌仪式在绵阳市民政局会议室举行，省市县民政部门相关领导，德阳、遂宁和资阳市民政局相关领导和 19 名社工志愿者参加了该仪式。正是由于公私协力情形的初步出现，灾民能够享受更为优质的灾害服务。

第三，建立"一条鞭式"紧急协调机制。当灾害爆发时，政府应迅速召开灾区工作协调会，主动邀请私部门共同参与灾害紧急救援工作，避免资源重叠与浪费。尤其当重大灾难发生时，政府应整合公私指挥机制、救灾资源、应变救灾经验等，在组织架构上建立"一条鞭式"的紧急协调机制，实现政府在救灾体系指挥架构上的统一指挥。对私部门而言，当灾难发生后应迅速主动告知政府其灾害救助专长与优势，请求政府将部分灾民服务委托其办理，以充分发挥其联系、运输、协调等功能。

第四，建立公私人力资源整合机制。首先，政府应进行调查并登记愿意参与灾害救助的私部门人士，将公信力较高的非营利组织整合成人力资源调度中心，建立系统完整的人力数据库，以便充分掌握灾害发生时可资利用的人力资源①。其次，政府应规划不同民间组织负责协助的受灾地区，对有意参与灾害救助工作的私部门清楚说明参与过程的责任与义务，并建立以区域为导向的人力资源网络，各区域中的公私部门人力相互支持与配合，进而建立统一完整的灾害社会工作志愿人力服务联络系统。最后，政府也可以通过设置灾害社会工作服务站或志愿者招募中心，吸纳私部门的志愿性人力，整合私部门人力资源，以便灾难发生时，

---

① 洪郁婷：《建构危机状态下的公私协力关系：九二一紧急医疗与安置照顾在灾难管理过程下的角色》，东海大学公共行政学系硕士学位论文，2002。

政府可以迅速调动私部门人力资源参与救灾①。

　　例如，在四川灾害救助过程中，为了加强地震灾区社会工作，及时为灾区干部群众和学校师生以及"三孤"人员提供专业社会工作服务，充分发挥民政系统社会工作专业优势，四川省民政厅抽调绵阳市、德阳市、遂宁市、资阳市"社工人才百人计划"志愿者在绵阳市北川县、安县、平武县设立社会工作服务站，开展灾区社会工作，首期时间为4个月。根据要求，社工服务站以专业人员为基础，调动民政系统相关人员组建专（兼）职工作服务队，深入灾民安置点和城乡社区开展社会工作巡回服务，为受助对象消除地震负面心理，帮助其树立健康乐观向上的生活信心。

　　第五，建立配套激励机制。政府对参与灾害救助工作的私部门实行奖励措施，对配合度高、灾害救助服务突出的私部门，制定切实可行的奖励措施，以便调动私部门积极性。如提供部分灾害救助津贴或小额奖金补助，颁发感谢状或举办答谢餐会，优先提供业务及组织上的便利等②。

　　地震过去了，"余震"却可能永远留在心里。在物质重建的同时，同步开展精神重建便显得尤为重要。为此，湖南援建队成立了"湘川情"社会服务工作队，针对灾区民众因地震灾害而产生的心理问题进行专业治疗、抚慰。2009年10月，湘川情社会服务工作队被中国社工协会批准为"全国社会服务组织示范"试点单位，成为全国五个试点单位之一。在人民大会堂举办的"社会工作服务党的民族工作"论坛中，湘川情社会服务工作队被中国社工协会和国家民政部授予"社会工作创新奖、组织奖和集体奖"

---

①　黄宾中：《灾变事件福利体系资源管理——危机处理中的公私协力关系》，东海大学社会工作学系硕士学位论文，2006，第99页。

②　黄宾中：《灾变事件福利体系资源管理——危机处理中的公私协力关系》，东海大学社会工作学系硕士学位论文，2006，第99页。

三项大奖①。

　　此外，在灾后重建的社会福利需求庞大，政府专业救灾人力十分有限，投入灾害紧急救援的社工非营利组织也因面临后续人力资源与经费不足等困境而考虑撤离的情况下②，如何留住这些非正式民间社会福利资源为灾后重建服务？如何建立"政府主导、民间参与"的灾后重建参与机制？项目委托重建方式无疑是一种较好的解决问题的途径。政府通过购买非营利组织的服务来开展各种灾后重建与社会福利业务，通过规划"公设民营"方式让非营利组织参与进来，以弥补政府参与灾后重建的不足。需要指出的是，"项目委托"虽是"公设"，但运作却完全"民营"。通过这种模式，政府不仅可以推动灾害重建民营化，也可以提高政府推进重建工作的效率。对于非营利组织而言，通过"接受政府委托或承接方案"主动参与灾后重建进程，并被赋予从事"社区发展"的任务③，也可以激发其积极性。这种非正式途径不仅有利于政府工作人员和接受委托的非营利组织一起合作，共同进行灾后重建规划工作，而且充分显示"公私协力"在灾后重建中的优越性④。

第二节　社会资源：灾害社会服务的行动策略

　　社会学家埃里克森（Erickson）阐述了灾害会导致个人主义与

---

① 松涛：《湖南对口援建工作圆满结束，9大类99个项目造福灾区——新生理县见"湘"情》，《四川日报》2010年10月17日。

② 周利敏：《灾后重建中社工组织多元角色的实践与实务模式选择》，《华南农业大学学报》（社会科学版）2009年第3期。

③ 官有垣、邱瑜瑾：《民间组织在九二一灾后重建体系中的角色、功能与社会影响分析》，载《在921灾后重建的参与和功能研讨会论文集》，创世基金会，2001。

④ 周利敏：《公私协力：非协调约束下公私灾害救助困境的破解》，《中国地质大学学报》（社会科学版）2009年第2期。

依赖、自信与顺从、自我中心与团体取向之间的冲突①。桑德特和默梅尔斯坦（Sundet & Mermelstein）的研究发现容易接纳外界资源的社区较易适应灾后生活重建，而且健全的沟通机制会对灾后社区生存产生影响②。

一 社会资源类型

"助人自助"是社会工作的基本理念，也是实务工作中的资源取向。它不是简单为案主提供救助服务，而是致力于发掘与强化案主应对问题获取资源与解决问题的能力。社会工作实务生命模式认为，人们会寻找可用来应对问题和帮助自己所需的资源，不仅包括外在的物质与环境资源，比如基本的衣食住行保障、社区内的社会支持网络和人际氛围，而且包括个体内在的用以应对困难的资源，如与他人建立关系的能力、自身具备的相关能力、对自身能力有信心、自我价值感和自我控制感等③。

国内外已有无数经验表明，面对自然灾害和人为灾害的重大冲击，仅仅依靠政府力量进行应对，难以形成高效、快速及灵活协调的反应机制。在现代灾害救助中已遭遇越来越大的困难，因此，需要在政府资源与社会资源共同参与和协调下，最大限度地调动各类社会资源共同应对灾害，这才是未来有效降低灾害损失的重要途径。事实上，考虑到当代社会中社会资源越来越丰富（见图 5-2），如何充分而有效地利用社会资源已成为灾害社会工作服务的重要内容。

① Erickson, K. T. , *Everything in Its Path*, New York: Simon & Schuster, 1976.
② Sundet, P. & Mermelstein, J. , "Predictors of Rural Community Survival After Natural Disaster: Implications for Social Work Practice," *Journal of Social Service Research*, 1996, 22 (1/2): 57–70.
③ 徐文艳、沙卫、高建秀：《"社区为本"的综合社会服务：灾后重建中的社会工作实务》，《西北师大学报》（社会科学版）2009 年第 3 期。

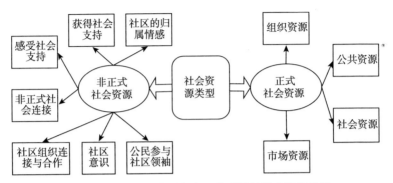

图 5-2 社工在灾害服务中可资利用的社会资源类型

(一) 非正式资源

非正式资源也称为非制度性资源,这一资源链接是社工在初级干预层次的重要内容。社会工作者相信,每个人都有改变自己困境的潜能和要求,案主自我功能的恢复和应对困境能力的提升是协助社会工作有效达成服务目标的核心资源。例如,在四川灾害服务过程中,服务团的成员或来自上海的基层社区,或来自基督教青年会等服务机构,或来自四川、海南的高校,这些都是重要的非正式个人资源,本质上也是一种社会资本。正是由于民众的信任、互惠和合作,人与人之间的互动才带来了资源的变化,从而促进资源的流动与整合。对于案主可挖掘的资源,社工组织通过策划社区活动、召开居民会议、成立社区组织、发掘社区领袖等形式,将社会资源动员起来,并激励其发挥积极作用。对于案主缺失的资源,社工可通过制定社会政策、加强对外宣传等方式将其创造出来。在了解社区居民资源的基础上,居民自身的资源和能量才得以有效激发,居民之间、居民与政府之间的良性互动和相互理解才得以进一步开展,灾区的面貌才得以不断改善①。

灾害带来的损失之巨大,使得民间资源对制度性救助资源的补充变得非常重要,这些资源可能是资金或物资,也可能是工作

---

① 朱希峰:《资源运作:灾后社区社会工作的重要技术》,《杭州师范学院学报》(社会科学版) 2009 年第 2 期。

或就业培训机会，形式不一而足。当资源提供者和潜在接受者由于种种原因而不能相互进行信息沟通时，社工常常就需要充当联结者或经纪人，引导外部资源输入到最有需要的人群中[①]。例如，广州社工第二次进入四川时，中央已经明确广州对口支持汶川。在后方，广州市民政局社工办赶紧协调广州市建委，为社工在映秀争取到一间他们建好的板房。在映秀的社工又以此为突破口，凭着自己的工作赢得了更多的外界支持。

（二）正式资源

正式资源分为四类，即组织资源、公共资源、社会资源与市场资源。在四川地震灾害中，正式资源是服务团达成社会工作服务目标的重要基础。一是组织资源。服务团得到了上海和四川省、成都市和都江堰市政府的大力支持，整合了复旦大学、华东理工大学、上海师范大学和上海科技大学等高校，并动员上海市社会工作者协会、上海市阳光社区青少年事务中心、浦东新区社会工作者协会及上海中致社区服务社等服务机构参与灾后服务。250人次受过训练的专业人员先后进入灾区服务，其中有高校社会工作学科的师生、机构和社区的社会工作者、心理咨询师和社区管理人员。此外，在服务期间培育当地的社区组织，使其成为安置点社区开展自我服务、自我管理的重要力量。二是公共资源。在服务团近200万元的服务经费中，有80万元是上海政府部门通过购买项目的方式所提供的。三是社会资源。服务团和四支服务队先后获得了中国红十字基金会、南都基金会、上海市黄浦区教育基金会、上海市民帮困互助基金会和上海市应昌期围棋教育基金会等提供的共计120多万元的项目资金支持。到2009年1月中旬为止的202天直接服务中，服务团和四支服务队获得了政府、企业、社会组织和个人的各种经费和物资近300万元。四是市场资源。服务期间，内地和香港的一些企业、高校、社区及个人为服务团定

---

① 徐文艳、沙卫、高建秀：《"社区为本"的综合社会服务：灾后重建中的社会工作实务》，《西北师范大学报》（社会科学版）2009年第2期。

向捐款捐物近 100 万元。

二　社会网络类型

灾民所嵌入的社会网络有利于自身的发展，尤其对于弱势群体的灾后重建而言，这正是专业社会工作者介入的空间。对社会工作来说，社会网络资源是整合而成的建构体，它是由一群互动的人们、团体或组织所组成的社会体系，以从事目标的达成或共同目的的实现。网络可以是个人的、专业的和组织的，皮特（Peter，2000：93）以 "网络的支撑者"（upholders of networks）来形容社工，他们的主要工作在于使能、增权、支持和鼓励，在网络中，案主、亲戚、邻居、志愿者都是社工的伙伴。社会网络资源的建构（networking）可以是个人间、组织间或组织与机构间，它有助于福利服务供给的规划和执行①。具体内容如下。

（一）个人网络资源

个人网络资源是指行动者通过自己的个人社会网络而获取的嵌入性资源，其功能在于帮助行动者获取必要资源以达到自己的行动目的，它也可以指专业工作者用于建构案主与亲属、朋友和邻里的个人关系，包括有助于与案主讨论问题或解决问题的重要他人。在某些情境下，也许需要扩大案主社会关系和支持范围，社工组织要根据案主需求和服务目标通过相应策略来链接、开发和创造与案主相关的各类资源。可以说，个人社会关系网络在灾害治理过程中发挥着积极的作用。在汶川大地震中，由于与外界联系的中断，大多数灾民是通过亲友、邻居、同学和老师等社会资源来寻求帮助。因此，社工要充分挖掘和发挥案主的个人网络资源，以使其获得丰富的社会支持。

（二）志愿者网络资源

除了有限的个人网络资源的支持之外，案主还会诉求志愿者

---

① 施睿谊：《南投县生活重建服务中心个案管理服务之研究》，暨南国际大学社工政策所硕士论文，2001，第 21～23 页。

联结策略。这种策略主要是将案主与早先并不认识的志愿者相联结，这些志愿者曾经遭遇过与案主相似的问题，并且愿意提供协助。例如，对身体失能者的协助方案，可通过招募志愿者为失能者独自居住在社区时可能遭遇的问题提供咨询。志愿者网络旨在针对灾害管理全方位知识和手法，提供培训、定期沙龙、经验分享及参与突发灾害的管理实践活动，形成一个集专家学者、志愿者、社区骨干及草根组织为一体的网络，提升网络中志愿者的灾害管理能力，建立健全以灾害为中心的赈灾志愿者服务实践平台，并推广强调以人为本及可持续性发展的灾害管理理念与手法，使之成为能够在未来灾害应对、培育青年赈灾志愿者，以及灾害管理倡导工作中发挥实质性作用的社会平台。

（三）互助网络

中国是经常受灾害冲击和严重影响的国家之一，据估计平均每年因为灾害而受影响人口有两亿，死亡人口数以千计，超过三百万户的房屋被损毁，超过三百万人口因此而迁徙。人们对于赈灾和救灾的传统认识是"募捐物资"和"发放物资"，而这只是单纯的"救济"手段，并不能对灾害进行有效管理，灾害背后深层次的原因在于社会因素造成的社区人群脆弱性。灾害互助网络建构策略具体是指在社区内有策略地进行一连串活动或工作，加强人们之间的团结与合作，进而降低潜在危险发生的可能性以及帮助居民减轻脆弱性。

因此，社工对于灾害的回应不能仅仅满足脆弱人群现实的需求，更需要与可持续发展结合起来。社工要招募具有类似问题的志愿者或共同利益者，一起建构同辈支持网络。互助网络在目标上与自助组织类似，然而这些资源是非正式的，而且无章程或正式方案。这种方案可以通过不断的努力发展成为新的社会支持网络，或者在某些情境下扮演咨询者角色。这种网络能够促进正常化的社会意识及案主间的社会整合。例如，以前曾是心理疾病患者的人在给予支持时，不具有烙印和依赖的感觉。而且地震灾害虽然是自然结果，但由于社会层面无力处理而导致社会互动网络崩溃，以致无法有效进行灾后重建，而就业互助网络的建构是帮助灾民与社会实现有效互动的重要途径。

（四）邻里协助网络

这是指机构以邻里、核心成员和地方有影响人士之间的地方网络为基础，试图确认和形成互助关系。它的目标是要协助孤立的个人，通过建立邻里咨询性关系，确认问题和鼓励地方居民参与助人活动以促进地方互助，同时也可以确认地方议题和提升非正式社会组织的能力和积极性，特别针对的是因病而在家的老人、身体障碍者或出院的精神病患者。这种网络形态的核心人物或自然邻里角色最为显著。通过与社区非正式组织联结和转介机构的个人管理，社工也许会更有效地掌握全部的社区资源[1]。同时，社工通过在受灾社区建设"社区中心"，营造社区公共空间，培育社区邻里互助精神及社区协作能力，通过"社区中心"平台回应受灾社区的各种需求，为社区居民（弱势人群）提供专业社会工作服务。

如何构建灾区社会资源网络，主要有以下七种策略：第一，经费补助策略。通过政策性整体规划，并以经费补助策略或购买式服务契约来促使服务输送相互搭配，特别是以契约化（contracting）促使志愿部门或组织与政府之间形成伙伴关系，以强调两者之间相互合作的和谐互动关系。第二，个案管理策略。以整合或开发案主所需的服务，通过了解实际情况和灾民需要，以协调方式或财务与法规手段完成资源网络的建构。第三，人际关系策略。通过领导人主动建构人际关系网络，或成立协会定期召开联谊会协调工作，或以非正式关系愿意配合工作以达成志愿者交换。在组织外部环境因素方面则是强调与其他团体的人际网络，通过一些私人交情来整合资源。在组织人文因素方面，组织成员配合度一般较高，这有利于资源优化整合，尤其是若干专业人士对这方

---

[1] 施睿谊：《南投县生活重建服务中心个案管理服务之研究》，暨南国际大学社工政策所硕士论文，2001，第 25~26 页。

面较高的认同感，加上成员之间的配合，任何阻碍都可以通过努力去克服的。第四，立法规范策略。规范信息共享与转介服务链接，以强制性方式构建资源网络。第五，合聘或互聘董事或委员策略。各机构空出的机构委员或董事名额由相关机构或单位派代表担任，这样，机构的配合障碍就可得到解决。第六，成立地区性协会策略。与相关机构共同组成协会，以协调或促进各会员之间的合作，初期以联系会和报纸形态出现，后期则以建构和加盟的方式为主，这不仅有助于案主恢复正常生活，而且都会成为社工组织可依托的实际资源。各种资源的相互交叉也构成了灾后重建社会工作的资源系统，并成为服务对象和社工的强大支持系统。第七，初步建立社区信息链接模式并致力于信息共享。社工组织通过个案辅导、小组工作和社区活动，为安置点的灾民提供各类信息，从而协助服务对象逐步恢复与外在环境间的平衡。

三　社会资源建构途径与策略

（一）社会资源的建构途径

地震破坏了灾民原有的、熟悉的社会关系和社会资源，来到安置点社区的居民相互之间的关系一开始是陌生甚至是防范的，因而社会关系重建对受灾群众走出灾难阴影具有重要意义。构建社会互助体系能提升居民支持力度，改变灾民生存和生活状态，降低地震灾害对受灾群众心理的影响，同时明确灾后重建的目标对形成受灾群众灾后重建动力具有重大的意义[①]。社会资源能否得到有效激发和发挥会受到个体所处时空情境及许多社会因素的影响，比如不同阶级、社会地位、种族及文化歧视，会使人们所获得的人际与社会资源的机会有所不同。社会工作根据社会资源的特征加以合理运用，这对于灾后重建具有非常重要的意义。具体内容如下所述。

---

① 张昱：《安置社区建设——汶川震后重建的社会工作视角》，《福建论坛》（人文社会科学版）2008 年第 8 期。

　　第一，社会工作应该致力于重建社会结构，重塑灾民场域。除了从技术层面维持灾民传统的、持续的关系网络之外，社会工作者还需要从帮助灾民恢复社会能力、人际交往能力和维持正常的家庭互动关系等方面入手①重构社会网络。在社区背景下，个人、家庭与社区工作表面上有差异，但实际上却相互配合，通过培育社区资源，有效提升个人能力及相互依赖的能力。

　　第二，增加社会资源的社会工作实务，既包括积极的社区资源培育，如消减社区内对某些特定人群的排斥与歧视、加强社区支持网络、发展关爱性社区、活跃社区文化和强化居民对于社区的认同感等，也包括在社区工作背景下开展的挖掘个体内在资源的工作，如协助调整个人与家庭在情绪、认知和行为层面难以应对的问题和相关因素，发现潜在优势与能力，增加解决问题的策略与效能感。

　　第三，在社会工作中，由于案主问题日趋复杂，为了满足案主需求，单凭案主个人社会网络往往是不够的。因此，当案主的问题与需求和正式部门的服务体系相互接触时，正式部门的工作人员除了要善用案主资源外，更需要进一步开发和运用案主社会网络之外的资源，从而使案主个人网络与正式部门资源实现对接②。

　　第四，社会资源对推动灾后重建的重要性在于对服务整合及重组信念的强调，其目的不仅在于服务的输送，而且希望通过服务过程来增进居民的社区意识，进而提升社区的自主能力③。因此，灾害社会工作的重要职能就是帮助灾区获取和整合各种社会资源，以及与不同部门与机构进行协调合作，并且通过多种形式和方法对灾区群众进行安置，帮助灾区恢复生活秩序，与此同时通过激发案主的内在资源，帮助案主解决各种困扰，从而调动社

---

① 郑小蓉：《灾后重建过程中的社会工作介入》，《社会工作》2008 年第 11 期。
② 施睿谊：《南投县生活重建服务中心个案管理服务之研究》，暨南国际大学社工政策所硕士论文，2001，第 21～23 页。
③ 张莉姗：《灾后重建工作社会资源整合之研究——以南投县中寮乡为例》，暨南国际大学社会政策与社会工作学系硕士论文，2001。

区和群众积极性进行重建和恢复工作①。

第五，尽管灾区灾后重建工作有大量资源引入，然而这些资源主要集中在城镇地区，乡村所能分配到的资源仍然非常有限。而处于更边缘的原住民地区，除了缺乏资源，还会因为文化、习性和生态环境方面的疏隔，令人担忧②资源使用的效果与效率。因此，资源整合具有两个层面的意义：一是使资源与需求之间获得充分的配合，即我们必须了解社区需求是什么，程度如何，谁优谁先；二是资源供给者之间的协调合作，尤其是针对资源类型、数量和机构目标与功能的调整。就目前社会服务制度化和专业化的具体目标而言，建立全国性和区域性社会服务体系是不可或缺的。

第六，在灾害服务过程中，社会资源主要体现在资本资源、人力资源、服务资源和信息资源等方面。社会资源整合策略（integration）包含的意义有倡导（advocacy）、建立联盟（coalition）、沟通（communicating）、联合工作（consortium）、合作（cooperating）、协调（coordinating）、增权（empowering）、网络工作（networking）、建立伙伴关系（pertnership building）和关联（relating）等，这些都被期待为共同目标作出适当改变，并通过分享资源、权力及权威一起共同实现目标③。在正式组织或机构层面上，灾害救助网络和社会资源网络建构是循序渐进的过程，个人救助网络是基础，居民之间的互助网络是过渡形式，而社区网络的形成是最终目的，通过这三方面网络的共同建构，才能形成有效的灾害救助网络，并在灾害救助中取得明显的效果。

（二）社会资源的建构策略

1. 人力资源整合策略

在人力资源上，组织之间志愿者的交互协助是可以共同合作

---

① 贾晓明：《地震灾后心理援助的新视角》，《中国健康心理学杂志》2009 年第 7 期。

② 陈淑妃：《灾变社会工作重建模式之研究——大安溪部落工作站的案例分析》，东吴大学社会工作学系硕士论文，2006，第 9 页。

③ 张莉姗：《灾后重建工作社会资源整合之研究——以南投县中寮乡为例》，暨南国际大学社会政策与社会工作学系硕士论文，2001，第 16 页。

的，例如可以数个组织共同举办义工招募与训练，不仅组织之间联合起来的力量较大，吸引力与号召力也较大，同时也可降低各机构独自办理志愿者训练课程的成本。如果将各机构本身所拥有的志愿者进行联合的话，将会形成一个强大的志愿者网络，不仅加强了机构之间的联系，同时也会在无形中大大增加志愿者队伍的力量。同时，社工通过各种渠道与资源建立双向沟通，包括对资源所在位置、服务内容、服务限制与弹性等方面的了解，还可以绘制"社区资源地图"，以便在加强资源链接、应用与强化时能作整体性考虑。一般而言，信息沟通的正式渠道包括传播媒体、机构或单位联系会报、邮寄宣传单张、电话或亲自拜访联系等，而非正式渠道则包括参与相关专业会议或学术研讨会即掌握机会互相认识等。

上海赴四川的服务团及四支服务队的组成本身就是政社资源整合的典范，服务团由市民政局积极倡导，市社会工作者协会牵头组织，高校、社工专业机构、社会工作专业人员发挥各自优势，彼此协作，组成社会工作服务队。四支服务队充分整合了当地的政府资源。当地政府的强力支持，对外来社会工作组织融入社区、取得社会认同发挥了重要作用。与此同时，服务团非常注意与安置点管委会、都江堰民政局的沟通。一方面，服务团作为政府与居民之间的桥梁，及时反映灾民需求；另一方面，服务团通过社会工作服务逐渐让各级官员接受社会工作的理念，从而将社会工作纳入社区重建决策主流。正是依赖于上海市民政局、上海市社会工作者协会、都江堰市民政局、安置点管委会和社工服务队的定期沟通，各方最终才达成了诸多共识，形成了良好的政社资源整合与合作机制①。

---

① 朱希峰：《资源运作：灾后社区社会工作的重要技术》，《杭州师范学院学报》（社会科学版）2009年第2期。

社工在协助服务者链接资源后，需要对服务者的使用状况进行监控，以便及时针对不当的服务资源进行调整，同时在对资源缺乏与区域特性等因素的考量下实行资源开发与重组的计划。此外，跨越地域的工作方法需要花费较多时间去沟通和协调，对社工而言充满了挑战性。其中最常见的横向联系是组织本位主义与专业本位主义所造成的资源链接障碍。一般处理方式除加强彼此沟通与协调之外，必要时还需要提高层次，由更高的主管单位进行整合与协调以达成最终合作目的。

2. **财力资源整合策略**

灾害紧急救助过程中，在评估灾民需求后，为了缓解灾民困难和满足灾民需求，社工需要及时向社会传递相关信息，同时联系外界慈善机构及社会爱心人士向灾区捐献资源，争取社会各界的支持与响应。

在四川灾害募捐过程中，广东省百川慈善基金会、岭南教育集团、湛江师范学院、桂城义工联、广东启创社会工作发展协会、信宜志愿者协会、东莞大众社会工作服务社、金创力电子有限公司、培乐幼儿奶粉等单位及个人纷纷向灾区居民捐款捐物。这些物资均由社工根据对于受灾民众的需求评估，及时、准确、公平地发到了灾民手中[1]。

在灾后重建阶段，社工组织之间的财力资源也需要进行整合，以便发挥更好的助人效果。实际上，机构财力整合并不太容易，因为每个机构都有项目预算，而且经费都是有限的，但也并非是完全不能合作。比较可行的方法是共同活动，对一些人力并非很充足的机构而言，办理大型活动是相当吃力的，因此如果能够找到其他机构共同合办，在人力和财力上不仅可以减少负担以缓解本身压力，而且也可以将活动办得更盛大，更重要的是对机构本

---

[1]　刘萍、史绵绵：《灾害社会工作的功能与反思》，《湘潮》2011年第2期。

身也不会增加太大的经济负担。

3. 服务方案整合策略

在财力资源整合中，已经涉及许多有关方案，有些活动是可以加以合作的，例如通过对服务方案进行整合，可避免服务重叠的情形。目前虽然有些机构已经进行服务方案整合的尝试，但是数量不多且质量不高，这方面仍然需要继续协调和进一步完善。服务方案不仅是对责任的划分，而且是对服务的一种协调。针对没有提供服务的范围，可以提出不同服务整合方案，并且尽量不要对同一服务对象提供太多类似的服务，以避免服务重复与浪费的情形。就社工组织而言，虽然具备较强的资源整合能力以及能有效帮助受助对象解决问题、化解危机，但在灾害服务过程中，组织之间缺乏联系与沟通，造成大量服务方案重叠现象的出现，因此，组织之间的服务方案整合是不容忽视的重要问题。

4. 信息资源整合策略

首先，社工所了解的相关资源大都是以地域性范围作为整合目标，而相关资源如社区福利机构、医疗机构、学校组织、企业组织、慈善组织、各种公共设施和设备等则不大受关注，如果缺乏这些资源网络，社工就很难掌控相关资源体系。因此，资源整合者必须先了解社区中有哪些相关资源网络，既可以采取各种各样的数据收集方式，也可以通过电话访问相关部门的服务机构，获取该社区政府部门体系资源，从而建立政府部门在社区中的基本网络。

其次，各种宗教组织对社区也有一定的影响，也是资源网络的一部分。社工还需要对宗教慈善团体和公益组织进行信息资源的整合，通过社区信息的搜集、拜访机构或团体的资源人物（resource person）及建构社区领袖和社会精英（elite）数据库，加强对宗教领袖和宗教社区的深入了解。

再次，在信息整合方面还需要对具有公信力的机构进行引导，通过固定负责的机构来收集汇总各个机构信息资源，在此基础上，对重复提供服务的区域、活动和方案等进行沟通和协调，避免在举办活动时间与地点方面出现冲突。

最后，不同机构之间的信息交流有助于加强彼此了解，专业之间的交流也能够使社工获得不同的信息，如此才能提供更为优质的服务。而且通过资源文件的建立及资源手册信息的提供，社工便可对服务区内的资源有大致的了解。除了对新资源及时进行掌握之外，对于已经建立档案使用或者没有使用的资源，社工需要及时进行信息确认及更新，以确保资源在将来使用时能够保持最真实和最全面的状态，从而使得灾害服务工作能够顺利进行。

我们在灾害发生后就赶到了现场提供服务，在我们服务的灾区发现大量物资包括水、食品等都在源源不断地运上去，一些基本生活资料即使有缺，也不再紧急，而紧急需要的物品基本为消炎药、感冒药、维生素片（因为当地无水果和蔬菜，而且物资中也几乎没有这些东西，灾民都在吃方便面、饼干、火腿肠、干肉，因此无法补充维生素），需要的物品为大件。此外，震后活动板房和太阳能照明设备也是较急需的，社工及时将这些信息透露给政府和社会各界，以便他们能够将灾民急需的物资送过来，避免出现有些东西没人送，而有些东西太多的局面（个案109，YWM，女，24岁，本科，一线社工，XCQ社工机构）。

社工通过在资源信息与灾区居民服务需求之间建构网络，可促使信息流通更为顺畅，不仅能够迅速知道案主需求、服务资源现状及服务变化等，而且在服务使用和资料联结上更为便利。社工信息资源整合策略主要有：一是建设与社区管委会联合主办并鼓励居民参与的社区小报；二是建立即时更新的"信息之窗"；三是印制"社区资源图"并免费发放，对于案主可以利用的资源，社工需要通过利用传媒、开展社区教育和社区宣传等形式，建立相应的资源链接机制；四是社工利用信息系统建立资源信息与相关档案的联结，并及时予以更新以符合信息变化的要求。

5. 外部资源整合策略

由于灾害的巨大破坏性，许多受灾民众几乎失去了所有财产，因此需要社工通过对相关救助政策的了解，协助民政部门做好救灾物资的发放①，并对发放过程中民众可能对政府产生的误解与不良情绪及时进行疏导，这是社会工作在灾后援建过程中的基本任务②。外部资源链接也是社工初级干预工作的重要内容，由于灾难引发的巨大损失，政府和灾民很难独自承担，民间外部资源补充性供给就变得非常重要。这些资源形式多样，可能是资金或物资，也可能是工作和就业培训机会等，需要社工进行有效的筛选和整合。

当外部资源提供者和潜在接受者由于种种原因而不能互通信息的时候，社工需要充当联结者和经纪人角色，积极引导外部资源流向最有需要的群体。上海社工服务团在都江堰开展的服务项目就属于这种情形，在复旦大学服务队的协调下，上海嘉定区马陆镇政府在冬天来临的时候向都江堰城北馨居祥园的居民捐赠了数百条冬被和相关过冬物资。在这个过程中，社工既不是资源的提供者，也不是资源的直接分配者，而是扮演了中介者角色。当社工的中介者角色完成后，实际的操作过程交由受赠方自行处理，这样能够避免出现社会工作专业服务界限模糊的现象，也能够强化社区自治组织功能的发挥。每个社区/安置点都设有官方的管理委员会及居民自治组织即居民委员会，这些都是由于新安置点的出现而成立的，因此在人员组织和工作体系建构过程中需要一段时间的过渡期，如果社工在项目操作中越过"中介者"的角色，过多参与甚至干预居委会或管委会的事务，很容易造成社区自治组织功能退化，而且这也偏离了社会工作"助人自助"的基本理念。因此，社工应坚守"中介者"角色，明确自己的服务边界，并能够有效地

---

① 徐文艳、沙卫、高建秀:《"社区为本"的综合社会服务：灾后重建中的社会工作实务》,《西北师大学报》(社会科学版) 2009 年第 3 期。

② 徐文艳、沙卫、高建秀:《"社区为本"的综合社会服务：灾后重建中的社会工作实务》,《西北师大学报》(社会科学版) 2009 年第 3 期。

将专业社会工作与传统的社会救助和社会慈善区分开来①。

　6. 个案资源整合策略

　　灾害社会工作服务始终是以社会弱势群体为中心和工作重点，因为他们无论在制度性资源还是非制度性资源、外部资源还是内部资源获取上都处于非常不利的境地，而且灾害发生使得这种劣势进一步被放大。因此，社工需要协同案主本身、相关重要他人和专家学者，共同分析案主面临的关键问题，以确保能够清楚掌握案主需求，并了解未来所能提供协助的资源与优势。在个案整合方面，最有效的方式是个案管理制度的实行，即与信息汇集整合中心合并，统一由某个机构进行统筹办理。这不仅可以将各机构对于个案的处理情况进行整理，也可以给相关机构提供更多有关个案的信息，从而为连续性服务提供方便，以发挥对案主服务的更大效能②。此外，通过设置灾害社会工作者服务窗口，社工可以在接到灾害通报的第一时间主动与遭遇灾害的居民或家属联系并整合相关个案，进而提供最贴切的服务与支持，或者进行个案转介，避免居民及家庭陷入灾害危机困境。

　7. 资源建构策略

　　此策略强调社会工作对社会关系、社会服务制度及受助对象能力的建构目标和建构功能，它赋予了灾后社会重建制度与机制创新的意义。灾后恢复与重建在本质上是建构性的，它是一种继承与发展，而不是简单地恢复灾前制度和机制。因此，社会工作介入灾后社会重建在本质上是要帮助灾区建构一种既旧又新的社会关系，以及在这些基础上建构社会支持体系、社会服务体系和社会管理体系，这是灾后社会工作的制度性目标③。

①　徐文艳、沙卫、高建秀：《"社区为本"的综合社会服务：灾后重建中的社会工作实务》，《西北师大学报》（社会科学版）2009 年第 3 期。
②　张莉姗：《灾后重建工作社会资源整合之研究——以南投县中寮乡为例》，暨南国际大学社会政策与社会工作学系硕士论文，2001，第 99～100 页。
③　徐永祥：《建构式社会工作与灾后社会重建：核心理念与服务模式——基于上海社工服务团赴川援助的实践经验分析》，《华东理工大学学报》（社会科学版）2009 年第 1 期。

因此，社会工作者应首先推动灾害社会工作形成一种固定的机制和完整的组织体系，在这一体系下可成立一个工作小组即"资源整合小组"，它的主要工作在于结合相关资源和建立资源文件，分析社会资源并且整合各种资源。工作小组除了固定工作人员或固定社区志愿者之外，还应包括社区中主要资源组织代表，他们的任务在于制定工作方针并核定工作汇报，办理各项活动。这一工作小组为整合更多的社会资源不仅需要拟定工作要点、规则、工作流程和运作体系，更需要拟订方案，以此作为整合人力、物力和财力资源的一种说服性工具。

在台湾"9·21"地震中，中部及北部学校的社工教授和资深社工相继组织了"中部社福机构专业社工人员资源整合促进会"和"社工震灾行动联盟"等团体，联系现有的社会福利组织和社会工作人员进入受灾地区协助救灾。在具体的运作上，中部社会福利机构专业社工资源整合促进会以设置社工咨询专线、发放快报、资源单及筹组社工服务团为主要服务方式，以此协助受灾地区社会政府与民间社会福利组织人力上的更替。社工震灾行动联盟主要通过汇集北部社会福利机构社会工作人员的方式，组队分梯（四天一轮，共六梯队）到达中部灾区进行灾民需求评估与救援工作。除此之外，也有其他相关的志愿者组织，如人本基金会以招募志愿者等方式在一段时间之后进入灾区协助救援工作①。

四　社会资源的局限

社会资源网络的建构主要是为了解决灾害社会工作服务所面临的问题，但它本身也存在着一些局限，主要表现在如下方面。第一，片断零碎（fragmentation）。由于服务地点、专业不同、服务的重叠及缺乏合作而造成的服务机构分散。第二，不连续（discontinuity）。因为沟通及转介渠道的缺乏而造成服务提供者之间移

---

① 陈秀静：《九二一震灾后生活重建工作之研究》，东海大学社会工作系硕士学位论文，2001，第35页。

动障碍。第三，不可及性（inaccessibility）。由于社会资源分布较为松散，同时距离有迫切需求的案主较远，案主为获得这些资源需要克服时间和空间的局限，使用起来往往不方便。第四，无责信（unaccountability）。接受服务的案主与提供服务机构的决策者之间缺乏互动，案主没有影响服务决策的能力，自身需求与利益无法得到保障。第五，不公平性（inequity）。社会工作专业服务对象虽然以社会中的弱势群体为主，但社会工作服务可能往往只照顾到少数人，教育程度低或者没有能力为自己争取权益的人，常常无法获得生活所需的资源。资源整合的目的是使资源能更加有效和公平、公开与公正地运用，并避免重复、浪费及分配不均现象的发生①，但实际情况往往并非如此。

第三节 合法性：灾害社会服务的组织生存策略

一 合法性意义

组织变迁理论大致有三种，分别是组织内部状况改变论、资源依附理论和制度学派。在灾害社会工作中政府权力的影响不可忽视，合法性策略是组织生存的重要法则，制度学派认为，当一个组织取得"合法性"之后，资源也就随之而来。而社工组织的最大弱点就是由于"合法性"不足的问题而导致其掌握资源的能力有限。社工组织资源主要来源于政府购买其服务及私人捐款，"合法性"问题显得尤为重要。社工组织如果能够展现"外部合法性"（external legitimacy），其组织死亡率要比那些外部合法性不充分的机构低很多②。只有具备合法、正当与道德上的意义，社工组织才能吸引政府和民间资源。灾害发生后，社会对救

---

① 施睿谊：《南投县生活重建服务中心个案管理服务之研究》，暨南国际大学社工政策所硕士论文，2001，第24～25页。

② Singh, J. V. et al.（eds.），"Organizational Legitimacy and the Liability of Newness," *Administrative Science Quarterly*, 1986（31）：93－171.

灾工作高度认同，组织只要声称在为灾区提供服务，就可以取得"合法性"认同，这对组织声誉具有正向效应，而组织也要好好加以利用。

虽然社工组织并不希望太多的政府权力介入到组织运作中，强调自身是独立于政府与市场之外的"第三部门"力量，持有"救灾归救灾，政治归政治"或"以案主服务优先，政治中立"的观点，但这并不意味着可以回避政府权力问题。事实上，地方权力实际掌握了各种资源，他们之间关系复杂而且纠缠不清，"非在地组织"（外来组织）很难介入，甚至一些"非在地"的社工组织由于消极应对政府权力，导致救援过程中救灾行为失效。因此，相应的政策环境和配套的社工救灾制度就成为社会工作能否真正介入灾后恢复重建工作的法律保障，成为影响其发挥应有功能与作用与否的关键①。由此，社工组织需要积极与地方权力机构保持互动，以获得其支持，正如下面的材料所述。

经研究，决定抽调绵阳市、德阳市、遂宁市、资阳市"社工人才百人计划"志愿者在绵阳地震灾区北川县、安县、平武县设立社会工作服务站，开展灾区社会工作。现将有关事项通知如下。

（1）高度重视地震灾区社会工作服务。开展地震灾区社会工作是一项事关灾后恢复重建有序推进和灾区和谐稳定的长期性工作。设站地各级民政部门务必要提高认识，要将开展地震灾区社会工作服务纳入灾后恢复重建中心工作，增强做好此项工作的责任心和紧迫感，切实落实省政府办公厅文件精神，不折不扣抓好灾区社会工作。

（2）因地制宜制定切实可行工作方案。根据省政府办公厅文件要求，设站地各级民政部门要尽快开展对重点人群、重点地区

---

① 谭祖雪、周炎炎、杨世箐：《灾后重建中的社会工作：角色状况及其影响因素——以都江堰等 5 个极重灾区的调查为例》，《华东理工大学学报》（社会科学版）2009 年第 3 期。

的排查和调研工作，及时制定切实可行的社会工作措施和方案，并指派专人负责地震灾区社会工作站工作。要以社会工作站专业人员为基础，调动民政系统相关人员组建专（兼）职工作服务队，深入灾民安置点和城乡社区开展社会工作巡回服务，为受助对象消除地震负面心理，帮助其树立健康乐观向上的生活信心，为灾后恢复重建中心工作和灾区和谐稳定做出应有贡献。

（3）明确责任工作措施落实到位。设站地民政部门要明确责任，合理配置社会工作资源，做到站点社会工作有专人负责。要以社会工作站专业人员为骨干，带动当地民政系统建立本土化社会工作长效机制。省厅和绵阳市民政局负责对设站地开展社会工作进行检查指导和协调工作。设站地民政局负责社会工作站日常管理和工作安排，提供必要的工作住宿生活设施。社会工作站要在当地党委政府和民政部门领导下，在灾民板房安置点和灾民聚居地、城乡社区开展专业社会工作服务。要积极协助当地民政部门培育培训社会工作人才，带动灾区建立本土化社会工作体系。我省首批赴绵阳地震灾区开展社会工作服务时间为期4个月。从2009年3月起至6月结束。"社工人才百人计划"志愿者在抽调绵阳灾区工作期间，有关规定仍按川组通〔2007〕37号文件执行①。

四川省为了加强灾区社会工作服务，及时为灾区干部群众、学校师生及"三孤"人员提供专业社会工作服务，充分发挥了民政系统社会工作专业优势。政府不仅需要大力支持体制内社会工作服务的发展，而且也需要通过政策、法规及宣传等途径对体制外的社会工作予以合法性鼓励。尤其鉴于我国的特殊国情和灾后客观现实，如第三部门处于不发达状态以及政府在救灾工作中始终处于主导地位等，能够赢得政府信任与支持是社会工作者融入灾后重建的

---

① 四川省民政厅办公室：《关于设立绵阳地震灾区社会工作服务站的通知》，厅办〔2008〕11号文件。

核心领域并深入开展工作的前提条件。政府在灾后重建中扮演着多重且关键的角色，它既是政策制定者、计划执行者、资源援助者和项目审查者，也是服务质量与效果的鉴定者，所以说，取得当地政府的首肯与支持是社会工作服务顺利开展的前提①。

二　合法性策略

我国是一个自然灾害频发的国家，水灾、旱灾、雪灾和地震等重大自然灾害频频发生。特别是地震灾害，对民众生命和财产构成了巨大威胁。在重大灾害面前，个人力量是微不足道的，政府也只是其中一股重要力量，故此也需要民间力量的参与，而合法性策略则成为社工非营利组织参与灾害服务的基本生存策略。可以说，"合法性"策略是社工组织目前的生存策略，即通过"自省"（self-reflection）和"自我观照"（inner-understanding）制定正确的行为策略。在灾害救助过程中，社工组织通过采取"合法性"策略，积极参与或接受政府委托的方案或计划，不仅可以获得政府资源支持，也会因为持有正式权力赋予的"合法性"而获得政府的服务委托，这就为组织的发展提供了良好契机。

第一，党政支持是前提。社会工作援助队伍作为一种外部力量，要想有效介入灾害救援与灾后恢复重建，必须得到党委政府支持。首先是援助队属地党委政府的支持。要实现这一点，一方面要求对口援建省市党委政府高度重视社会工作在灾害救援和灾后恢复重建中的重要作用，在重视物资帮助、设施重建的同时关注精神家园、家庭社区以及社会关系、社会功能等方面的恢复与重建，将社会工作介入纳入灾害救援和灾后恢复重建体系，纳入相应的制度框架，明确社会工作在援建过程中的职责、任务，使

---

① 朱晨海、曾群：《结果导向的社会工作评估指标体系建构研究——以都江堰市城北馨居灾后重建服务为例》，《西北师范大学报》（社会科学版）2009 年第 2 期。

其成为灾害救援与灾后恢复重建的有机组成部分；另一方面要求各社会工作组织不断强化自身能力建设，培育和储备高水平的社会工作队伍，充分发挥社会工作在社会管理和社会建设中的重要作用，以实际成效赢得属地群众和党委政府的认可。从实际经验看，得到属地党委政府支持的社会工作服务队往往来源于对社会工作重视程度高、社会工作事业发展较好、社会工作人才队伍建设推进较快的省份。如上海社工服务队正是得到了上海市市委、市政府的大力支持，才有效凝聚了大批专业社会工作者并获得了建站费、生活费、服务费等方面经费的稳定支持。湖南湘川情社工服务队、广东大同社会工作服务队正是得到湖南、广东省委省政府的支持，社会工作服务项目才被纳入政府购买服务范围。其次是灾区当地党委政府的支持。当地党委政府支持是社会工作服务队得以合法存在的重要保证。介入灾区的各社会工作服务队要想立稳足、服好务，必须与当地党委政府建立密切的合作伙伴关系。一方面各社会工作服务队要与灾区当地党委政府积极沟通协调，争取当地政府部门对社会工作价值理念、专业知识、专业方法以及介入灾害救援和灾后恢复重建必要性的认同与支持；另一方面要争取将自身专业服务嵌入灾区党委政府的社会服务体系中，主动帮助灾区党委政府有效回应灾区群众需求，缓解社会矛盾，促进社会和谐，争取灾区党委政府的认可和接纳，创建社会工作服务开展的外部环境。一年多的实践证明，无论是各对口援建省市派出的社工服务队，还是自行进入灾区的社会服务组织，多数是在得到灾区当地党委政府许可和支持的情况下进入灾区并开展社会工作服务的。没有党委政府支持，外部力量在灾区开展社会工作服务将举步维艰。

第二，政社合作是基础。汶川地震后，中央及时建立了由经济社会较为发达的省市对口援建遭受极重灾害县或县级市的救灾体系。要想充分发挥社会工作的专业作用，党委政府必须在这种救灾体系中为社会工作介入让度空间、创造条件。一要转变政府职能。无论是对口援建省市的政府，还是接受援建的灾区政府，要在履行宏观管理职责的同时，主动将政府管不了也管不好的灾区社会事务让度出来，交由社会组织和社区承担，充分发挥社会组织和社会工作者立足基层、服务大众的特点和优势。二要培育社会工作组织。充分发挥政府的孵化器功能，培育一定数量与规模的社会工作组织，是落实政府职能转变，推进灾区社会重建的关键措施。当务之急是在灾区培育两类组织。一是社会工作行业组织。要通过建立社会工作者协会，推动本地社会工作队伍建设，实施对本地社会工作人员有效管理和及时服务。如都江堰市就是通过建立社会工作者协会的方式加强了本土社会工作人员队伍建设。二是社会工作服务组织。目前，随着灾区社会工作服务的深入，许多社会工作服务站点和机构事实上已成为灾区社会管理和社会服务体系的重要组成部分。灾区当地政府要采取有效措施，在加快培育本地社工服务组织的同时，为具备相关资质的社会工作服务站和机构提供注册服务，使它们转换成为合法的民办非企业单位，以确保社会工作服务提供的持续发展。三要建立政府购买服务机制。政府购买服务就是对口援建省市和灾区政府部门通过公开招标、项目发包、项目申请、委托管理等方式向社会工作组织和社会工作队伍购买服务项目。政府购买服务是实现政社合作的有效途径，也是确保灾区社会工作服务获得长效资源支持的重要保证。湖南、广东等地的社会工作服务队正是获得了政府购买服务的资金才解除了后顾之忧，得以在灾区稳定发展……①。

据不完全统计，在四川灾害社会工作服务中，国内外共有一百多家社会工作服务机构、二十多家高校组织了一千多名社会工作专业人员投身灾区一线提供社会工作服务。为了更好地嵌入地方提供服务，社工组织需要主动与灾区行政体制结合，将其视为

---

① 柳拯：《社会工作介入抗震救灾和灾后恢复重建情况报告》，社会工作网，最后访问时间：2009年12月10日。

灾区政府工作的合作伙伴，努力赢得地方政府的理解、信任和支持。社会工作组织对自身所扮演"协助政府推动社会服务"的角色抱有期待，通过接受委托服务的机会，聘用专业人员，拓展服务范围，同时迈向组织发展专业化和制度化的新方向①。从实际情况来看，通过社会工作组织与地方民政部门和社区管理者的定期汇报、沟通与交流，政府对社工组织经历了从开始的陌生、不熟悉和不了解到最后通过充分肯定，并对社工工作给予积极配合和支持的转变过程②。

在取得"合法性"之后，不但社会各界会对社工组织提供支持，政府也可以购买其服务，委托其代理灾害服务，即所谓的"公设民营"的模式，这对社工组织的发展是一个良好的契机。因此，政府委托方案不但使社会工作组织取得了合法性，同时也使其获得了所需的资源。如果政府对社工组织进行表彰或奖励，或者通过媒体来宣传社工组织的救助行为，不仅可使其获得政府肯定，无形中也增加了组织的社会认同，使其获得更大的"合法性"。

对社工组织而言，当政府向灾区提供大量灾害补助时，就意味着灾民对政府信赖程度的增加，而对社工组织的需求就会相应地降低，从而产生组织排挤效应，这对社工组织尤其是"非在地组织"的生存形成了重大冲击。社工组织如何面对这一挑战？以灾区慈善组织为例，作为"在地"的草根组织，领导者对于政府权力多半采取"顺从"策略，极力建构或保持与政府良好的互动关系，尽量配合政府的救援行为，将组织定位为协助政府推动灾害救助工作的服务者角色。因此，组织通过采取"调适型"策略，即根据政府的救灾需要而调整自身的发展策略，从而获得了良好的发展契机。此外，民间团体在强调"专业社工"的背后，不是

①　陈玉泽：《化危机为转机：社会福利机构因应灾变的组织发展策略》，台湾大学社会工作学系硕士学位论文，2003，第169页。
②　吕雪峰：《灾后安置社区建设的路径探索与经验总结——以社工服务为视角》，《学习与实践》2009年第8期。

"没有（non-）政治"而是"去（de-）政治"，因此就"去政治"来看，"专业社工"其实就是一项高度政治化的活动。台湾学者王增勇教授提出的"让政治的归政治，福利的归福利"①，政界人士黄清涂所说的"政治虎牙下福利的悲歌"等，都指出了政治因素对生活重建工作的实际影响，同时也反映出政府与民间组织沟通、协调的机制仍需进一步的改善②。

因此，无论是遵从国际惯例，还是从我国实际情况出发，在制度安排上给予社会工作灾害服务合法性身份是非常重要的。从制度层面看，我国社会工作介入灾害服务合法性困境与现存的灾害救援体制密不可分，但是在实际操作层面，如何将社会工作纳入国家现有灾害救援体系还需要探讨，尤其是对于整个灾害服务体制的建立和健全以及社会工作在整个灾害服务体系中的角色和地位需要认真考量③。

第四节　在地化：灾害社会服务的组织发展策略

一　在地化意义

社会工作专业要实现社会服务、社会支持和助人自助的目标，在地化是必需的条件之一。在地化既包括社会工作的理论、实务模式要适应本土文化与社会环境，也包括开展社会工作所在地区的社会管理、社会服务体制的嵌入以及社会工作者主动与所在地政府的协调和沟通。当然，这种嵌入的最终目的在于具有本土特色的新社会服务、社会支持、社会管理体制和机制的建构，这既是在地化的

---

① 王增勇：《从社会工作的观点看南投县社区家庭支持中心经验》，载《灾后生活重建研讨会——南投县社区家庭支持中心经验的回顾与展望论文集》，2001。
② 陈秀静：《九二一震灾后生活重建工作之研究》，东海大学社会工作系硕士学位论文，2001，第69页。
③ 柴定、红周琴：《我国灾害救援社会工作研究的现状及反思》，《江西社会科学》2013年第3期。

基本含义，也是灾害社会工作实务经验的重要启示①。

作为外来的社会机构和民间团体，社工服务队在灾区首先要解决的就是"进场"问题，即服务者如何进入，并与服务对象之间建立普遍的信任关系。社会工作必须摆脱"省外做、国外做、外部做和自己做"的单一思路，从地利、人和的角度充分开发培育当地甚至是省内潜在的社工人才资源，从而为社会工作介入灾后恢复重建并持续发挥功能奠定充足的人力资源保障②。在汲取以往大灾害经验教训的基础上，社会工作者在灾害服务中及时介入并扎根于地方开展持续的服务工作，对恢复灾区群众正常行为、社区关系和社会功能具有重要意义③。

从大安溪部落的参访中就可以看出，工作站致力于在地人力的培养，也在渐渐走向社区自主及在地承担的方向，任用当地居民作为工作者，进一步促成在地组织的培育和发展，以当地人服务当地人、当地社会为社区发展的首要目标。同样给人深刻印象的是，在部落里没有阶级成分的差异，没有因贫富尊贵之别而引起的矛盾，大家都在做共同的事，都是为了社区更好地发展，为了社区人们的幸福生活。在社区如何发展这个问题上，也只有生于此地长于此地长期生活在这里的人们才知道，外来工作者首先应该注重的是对当地的了解和尊重，并不断地向社区人们学习，找当地年轻人一起组成工作团队，共同为社区发展筹划未来。社会工作在社区发展实践中只有根据当地的实际情况，以当地人的需求为首要目标，才能实现社区发展目标的可持续性。

---

① 徐永祥：《建构式社会工作与灾后社会重建：核心理念与服务模式——基于上海社工服务团赴川援助的实践经验分析》，《华东理工大学学报》（社会科学版）2009年第1期。
② 谭祖雪、周炎炎、杨世箐：《灾后重建中的社会工作：角色状况及其影响因素——以都江堰等5个极重灾区的调查为例》，《华东理工大学学报》（社会科学版）2009年第3期。
③ 廖鸿冰：《灾后重建的桥梁和纽带：社会工作本土化探索——基于四川理县社会重建的实践》，《社会工作》2009年第10期。

通过对台湾社区发展的参观、了解，使我认识到社区发展的一个重要原则，就是要培养当地人才，注重当地人民的能力建构。台湾各地的机构也确实是这么做的，成功陪伴了当地成立在地组织的过程直到最后基金会的完全撤出，这可以说是社区机构的最终目标，也是社区机构人员在工作的过程中一直追求和坚守的价值方向。这个过程的成功实现，既需要社区策划和工作人员的远见眼光和较高智慧，更需要的是其包容心态，这些也正是值得其他社区机构学习的地方。台湾以它的人文底蕴、传统文化与修养，社会工作的专业、规范和成效，以及公民社会的培养发育和不断成长为基础，使得台湾的社会工作随着经济社会的繁盛而蓬勃发展①。

在灾后重建规划方面，社会工作专业提供的服务往往根据主流社会长期对原住民所建构的价值观与态度来规划设计原住民重建的蓝图。但是由于没有深入了解原住民既有的社会文化脉络和长期处于社会弱势地位的现实，重建规划往往无法与灾区原住民的生活需求及部落文化契合②。在机构安置方面，也会因为受灾地区多属于偏远山区或乡村聚落，以及村民具有根深蒂固土地认同的原因，而在实践中存在许多困难。

二　在地化策略

（一）嵌入地方制度和文化

在社工介入灾害服务的过程中，始终不容回避的问题就是如何处理外地人和本地人的关系。服务队成员大都来自对口支持城市，与地方民众存在着外地人与本地人的差别，如在饮食、风俗、

---

① 娄碧伟：《台湾参学团归来话台湾社区发展与社会工作》，中山大学—香港理工大学云南社工站，http：//www. lvgeng. org/index. php/article/115/720，最后访问时间：2011 年 10 月 2 日。
② 陈淑妃：《灾变社会工作重建模式之研究——大安溪部落工作站的案例分析》，东吴大学社会工作学系硕士论文，2006，第 9 页。

文化背景和语言上都有较大差异。因此，努力接受与适应地方文化、风俗、生活方式和生活习惯，也是灾害服务工作的重要组成部分①。在四川地震灾害服务中，社会工作者大部分来自外省市，受助者则主要是四川本地人。最初阶段的外来者效应和援助者角色可能有助于社工建立关系，但随着服务工作的不断推进，除非助人工作者嵌入地方制度和文化脉络，否则很难继续深入开展专业服务工作。

因此，社会工作有必要将被帮助对象放在多元社会背景下去理解、接触和援助，在服务过程中应注重地区文化特点及灾后困扰等因素。在四川大地震中，羌族受灾严重，但羌族有着本民族的悠久文化传统，有着抗击灾害的顽强精神，虽然面对亲人丧失和家园毁坏时有着巨大痛苦，但是他们认为在外人面前流泪是一件很羞耻的事情，在情绪表达和问题解决方式上与其他民族有很大的不同。此外，在灾后重建过程中，少数民族古建筑群的恢复重建应根据"修旧如旧"的在地化策略，在恢复基础上完善原有功能。这一理念在薛城和米亚罗等少数民族中心城镇的恢复重建和风貌改造中，同样得以体现②。总而言之，社工只有在尊重灾区历史及创造历史的原则下，以在地化的策略为灾民提供服务，才能真正获得灾民认同。

（二）培养在地骨干

社会工作的基本理念是"助人自助"，具体到灾害社会工作中，简单地说就是社会工作者依托专业技术协助服务对象进行自我帮助。但是外地社工终究是要撤离的，不能因此出现社工一撤离，各项工作就停顿的局面。社工介入的成功标志恰恰是外地社工撤离后介入效果仍然能够长期持续，当地居民可以自主地推进

---

① 吕雪峰：《灾后安置社区建设的路径探索与经验总结——以社工服务为视角》，《学习与实践》2009 年第 8 期。

② 贾晓明：《地震灾后心理援助的新视角》，《中国健康心理学杂志》2009 年第 7 期。

社区发展①。

政府购买社工服务是有期限的，明天会有一批社工回去，他们已经坚持了很多天，非常辛苦，需要回去休息。但是，现在的人手，带500个孩子，很勉强了！而且现在CJB乡有18个村，3个安置点，我们现在只能解决一个安置点中的孩子，乡里面还有家长，都非常希望我们能够过去多开两个点，但是人手不够。虽然我们已经发布了招人信息，希望能尽快补上来，但最重要的还是本地社工的培养，如果有了本地社工，即便外地社工服务到期了，相应的服务还是能持续下去（YWM，女，24岁，本科，一线社工，XCQ社工机构）。

从灾后紧急救援到灾后重建，本地社工的加入都起到了某种难以取代的作用，尤其是考虑到本地社工更为熟悉社区需求与环境，因此应该重视本地志愿者的招募与培训，并且让其有机会融入各个服务项目中，以促进项目的有效推进。就服务对象来说，在地社工比较了解个人、家庭及整体情况。就服务地域来说，在地社工熟悉当地路况，可以大大减少因寻找服务地点所花费的时间与精力，间接增加服务时间与提高服务品质。就当地资源来说，在地社工熟悉地方资源分布情况，并且可以及时加以联结。某些社工由于不熟悉当地状况，一个早上才访问一个案主，工作效率较低。可以说，非在地机构社工进入陌生服务场域时，往往由于距离因素与熟悉程度而无法发挥与在地社工相同的力量②。因此，要通过选拔培训在当地培养一批有服务意识、协调能力强以及有一技之长的在地志愿者和社工。在四川地震灾害中，社工在开展青少年服务活动时，如果当地青少年志愿者队伍是主力军，那么，

① 曾群：《灾后社区重建中社会工作介入的原则》，《社会观察》2009年第5期。
② 陈介中：《期待一场没有NG的社会福利演出——南投县生活重建服务中心终止问题及因应对策之探讨》，暨南国际大学人文学院社会政策与社会工作学系硕士学位论文，2004，第71页。

青少年活动中心、图书室、小组活动和藏羌文化活动等都能很好地完成。

在 200 多天的职业介绍服务时间里就有 30 批 250 余人次先后进入 4 个社会工作服务点，为灾区居民提供社会工作专业服务，创立了"和谐巷""火凤凰计划""飞翔的翅膀"和"爱心加油站"等品牌项目。更值得一提的是通过上海社工的"传、帮、带"，都江堰市本地社工迅速成长。2009 年初，都江堰市社会工作协会成立，正式接过"上海社工灾后重建服务团"的大旗，在上海社工的指导和督导下，继续致力于帮助灾区群众健康地适应震后生活①。

作为外来的社会机构和民间团体，社工组织在灾区首先要解决的是"进场"问题，即服务者如何进入，并与服务对象之间建立普遍的信任关系的问题。在此基础上，需要发现和培育在地社工队伍，从"进场"到"离场"，从"外在信任"到"内在信任"，外地社工都需要做好在地社工的培养和扶持工作。此外，在灾害期间，民间社会初步展现了强大的行动力，更启发了社工扩大民间组织参与、推动"防灾社区"的构想，社工需要结合政府和民间资源通过民众参与方式进行在地化灾后社区重建的示范工作。在推动灾害服务过程中，社工应以其行动力带动在地民众落实防灾、减灾与救灾工作，让社区防灾行动真正在地方上行动起来并取得服务成效。

（三）落实在地化

社工由于训练背景和没有及时对灾后重建服务区进行了解等因素，对案主需求的评估可能会明显高于民众实际的意愿②。社工

① 马晓晗：《社工：灾区社会系统重建的专业力量》，《中国社会报》2009 年 5 月 26 日。

② 陈秀静：《九二一震灾后生活重建工作之研究》，东海大学社会工作系硕士学位论文，2001，第 55 页。

服务项目需要与在地文化习俗和社会规范相适应，并且尊重社区特性和地方文化，对于不符合特殊需求的服务则及时进行调整。而且社会工作核心理念是"助人自助"，灾后重建作为一个漫长过程，仅仅依靠外来"输血"型的服务模式很难达到目标①。

2007 年，四川省民政厅与四川省委组织部、省人事厅、省教育厅、省财政厅联合实施了"社工人才百人计划"。两年来，"百人计划"志愿者深入社区和基层民政服务机构从事社会工作志愿服务，迈出了社会工作专业化、职业化试点探索的第一步。2009 年 2 月，四川依托"百人计划"志愿者，在绵阳地震灾区北川县擂鼓镇、安县桑枣镇、平武县南坝镇设立社会工作站，及时为灾区干部群众、学校师生以及"三孤"人员提供专业社会工作服务。目前，灾区社会工作站有序运行，社会工作影响不断扩大。走本土化、专业化崛起之路，这是四川民政人对社工成长普遍的期待。"上海社工还在的时候，我们就策划要出两本书，一本是《上海社工走了》，一本是《都江堰社工成长起来了》，现在前一本已经完成，而后一本，不好写啊。"兰天雪感慨道。在她看来，最难的就是让社会工作更专业更见实效。

都江堰市的社工建设已经启动，如今，都江堰市民政局专门设立了社会工作科，作为政府管理社会工作的职能机构。都江堰市社工协会还编纂了内部刊物《都江堰社工》，会长杨忠明几次向记者强调了创刊号封面图片的意义——图片上，一个人双手捧着刚破土而出的幼苗，虽不见他的表情，但其呵护之情、小心翼翼的态度已经跃然纸上。促进社工的本土化、专业化成长，这是四川民政人正在做的事。为加强全省社工人才的储备和培养，四川省民政厅联合相关部门，依托西南财经大学、四川农业大学、西

---

① 朱晨海、曾群：《结果导向的社会工作评估指标体系建构研究——以都江堰市城北馨居灾后重建服务为例》，《西北师大学报》（社会科学版）2009 年第 2 期。

南石油大学、四川省民政干部学校，建立了社工人才培训基地①。

社工参与抗震救灾和恢复重建工作，积极进行专业和实践探索，"百人计划"在其中发挥了社工专业优势，也是实行在地化的重要策略，通过积极参与灾害服务工作，"百人计划"为探索建立培养在地社工及在地化社会工作机制进行了有益尝试。一方面，外来社工组织应加强与地方相关部门的协调，着手培养在地社工；另一方面，地方政府也应加强在地社工人才的培养，建立健全灾区社工机构，构建在地化社会工作服务体系。同时，通过培养在地社工，在整合政府资源与民间团体力量的基础上，形成形式多样、模式多元的长期合作服务项目。

（四）"嵌入"策略

它既是指社工与受助对象的关系，也是指社工在主观意识和实际行动中都要自觉嵌入到受助对象关系网络中，从而争取对受助对象最大程度的理解和支持。在灾害社会工作服务中，"进场"和"入场"问题是开展社会工作的重要前提。社工通过积极行动，将自己纳入灾区行政体制和灾民关系网络，尤其需要将自己视为灾区地方政府工作的组成部分，争取地方政府的信任、支持和配合。只有这样，社工才有可能进入灾后重建的核心，成为一股重要的重建力量，否则，只会在重建工作中逐渐被边缘化。灾害社会工作服务社区网络是以专业性社区工作为基础，通过加强不同群体的凝聚力，提升共同抵抗灾害和重建家园的勇气。

灾害社会工作服务具有很强的实效性，受灾地区在不同时期、不同阶段有不同的需要，甚至每周或每天都存在差异。而且社会工作实务本身也没有现成的模式，所以更需要社会工作者嵌入社区网络，由此才能被灾民接受和认同。社区网络是一种较为宏观的网络结构，它是在个人救助网络与互助网络结合的基础上形成

---

① 《来自四川地震灾区恢复重建的系列报道（三）在重建中找到自己的坐标——四川社工灾后成长之路》，《中国社会报》2009 年 5 月 12 日。

的，其形成和构建都是一个逐步完善的过程，社区网络以整个社区为目标，强调社区资源的调动、运用以及共同价值观的培养，社区工作者在其中发挥着重要作用。灾害社会救助网络的建构是一个渐进的过程，其中个人救助网络是基础，互助网络是过渡形式，社区网络的形成则是最终目的。通过三方面的合力，促进并完善灾害社会救助网络的构建，很大程度上提升了灾害救助的效果和能力①。同时，为了适应灾后重建的需要，政府也应帮助社工及组织尽快嵌入本地的社会服务体系，早日实现社工人才与服务的本土化和在地化目标。基于此，政府需要大力培育和发展本土社工及社工服务机构，尽快将其纳入政府体制内或给予其合法性认同、资金支持和便利的工作条件。同时，通过组织培训、开展交流和建立督导体系等，帮助灾区培养社会工作专业人才队伍，从而真正实现社会工作服务在地化目标。

---

① 曲绍旭、周沛：《论灾害救助中的社会救助网络构建与社会工作介入》，《社会工作》2010 年第 3 期。

第六章
灾害服务中社会工作组织的
危机管理策略

　　灾害是一种危及人类生存与发展的突发性事件，灾害与危机存在着密切关系，如果从危机的角度来理解，灾害是一种自然、经济、政治和社会危机，因此，可以通过危机管理来减少其带来的冲击。危机管理包括危机预防、危机紧急处理和危机恢复等过程。有效的危机管理能够降低和减少危机给人类及环境带来的威胁、破坏和冲击。社会工作基于相关社会科学形成了尊重生命、尊重价值和尊重个人等伦理与价值理念，同时形成力图最大程度挖掘人类自身潜力以促进其全面发展的理论体系，这些理念及理论本身就体现了社会工作服务预防、治疗和发展的功能，这与危机管理的基本精神有高度契合之处，也为二者的结合提供了坚实的理论基础和实践价值。基于此，本书将灾害危机管理定义为：运用社会工作学科理论和方法探讨灾害危机管理问题，主要包括社会工作有效介入危机管理途径，社会工作如何实现有效的灾害预防、治疗与发展的服务目标，同时试图发现灾害危机管理的独特路径与规律。

　　在国内研究中，危机管理在管理学、政治学和社会学等领域得到较为广泛的研究与应用，成果相当丰富，而在灾害社会学和社会工作领域相关研究非常薄弱。在已有的灾害社会工作研究领域中，学者们主要从危机管理和社会风险角度探讨危机管理的内容，研究灾害危机管理要领、人力资源能力提升、灾害危机管理模式、危机管理与灾区发展及社会工作服务的稳定发展等问题，[①]但从社会工作理论与实务角度探讨社会工作与灾害危机管理关系的论述还非常少见。通过中国期刊网，输入"社会工作"和"危机管理"作为关键词进行检索还未发现相关论文。因此，探讨灾害危机监测、灾害危机预警、灾害危机决策和灾害危机处理的灾害危机管理体系就成为灾害社会学和灾害社会工作新的学术增长点。

第一节　灾害危机管理介入阶段及介入途径

灾害危机管理主要通过运用管理学与社会工作等学科的理论和方法，从灾害危机发生机制与人类社会应对策略入手，探讨灾害危机的预防、预警、监测和应对规律及策略。这不仅对于提高灾害社会工作服务具有非常重要的意义，而且有利于最大限度地减少灾害所带来的巨大冲击。

一　灾害服务中危机管理介入的重要性

灾害的巨大破坏性已经成为人类社会发展面临的最大挑战，也使得人们越来越认识到灾害危机管理的重要性和必要性，主要体现为如下八点。

第一，社会工作学科特征决定了它能够有效介入灾害危机管理体系，而且能提高灾害危机管理效能。首先，灾害危机管理的首要目的是保障受灾民众生命和财产安全，灾害社会工作伦理的最高原则是生命原则，这与灾害危机管理本质具有一致性。其次，灾害社会工作主要从系统角度思考助人系统的完整性及资源利用性等问题，并从系统角度考察预防、治疗和发展服务方法及策略。灾害危机管

---

① 李宝元、王泽强：《灾害危机管理与长期稳定发展——基于近年来中国抗击灾害实践的理论探索及宏观分析》，《财经问题研究》2008 年第 11 期。

理是一个系统过程，它在预防、处置和重建等每一阶段都有一个系统的服务过程，而且具有相应的理论支撑。最后，社会工作以促进人类生存与发展为目标，是一门关于人的服务的科学，强调从生态学角度研究人类生存与发展空间。灾害危机管理强调在面临灾害对人类生存与发展带来的巨大冲击时，通过危机管理来适应和建构适宜人类生存的社会环境，这与灾害社会工作精神非常吻合。

第二，社会工作介入灾害危机管理过程，可以有效提升灾害危机管理质量。就我国现状来看，社会工作应对自然灾害冲击时需要依托政府危机管理体系，这样才能有效发挥社会工作服务功能。尽管社会工作可以借助其他资源介入危机管理过程，但难以大规模地复制到其他地方并充分展现社会工作对促进灾后重建的积极作用。因此，社会工作需要积极纳入政府灾害危机管理体系，协助受灾群众化解灾害危机、改善灾后民生及维护社会稳定，通过嵌入政府灾害危机管理体系中，突显自身服务的专业优势，努力成为灾害危机管理体系中不可或缺的重要力量①。

第三，社区为本的灾害管理（community-based disaster management，CBDC）是灾害管理的重要手段和有效路径，社区减灾已经成为非结构式减灾的重要手段而被广泛尝试。通过建构以社区为本的灾害管理模式以及改善灾害危机预防和减灾能力，通过危机预防、危机评估、危机紧急处理及危机复原等服务过程，不仅能将危机爆发后的社区恢复重建作为新的发展机遇，有利于将灾害损失降到最低，同时也有助于"永续社区"的重建目标的达成。灾害危机管理目的是将危机产生的可能性及潜在损失降到最低，它不仅能帮助机构在灾变情境中有效开展服务，而且也能帮助社工机构将组织发展困境化为进一步发展的转机。

第四，社会工作者在灾害应对（disaster response）和灾害管理

---

① 周昌祥：《灾害危机管理中的社会工作研究——以中国自然灾害危机管理为例》，《社会工作》2011 年第 2 期。

（disaster management） 中能起到重要作用①。通过危机认识、危机发觉、危机预防、危机分析、危机干预、压力管理、悲伤疏导、丧亲辅导、小组工作、需求分析、个案管理、个案服务、政策倡导、社区领袖培养、社区组织培育和社区理念倡导等手段，能有效提高社工应对灾害能力，也能进一步提高灾害危机管理效果②。尤其在处理灾害后应激障碍、提供情绪支持和服务弱势群体领域，灾害社会工作效果最明显。同时在灾害服务计划、社区组织、社区动员、政策倡导、重建社会关系与重塑社会功能方面，社会工作者也发挥了重要影响，因此有必要将灾害管理课程纳入社会工作课程中。

第五，在专业服务实践中，社会工作在灾害紧急救助、灾害危机管理与灾后重建领域已发挥了相当重要的作用。在四川地震灾害社会服务过程中，社工深入学校和社区，为师生、居民、基层工作者和志愿者等提供专业服务，为居民走出地震阴影、树立生活信心、恢复正常生活、重新参与工作和积极投入学习提供了重要支持，灾害社会工作的危机管理和服务功能得以初步显现，社会工作的认知度迅速提高，服务理念已深入人心。同时，灾害社会工作服务对于体现生命尊严、提升民生质量及维护社会安定与发展具有重要意义。灾害危机管理虽然是针对灾害危机的控制与治理，但众所周知灾害已不可避免地对人类生存和社会结构产

---

① Letnie F. R. , Charles A. C. , "Social Work Students' and Practitioners' Views on the Need for Training Caribbean: Social workers in Disaster Management," *International Social Work*, 2009 (3): 383 - 394.

② Yueh-Ching C. , "Social Workers Involvement in Taiwan's 1999 Earthquake Disaster Aid: Implications for Social Work Education," *Social Work and Society*, 2003 (1): 14 - 36; Mathbor, G. M. , "Enhancement of Community Preparedness for Natural Disasters: The Role of Social Work in Building Social Capital for Sustainable Disaster Relief and Management," *International Social Work*, 2007 (3): 357 - 369; Michael S. C. , Diane M. R. , Dottie B. , "Support for Staff Working in Disaster Situations: A Social Work Perspective," *International Social Work*, 2007 (3): 370 - 382; Kwong-leung T. , Chau-kiu C. , "The Competence of Hong Kong Social Work Students in Working with Victims of the 2004 Tsunamidisaster," *International Social Work*, 2007 (3): 405 - 418.

生影响，从而衍生成为社会问题和危机，灾害危机管理因此具有了社会属性，灾害社会工作在日后的危机管理中也会大有用武之地。

第六，中国作为自然灾害频发的发展中国家，加强灾害危机管理理应成为政府工作的重要任务。社会工作以其专业特质有助于提高政府的风险管理能力，在灾害预防、危机处置及灾后重建中扮演了积极角色。灾害危机管理需要应对千变万化的复杂灾情，需要在评估灾区需求的基础上及时控制灾情蔓延。社会工作在助人过程中需要从灾民需求评估出发，在此基础上找到适合、有效且容易被接受的服务方法。灾害危机管理的效果是促进灾民自助与自救，这与灾害社会工作依靠案主自身力量降低灾害损失的目的一致。

第七，社会工作的实务性特点决定了其迅速融入灾害危机管理的可能性。社工不仅崇尚生命伦理价值观，而且接受过严格的助人技巧训练，因此具备较强的实务技巧和经验，尤其是在帮助社会弱势群体摆脱灾害困境方面更是具有得天独厚的专业优势，这些都决定了社会工作者能迅速融入灾害危机的管理过程，并对健全和完善灾害危机管理体系做出重要贡献。社会工作不仅对危机管理具有重要的理论意义，而且在防范危机中发挥着不可替代的现实作用，这在四川特大地震灾害服务实践中得到了体现。高校社会工作专业团队纷纷深入灾区开展灾害社会服务工作，尤其是中国社会工作教育协会组织大陆十余所高校社会工作专业师生介入四川德阳和广元等灾区希望学校开展为期三年的专业服务工作。通过帮助学生、家长、教师、学校管理者及社区居民恢复生活、学习与生产秩序，社工组织受到地方政府和社会各界人士一致好评，展现了专业社会工作在灾害社会服务过程中的优势和特点，社会工作者的专业魅力在地方获得了社会认同①。

---

① 周昌祥:《灾害危机管理中的社会工作研究——以中国自然灾害危机管理为例》,《社会工作》2011 年第 2 期。

第八，自然灾害是自然力危及人类和社会安全的突发事件，灾害危机管理秉承"以人为本"的管理理念，在此基础上建立了灾害危机预防、救援和重建等制度安排。社会工作服务过程则分为预防、治疗和发展三阶段，就这个层面而言，二者具有高度的相似性。此外，灾害危机管理目的是通过科学的管理方法帮助受灾群体，避免社会解体和因灾害而带来的社会问题。社会工作专注人的健康成长与社会公平、正义理念，通过运用有效方法协助有危难的人群挖掘自身潜力，依靠自己力量回归社会，重新树立生活信心，并化解灾害危机所带来的社会问题，这为社会工作介入灾害危机管理提供了现实可能性。

二　灾害危机管理的理论基础

研究社会工作介入灾害危机管理的原则、作用、路径和方法，不仅可以推进灾害社会工作研究，而且有助于提高灾害危机管理的质量。

（一）危机介入理论（Crisis Intervention Theory）

在灾害社会工作服务过程中，首先需要处理对"风险"的判定，以作为资源介入模式与介入速度的参考。社会科学所强调的风险研究致力于探讨个体或群体如何认定风险，如何对所面临的风险事件进行响应。社会工作中的风险概念可被视为客观现象（objective phenomenon），它是指社会工作者在"不确定性"的情况下进行灾害服务的过程。

在社会工作运用过程中由于社会结构、文化与组织的不同，风险存在着许多类型，与之相适应的灾害服务机制也会有很大差异，这影响了灾害资源的输入方式及服务输送策略的选择。人们在面对灾害风险时并不是完全被动的，而是可主动寻求减少灾害风险的机会，由此可以说，灾害风险管理中的风险是可以预防和积极应对的。目前很少有研究从理论与实务结合的角度对风险进行深入探讨，也很少有对灾区社会工作进行风险管理评估的研究。对社工而言，如果为灾民提供服务时对"风险"不了解，那么提供的服务便很难达到目的，也难以满足"避险"（avoiding risk）的期望。因此，在社会资源的介入与运用上，灾害社会工作者需要通过积极论述和评估服务降低了哪些风险，重建过程中社会团体所投入的资源、所提供的服务产生了哪些效益。[①] 这些都是需要认真考量的。

　　灾害发生后，社工秉持着危机介入理念，在紧急救援阶段便积极投入灾区进行工作。危机（crisis）通常是指一种常人难以承受的压力事件，从而导致个人崩解以致无法发挥正常功能，具体分为四类：发展性危机、情境性危机、存在性危机和环境性危机。社工在灾害现场，除了要掌握灾害信息，发挥人力、物力及资源整合的功能外，还要通过"情感急救"（emotional first aid）来减少危机所带来的冲击，协助个人认清所处情境，激发其内在潜能，将服务触角延伸到有需要的个人和家庭，力争将灾害损失降到最低（见图6-1）。

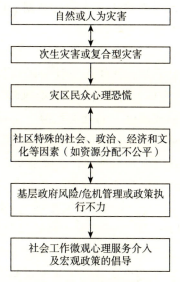

图6-1　危机产生的社会根源及社会工作的介入

① 张菁芬、伍志明：《风险变异与社会资源介入莫拉克风灾的分析：以信息平台为例》，《小区工作理论与实务》，2006，第2页。

（二）风险变异与灾变管理

德国社会学家贝克为了更好地分析当代社会和探讨灾难发生的逻辑，着重使用和讨论了"风险"一词，他认为风险具有"无法预见性""不确定性""未来性""组织性"与"制度性"等特征，同时还有明显的"社会建构性"。社会学家卢曼则认为风险具有未来性，是还没有发生且与目前所做"决策"有关的结果，而这一结果通常具有"伤害性"和"潜在性"。对于决策者而言，其所做出的决策也可以说是一种风险，参与决策的相关人员也同样具有风险，风险发展结果将归因于现在的决策。吉登斯则认为，如果单独就"风险"讨论而言，则应强调其所引发的负面效果，并且认为风险本质随着社会变迁而改变①。风险是危害发生的几率，也是危害发生后所产生负面影响的可能性。因此，风险具有不确定性，它有可能发生也有可能不发生，主要由"或然率"决定。总之，风险管理是对危机和灾害的预期、认知与评估，以此作为排除风险或降低损失的有效手段。

1990 年代后半期以来，社会政策学者开始基于风险社会脉络讨论公共政策与社会政策，并使用"社会风险"概念以取代"风险社会"。为了与福利国家时代的"旧社会风险"（old social risks）进一步区别，学者们开始以"新社会风险"（new social risks）或"新风险"（new risks）来表达风险社会政策所面对的风险环境，这些变化也受到了社会大众的重视，在政策制定上也成为新议题，被称为"新社会风险"②。之所以被称为"风险"而非"需求"，是因为这些问题对大多数人来说是有可能发生，但并不是必然发生的。

灾害风险管理是一项系统工程，包括风险预防、风险评估、紧急应对和灾后恢复等多个环节，在灾前、灾中和灾后等不同阶段都有相应的风险管理理论支持，从而使得整个管理过程科学化

---

① 张菁芬、伍志明:《风险变异与社会资源介入莫拉克风灾的分析：以信息平台为例》,《小区工作理论与实务》, 2006, 第 77 页。

② 张菁芬、伍志明:《风险变异与社会资源介入莫拉克风灾的分析：以信息平台为例》,《小区工作理论与实务》, 2006, 第 3 页。

及管理效益最大化。灾害风险管理强调社会因素对于人类脆弱性的重要影响，构建以社会脆弱性评估为基础的灾害风险管理模式则成为学界最近讨论的热门话题。在地震灾害中，目前常见的风险管理减灾与适应策略如表6－1所示。

表6－1　地震灾害风险管理减灾与适应策略

方法	说　　　明
风险去除（risk elimination）	土地使用管理（限建、迁移）
风险分担（risk sharing）	保险、社会救济金等
风险减轻（risk reduction）	建筑耐震设计、预警系统、避难系统、改变土地利用方式、火灾预防、稳定土坡与滑坡、海堤预防海啸等

资料来源：Mitchell, B., *Geography and Resource Analysis* (ed.), London: Longman, 1989.

无论风险还是风险社会，都会出现"社会"（social）再建构议题，如对于风险社会的共同响应，其中包括责任移转、风险管理及照顾议题。在对风险的回应中，包括了服务输送模式的转移、照顾责任的不确定性及照顾服务的多元化。风险管理并非只是简单地回应危机，而是需要有足够的方法减少和避免灾害的冲击，并且为无法避免发生的风险做准备。要避免危机伤害的"或然率"就必须加强风险管理，可以说风险管理已成为政府和社会组织所必须采取的措施，在进行风险分析辨认时需要考虑三个重要因素。第一是弱点（vulnerability），即确认威胁的来源、何种情境容易发生，如何发生和发生何种灾害等；第二是可能性（probability），即分析可能导致伤害的因素；第三是临界点（criticality），它是指当发生灾害时，决定结果的严重性程度。为了更好地掌握风险，可以通过两种途径来解决：第一是觉察问题的存在、确认可能造成风险的事件；第二是确认可能的损失和时间压力等。

风险管理主要包括这些步骤：风险辨认（identification）、风险评估（measurement）、风险工具选择（selection of tools）、风险执行（implementation）和风险检讨（review）（见图6－2）。对于风险所需要的灾难处理，也是针对风险变异的管理，对于社会工作服务来说可分为减灾、备灾、应变和重建四个阶段。

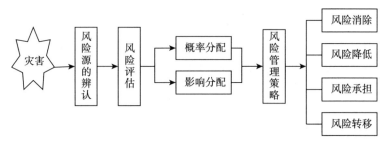

图 6-2　灾害风险管理程序

第一阶段是减灾（mitigation），是指平时致力于减少灾害的发生几率，这一阶段需要推进各项政策和方案，以避免灾害所带来的严重影响，如土地使用管理修法或立法等。这一阶段要评估社会健康、社会安全和社会福利会面临的风险及采取必需的步骤，并发展降低风险的方案，以此减少或消除灾害的可能性。第二阶段是整备（preparedness），当缓和期的工作并不能阻止或减少灾害发生和冲击时，准备期的重要性由此凸显，这一阶段包括发展响应能力和警讯系统、资源流通整合、搜救训练、演习、储存食物和医疗用品、教育倡导及各系统合作与协调，目的是保护人民的性命，并将灾害带来的伤害减到最少。第三阶段是应变（response），当灾害发生即进入应变期，这一阶段的任务为提供紧急协助，包括对危害立即做出反应、采取搜救行动、提供避难所和医疗照顾、降低二次灾害发生的可能性加速复原作业（如进行受灾评估）等。第四阶段是复原重建（recovery），包括短时期修护及长期生活重建工作，前者如清理和提供临时住宿等，后者如制定社区计划、法律扶助、申请重建贷款，复原方案要运作到所有系统改善或恢复正常为止①。

（三）家庭危机模式理论（ABCX Model）

家庭是最重要的基本组织，在灾害社会工作实务中，灾后家庭

---

① 张菁芬、伍志明：《风险变异与社会资源介入莫拉克风灾的分析：以信息平台为例》，《小区工作理论与实务》，2006，第5页。

成员的彼此支持对于危机的缓解尤为重要。对于暂时安置或日后重建，家庭系统多为社会工作者主要的服务单位，学者们提出"ABCX家庭危机模式"，后来又将这一模式扩展为"双层ABCX模式"。它说明了家庭在危机事件发生前后的调适，也说明家庭转变的潜力和能力以及家庭如何正向且有效地面对家庭压力与需要的适应历程。ABCX模式认为当面对压力来源或危机情境时（A因素），家庭用来适应危机的资源（B因素）及家庭对该危机情境所下的定义或认知（C因素），将会影响个人能否产生良好的适应（X因素）。

从事件发生到家庭压力形成的过程中，家庭成员为了维持原有模式和结构往往会致力于调适或抵抗家庭生活上的改变，并且使家庭原本的行为模式或结构做最小幅度的改变。如果家庭无法有效调适而产生家庭伤害时，进入危机伤害形成后的适应阶段会衍生出双层ABCX模式的概念，即当事件（a）产生后，个体及家庭会依据资源（b）及对事件之认知（c）而有所反应，如果资源（b）及认知（c）无法达成平衡或者事件无法解决，则会产生新危机（x）。这种危机产生的压力与原先事件累积之后，会产生更大的需求（aA），个人及家庭再重新评估可用的资源（bB）和对新需求的认知（cC）后重新调适（xX）[1]。

三 灾害社会工作危机介入阶段

灾害危机管理是一个预防、处置与善后的过程，社会工作的研究应当围绕管理过程的每一个时期或阶段进行。从灾害管理的各个阶段看，备灾、减灾和恢复重建的过程中社会工作者都发挥着重要的作用[2]。专业助人工作者进行危机介入时，需要遵循一些基本原则：（1）快速介入并即刻响应；（2）有时间限制，通常为六至八周；（3）聚焦于危机结构和问题解决；（4）强调协助案主自决并且

---

① 冯燕：《环境变迁中社会工作专业新发展——灾变管理社会工作》，灾害救助与社会工作研讨会，2009，第20页。

② Zakour, M. J., "Disaster Research in Social Work," *Journal of Social Service Research*, 1996, 22（1）: 7–25.

行动；（5）与案主的社会网络联结①。同时，成功灾害管理模式的
决定性因子主要有 10 项：有效的机构制度调整、机构之间协调与
合作、相关法令规章支持、有效信息管理系统、管理者与参与救
灾团队的能力、主要捐助者和受益者之间有效协商、有效沟通机
制、机构捐助者清楚目标和承诺、有效行政庶务管理能力及充分
的动员和资源的分配②。具体而言，灾害危机管理主要有以下四个阶
段（见图 6 - 3）。

图 6 - 3 灾害危机管理过程

（一）减灾期 （Mitigation）

在这一阶段，社工对未来可能发生的灾害进行预测并加以预
防，通过结构性政策 （ structural policy） 和非结构性政策 （ non-
structural policy） 来减少灾害的发生并降低灾害带来的冲击。首先，
在灾害社会工作中，灾害危机的预防是灾害危机管理的首要环节。
在灾害危机管理中需要形成这样的共识：预防胜于治疗，任何有
效救治都是对原生态环境的修复和重建，预防是危机管理的前提，
事先预防有利于避免或降低灾害破坏性，这比任何有效治疗都有
助于原生态的保护和发展，灾害危机的预防从而成为灾害危机管
理体系中最为重要的环节。如 2010 年发生在海地和智利的特大地
震，由于智利做好了事先预防的工作，而海地则忽视了灾害危机

---

① 冯燕：《环境变迁中社会工作专业新发展——灾变管理社会工作》，灾害救助与
　社会工作研讨会，2009，第 20 页。
② 陈毓文：《灾难救援社会服务模式的建立：以莫拉克风灾为例——非营利组织
　于灾难中之整合与合作机制探究：以国内基督教团体因应莫拉克风灾为例》，
　2011，第 10 页。

管理的重要性，导致人员伤亡数远远比智利要高。在灾害危机管理体系中，需要强化和充分发挥灾害危机预防功能，这急需成为各级政府和民众高度关注的重要问题。其次，社会工作强调系统预防功能，主张充分调动人们自主参与预防的积极性，这也适用于灾害危机管理的预防过程。由于灾害的发生具有突发性、偶然性、破坏性和难以预计等特征，灾害预防具有无限期的特点。在预防时期，需要努力提高灾害危机管理系统的预防能力，建立分工明确、责任落实、有序协调和集中统一的高效指挥系统。再次，要坚持灾害预防的常态性，坚持事先预防重于事后补救的理念，避免灾害偶然性、侥幸性和麻痹性的心理，从而提高应对灾害风险的能力。灾害危机管理系统需要高度重视灾害监测、研究和预报，与此同时做好灾害信息收集、处理和传递工作。

　　社工在减灾阶段需要推出各项政策和方案以避免灾害的发生及其带来的严重影响，例如提倡结构式减灾政策和推动非结构式减灾计划等，这一阶段需要评估社会健康、社会安全和社会福利等领域面临的风险，并提出降低灾害风险的方案①。社工应基于国际减灾理念从"结构式"向"非结构式"转向的事实，提倡自然脆弱性与社会脆弱性、集体风险与个人风险、"管灾"与"管人"、客观与主观、事后被动保护与事先主动预防等减灾观念的转变。土地使用管理、征收制度、风险管理、灾害保险、财政金融、灾害认知教育、社区减灾和数据库建设等被视为非结构式减灾一般性政策工具中的特殊工具，在减灾过程中具有特别重要的作用。

（二）整备期（Preparedness）

　　当减灾期的工作不能阻止或减少灾害时便进入整备期。首先，在这一时期需要发展出面对灾害的应变能力，以各种措施提高居民、社区、各级政府和专职人员的应变及复原能力，完成准

---

① 冯燕：《环境变迁中社会工作专业新发展—灾变管理社会工作》，灾害救助与社会工作研讨会论文，2009，第16~17页。

备工作，使整个社会可以随时适当应对灾害、危机或任何形态的紧急事件情境，将灾害带来的伤害降到最低[1]。其次，这一阶段主要检讨灾害危机管理工作执行缺失或需要改进的部分，同时制定灾区居民服务关怀方案，以生活复原和心灵重建为活动主轴，协助心灵受创民众迅速恢复正常生活和生产秩序，这就需要纾解压力的服务方法，社工需要通过运用危机管理方法将危机可能引发的潜在损害降到最低程度。最后，灾害危机管理部门需要科学收集与分析灾害信息，评估灾害发生的可能性及可能出现的各种次生灾害，相关技术部门要密切关注危机变化，评估危机严重程度，公开发布相关信息。同时，灾害危机管理最高决策机构要迅速且准确地评估灾害的破坏程度，预估灾害可能引发的各种次生灾害和社会危机，并迅速及时发布灾害预警信息，并组织协调相关部门筹措各类防灾抗灾资源，建立群策群力和群防群治的工作机制，设计各类应对灾情的预案，从而保证灾害发生时能够迅速响应[2]。此外，需要加强对灾害技术监测系统的建设，配备足够研究和监测灾害的设施设备，健全和完善灾害研究机构与监测系统；加强和提高对自然力运动技术研究与监测，准确评估和预计可能发生的灾害，从而为灾害危机管理决策提供可靠的信息数据[3]。

（三）应变期（Response）

这是灾害危机管理的关键环节，关乎居民生命与财产安全，"生命第一"的理念是这一紧急救援阶段的最高服务原则，社工在现场救援、医疗救治、临时安置和救灾物资供给等服务层面需要始终秉持"尊重生命"这一最高原则。因此，社工机构需要启动

---

① 冯燕：《环境变迁中社会工作专业新发展—灾变管理社会工作》，灾害救助与社会工作研讨会论文，2009，第17页。

② 周昌祥：《灾害危机管理中的社会工作研究——以中国自然灾害危机管理为例》，《社会工作》2011年第2期。

③ 周昌祥：《灾害危机管理中的社会工作研究——以中国自然灾害危机管理为例》，《社会工作》2011年第2期。

相关紧急救援方案，紧急调动救援物资和人力资源开展救援，同时督促启动或颁布紧急状态下的救灾法令以维护社会稳定。其次，灾害危机管理部门及社区组织机构要动员受灾民众开展自助与自救工作，最大限度地降低灾害给家庭财产和家庭成员带来的伤害。一方面可组织受灾民众转移到安全地带，对儿童、老人、妇女及受伤人员等进行照顾和紧急救治，防止"次生灾害"对受灾民众的"二次伤害"，另一方面也可组织社工对受灾民众进行社会支持与心理关怀等。此外，社会工作者在对病患或家属进行情绪疏导和安抚时，尽可能地以正确的专业工作态度与其沟通，避免不实谣言散播影响人心，这也是自我降低压力的方式。最后，紧急链接各种救灾资源，动员民间团体与社会志愿者有序开展救援活动。在重大灾害发生后，常规救灾资源储备可能出现不足和缺乏的状况。因此，在紧急救援阶段，社工和社工机构需要积极链接各种资源，同时，协助各级政府进行资源分配和整合，以便资源有效、公平和合理地分配。此外，针对重大灾害，社工需要广泛开展各种救灾资源的筹措工作，为灾后恢复重建提供持续性的支持。社工还需要运用媒体力量全面报道灾害损失及灾害救援情况，充分激发和调动民众和社会爱心共同抵御灾害①。

这一阶段的主要任务包括：①建立安全的临时安置点，妥善安置受灾民众；②大力恢复电力、通讯、交通与食品供应，有序、足额发放救灾救济物资，以保障受灾民众的基本生活；③调动医疗卫生、社会工作与心理学等专业人员开展对伤残、丧亲人员的医疗救治、心理疏导与关怀陪伴；④研究灾害可能引发的社会危机的心理机制并提前介入化解灾害可能产生的社会风险；⑤提供医疗卫生常识、防灾救灾知识宣传和寻亲服务；⑥加强维护灾区社会治安和安定人心；⑦拆除危险建筑、清除灾害垃圾及处理各种遗体；⑧科学选址、设计建立受灾民众永久性安置房；⑨为受

---

① 周昌祥：《灾害危机管理中的社会工作研究——以中国自然灾害危机管理为例》，《社会工作》2011 年第 2 期。

灾民众提供职业培训与就业机会，努力恢复生产能力；⑩在提供
救济物资的过程中，注意树立自救意识，发动居民依靠自救疗治
灾害的伤痛①。

在紧急救援阶段，社会工作者除了上述的主要任务之外，还
需关注针对灾民尤其是"三孤"人员的哀伤辅导、压力管理等紧
急心理危机处理工作②，可使用的方法有陪伴家属、评估、处遇、
倡导、对案主安排治疗并注意团队成员的状况。社会工作者照顾家
属被扰乱的情绪，适当隔离媒体与探访的亲友，提供给家属正确资
讯、咨询和支持，并且注重其权益问题以减轻案主的焦虑，并传达
希望，提醒案主危机终有结束之日③。

（四）复原重建期（Recovery）

这是指在灾后恢复重建时期以发展观作为基本理念，通过调
动各种资源以恢复和优化受灾地区民众生存和发展环境，促进其
生产和生活秩序恢复与重建等，并通过灾民自身努力走出灾害危
机的影响，使之达到或超过灾前生存与发展水平，从而实现自我
发展。社区复原重建任务一般包括短期和长期两种，短期安置阶
段是民生支持体系的短期处理，如清理临时住所，恢复公共事业、
医院和社区的功能以及其他生活所需的服务等，以帮助民众摆脱
日常生活的困境。长期重建阶段是社区基本结构的改造，如执行
社区生活计划和生计产业计划、心理及家庭复原、法律扶助和重
建贷款等，复原方案要运作到所有系统改善或者生活恢复正常为
止，因此重建阶段有可能会持续好几年④。

这一阶段的主要任务包括：①在政策上提供重建时期相应税

① 周昌祥：《灾害危机管理中的社会工作研究——以中国自然灾害危机管理为例》，《社会工作》2011年第2期。
② 汪群龙：《灾后社会工作的介入与角色定位》，《齐齐哈尔大学学报》（哲学社会科学版）2008年第4期。
③ 施睿谊：《南投县生活重建服务中心个案管理服务之研究》，暨南国际大学社工政策所硕士论文，2001，第35~37页。
④ 冯燕：《环境变迁中社会工作专业新发展——灾变管理社会工作》，灾害救助与社会工作研讨会论文，2009，第17~18页。

费减免，在人力上组织相应的劳动力进入劳动力市场，通过自助、他助和公助的方式全力恢复正常的生产、学习和生活秩序；②筹措灾后重建资源和提供机器设备援助，扶持企事业单位尽快恢复生产自救；③科学、长远规划受灾地区城市建设与受灾民众的永久性住房建设，全力恢复正常的生产、学习和生活秩序；④做好灾民的心理辅导与社会关系重建，协助受灾民众开展社会关系重建与心理疏导；⑤治疗和消除灾害对灾民的心理创伤和影响，组织和发动受灾民众投入到家园重建工作中来，使人们逐步恢复正常的工作、学习和秩序。

社会工作者在这四个阶段担任着多重角色，并有不同的任务和要求（见表6-2）。

表6-2 社会工作者在灾害危机管理过程中的任务及角色

阶段	任 务 内 容	介入角色
减灾期	个人层面： • 易受灾地区人民的安全教育 社会与行政层面： • 灾变性质及风险的分析 • 各项长期性预防危机活动及方案的推展 • 协助评估灾变可能带来社会健康、社会安全与社会福利等领域之影响 • 协助建立灾变应变系统 • 灾变相关政策及法令倡导	• 教育者 • 资讯提供者/告知者 • 服务提供商 • 需求评估者 • 促能者/充权者 • 行政者 • 规划者 • 倡导者
整备期	社会与行政层面： • 协助发展紧急应变计划 • 执行平时的灾变管理计划 • 举办训练、演习等措施以加强居民、社区、各级政府、志愿者应变灾难的技巧及知识 • 协助备灾物资的准备 • 建构危机信息沟通网络	• 规划者 • 执行者 • 教育者 • 行政者 • 协调整合者 • 信息提供者/告知者
应变期	个人层面： • 紧急安置（含失依儿少、无依老人、无依身心障碍者等） • 短期安置	

阶段	任　务　内　容	介入角色
应变期	• 儿童、少年、老人、身心障碍者照顾安排 • 协助伤者医疗与复健 • 生活秩序重建 • 学生就学安排与课后辅导 • 陪伴灾民、安抚心理 • 创伤后压力症候群辅导 • 自杀防治 • 协助处理殡葬事宜 • 就业辅导 家庭层面： • 临时生活庇护 • 家属悲伤辅导 • 遗族慰助 • 家庭需求与问题评估 社区层面： • 当地问题分析 • 鼓励灾民互助合作 • 社区资源整合、规划和分配 社会与行政层面： • 统整并提供灾变最新信息 • 分配、管理救灾物资 • 志愿工作者动员与管理 • 临时安置处所管理 • 家户调查 • 规划生活及心理重建方案 • 发放慰问金 • 政府福利事项倡导 • 协助救灾人员减压	• 服务提供商 • 支持者 • 需求评估者 • 咨商/辅导者 • 促能者/充权者 • 个案管理者 • 团体/社区组织者 • 教育者 • 信息搜集者/告知者 • 规划者 • 协调整合者 • 行政者
重建期	个人层面： • 灾民长期安置 • 创伤后压力症候群辅导 • 协助学生就学 • 就业辅导 家庭层面： • 家庭支持 • 家庭需求追踪	• 服务提供商 • 支持者 • 需求评估者 • 咨商/辅导者 • 促能者/充权者 • 个案管理者 • 团体/社区组织者 • 教育者

续表

阶段	任务内容	介入角色
重建期	**社区层面：** ● 设立社区重建服务中心 ● 凝聚受灾社区居民共识 ● 建立社区资源网络 ● 生计重建 **社会与行政层面：** ● 协助政府研究与评估	● 信息搜集者/告知者 ● 规划者 ● 协调整合者 ● 行政者

在整个灾害危机管理过程中，社会工作的实务程序为：第一，快速与案主建立积极关系；第二，与案主定义问题；第三，提供支持；第四，探讨各种功能恢复的选择；第五，拟定问题解决的计划；第六，结案①。社会工作者通过坚持"公助、他助和自助"理念，在灾民安全、情绪及心理状态等方面进行危机介入，从而使灾民生命、生活和工作不仅得以恢复正常，而且可进一步提升生活质量。

四　灾害社会工作的危机介入途径

第一，灾害风险管理是一项系统工程，包括风险预防、风险评估、紧急应对和灾后恢复等多个环节，在灾前、灾中和灾后等不同阶段都有相应的风险管理理论支持，从而使整个管理过程科学化及效益最大化。贝伊利等学者（Beighley, et al.）认为当代防灾已从工程防控进入风险管理阶段，它为区域防灾减灾提供了一种新方法和思路②。灾害风险管理已成为国家可持续发展的重大需要，也是国家形象、能力和社会责任的重要体现，当政府有紧急

---

① 冯燕：《环境变迁中社会工作专业新发展—灾变管理社会工作》，灾害救助与社会工作研讨会论文，2009，第20页。

② Beighley, R. E. & Moglen, G. E., "Adjusting Measured Peak Discharges from an Urbanizing Watershed to Reflect a Stationary Land Use Signal," *Water Resources Research*, 2003: 39 (4): WES4 – 1 – WES4 – 11.

应变能力时能协助与指挥救灾而不至于成为受灾者①。在 2006 年达沃斯国际减灾会议上，有关专家认为灾害风险管理的实质可概括为：管理不可避免的，避免不可管理的。在美国，动不动就将政府告上法庭的习惯使得政府工作人员不得不十分小心，无论是新房建设还是旧房改造都需要政府检查人员参与，这种将"预防"贯穿于日常工作中的习惯就成为一种职业安全文化。此外，风险管理也强调在人类脆弱性形成过程中社会因素的重要影响，提倡在社会脆弱性评估基础上建立风险管理模式。

第二，各地政府需要建立灾害应急组织机构，同时设置专业岗位，为社工介入灾害服务创造组织制度条件。社工教育界和实务界需要齐心协力积极介入灾害危机管理过程，通过专业服务和专业干预方法获得政府真正认同。从灾害危机预防的角度来看政府的任务包括建立各级防灾组织机构并确立其权威性，建立和完善技术监测系统与信息传输系统，以及防灾救灾准备金制度和固定的灾害危机管理基金筹措渠道。

第三，提升现有基层组织中准社会工作者的素质。首先，设计各类防灾救灾预案并演练，开展经常性的专业救援训练，加强灾害社会工作者专业实训教育，培育适应于灾害危机管理的专业社工。其次，在灾前大力训练应对各种灾害的救援人员，这支队伍可以通过志愿者方式向全社会进行招募，注意挑选具备各种专业的技术人员以及能够提供社会服务的专业人员。最后，需要对这些救援人员开展严格的防灾救灾技术培训以及进行以人为本、尊重生命等相关伦理道德教育，使之能够在灾害中科学地施救，最大限度地挽救生命②。

第四，灾害社会工作还需要依托高校社会工作专业以提高应对灾害的能力，充分发挥现有高校社工专业孵化作用，可通过开

---

① Schwab, A. K., Eschelbach, K., Brower, D. J., *Hazard Mitigation and Preparedness: Building Resilient Communities*, Wiley, 2006: 20 - 26.

② 周昌祥：《灾害危机管理中的社会工作研究——以中国自然灾害危机管理为例》，《社会工作》2011 年第 2 期。

展委托订单式服务为基层灾害应急机构培养专门人才。同时也可充分利用高校社会工作专业实验室，根据灾害危机管理的需要和学校特点充实完善实验实习设施和设备，将之建设成为灾害救援模拟与社会工作分析基地，为培育具有实战经验的灾害社会工作者提供条件。

　　第五，设置与国情相适应的灾害危机管理的科研课题，促使科研院校建立灾害研究机构并提供相应的研究经费，广泛开展对灾害造成的社会危机及风险应对研究，扶持灾害社会学研究、灾害社会工作研究和灾害心理学研究等，健全和完善灾害管理研究体系[1]，力争在短时间内形成系统而完整的灾害危机管理的社会工作研究，为未来应对灾害危机的社会工作介入提供理论与方法指导。此外，实务社会工作者也应自觉开展灾害社会工作研究，探索适应于不同灾情类型和特点的社会工作危机介入理论和方法，从而为灾害危机管理实践提供理论支持。

　　第六，大力扶持第三部门，特别是民间灾害危机管理机构，并将这些机构纳入政府灾害危机管理体系中，充分发挥民间机构组织、动员和协调能力，在民众中广泛开展防灾和减灾知识宣传，训练灾害救援志愿者队伍，全面提高民众应对灾害的素质与能力。同时政府需要制定对于防灾救灾工作作出重大贡献的非营利组织的嘉奖措施，以激励更多的社会成员参与到灾害危机管理中来，从而推动灾害危机管理的社会化进程[2]。

　　第七，加强民众防灾意识教育，这是灾害危机管理的基本工作。主要通过风险沟通方式（risk communication）将灾害风险告诉民众并改变其行为以降低灾害风险，同时强调不管结构式减灾设计标准多高和减灾设施多么完善，总会存在超标而发生重大灾害的可能，应促使民众了解灾害风险并建议其采取适当策略。具有

---

①　周昌祥：《灾害危机管理中的社会工作研究——以中国自然灾害危机管理为例》，《社会工作》2011 年第 2 期。

②　周昌祥：《灾害危机管理中的社会工作研究——以中国自然灾害危机管理为例》，《社会工作》2011 年第 2 期。

防灾救灾意识的民众能够通过自己拥有的防灾救灾知识和技术降低灾害给家庭和自身带来的危害与风险。格雷格等学者（Gregg，C. E et al.）发现，如果民众认为防灾准备是政府或专家学者的责任，则其防灾准备行为就会减少[①]，只有民众真正了解灾害风险并采取有效措施，才能将灾害损失降到最低，灾害认知教育也因此成为非结构式减灾中最根本的一环。在灾害认知教育中需要实现"大转变"，即从传统结构式减灾知识为主向非结构式减灾知识为主转变。在印度洋海啸中，11岁英国女孩利用课堂上所学的灾害知识，成功挽救了海滩上100多条人命就是很好的例子。在地震灾害中，灾害认知教育与民众调适行为影响因子如表6-3所示。

表6-3　民众地震识觉与调适行为的影响因子

项目	变量
人口属性	教育、收入、年龄、家中小孩、婚姻、种族、资产净值、户主年龄、屋龄、房屋价值、邻居职业、性别、屋主、过去经验、居住时间
风险识觉	可能受损程度、断层距离、脆弱性人口数、地震担心程度、地震可能性、灾害关心程度、余震可能性、伤亡威胁、事性可能性
其他变量	过去损失、灾害特性、研习、宿命论、客观风险因子、信息来源、行为意向、自我效能、地震经验、现有调适与保护措施
调适行为	预防性减灾作为（如保险、固定物品、加强结构等）、应变性减灾作为（如手电筒、瓶装水、罐头等）

资料来源：Lindell, M. K. & Brandt, C. J., "Climate Quality and Climate Consensus as Mediators of the Relationship Between Organizational Antecedents and Outcomes," *Journal of Applied Psychology*, 2000, 85: 331 - 348.

西方国家非常重视民众的灾害认知教育，日本每年的9月1日被定为"防灾日"，几乎每个家庭都有《灾害时避难场所》地图，卧室几乎没有家具，汽车行李箱一般有"防灾箱"，日本人的防灾教育几乎贯彻到了工作和生活中的每个环节。一些发展中国家也

[①] Gregg, C. E., Houghton, B. F., Johnston, D. M., Paton, D., Swanson, D. A., "The Perception of Volcanic Risk in Kona Communities from Mauna Loa and Hualalai Volcanoes," Hawaiʻi, *National Emergency Training Center*, 2004: 1 - 18.

是如此，孟加拉国主要通过课程与教材编订、防灾教育推广、防灾训练及大众媒体倡导等途径进行灾害认知教育。需要强调的是，由于脆弱性、组织结构与社会资本会随着时间推移而改变，灾害认知教育也必须是可持续发展的过程。

　　第八，健全和完善有关救灾的法律条例。为了提高灾害危机管理机构的权威性，尊重生命，保障受灾民众的权利，降低灾害带来的各种损失，政府有必要健全和完善有关救灾的法律条例，以确保在灾害危机出现的各个阶段都能够令行禁止，同时还需要出台嘉奖有突出贡献的防灾救灾善举的法令，以激励广大社会成员参与防灾救灾①。早在 1995 年，澳大利亚和新西兰两国就制定了澳/新风险管理标准，这是国际上制定最早也是影响最大的风险管理标准。此外，通过设立统一的突发事件应对法律制度，将各单行法确立的应急措施纳入统一的法律框架下，有利于在突发灾害事件发生时实施统一的指挥机制。

　　第九，多部门通力合作。首先，当灾害发生时，危机处理（emergency response）过程中通常需要多组织或部门之间进行通力合作，以便有效回应灾害所带来的巨大冲击。然而，为了争取民众注意和有限的资源，机构之间常常会产生冲突和竞争状况。而且即使组织之间认同灾害合作的必要性，彼此竞争的现象仍然是一个需要面对的重要议题。尤其是当机构为了证明自身能力，同时又面临资源短缺的困境，竞争就会更加激烈与明显。所以，即便组织对于自己需要担负的任务非常清楚，彼此之间的协调整合仍然是最困难的工作。其次，机构之间沟通的破裂、对于救援工作不同的优先考虑、不一致的行政处理程序和对灾民需求观察相互矛盾等因素都将会延误救灾行动，也会让机构之间产生不必要的紧张与误解。再次，由于灾害的发生，原先标准化的服务协调模式变得不恰当，再加上灾害工作的高复杂性，社会工作组织应变

①　周昌祥：《灾害危机管理中的社会工作研究——以中国自然灾害危机管理为例》，《社会工作》2011 年第 2 期。

能力势必面临空前的考验。学者们认为资源不足和救灾时间有限往往会成为组织间合作的主要动力，许多非营利组织在专业使命感的激励下，同时通过适当的协调，能够提高救援的效率，从而有效减缓灾害所造成的重大冲击[①]。最后，机构地理位置也往往成为影响机构资源与人力整合的重要因素。扎考尔（Zakour）通过路径分析发现，当灾害发生时，机构特色如机构本身服务范畴、服务对象、捐助资源与志愿者人力资源等因素会影响机构所在的地理位置，而这会进一步影响机构之间的互动关系，通常地理环境越近的组织，联结合作就越容易[②]。然而，对于平日便拥有大量志愿者的机构而言，地理环境的距离比较不会影响合作联结的网络[③]。总之，机构之间在回应灾害时的协调通常会面临三项难题：一是组织之间的目标存在分歧，无法达成共识；二是灾害的规模过大，使得组织无法运用以往的方式进行协调整合；三是组织彼此对于协调整合的看法不同，因而产生冲突[④]。

第二节　心理创伤危机的实务干预

一　精神社工的进入

（一）"精神医疗""心理卫生"与"社会工作"

精神医疗社工是医务社会工作的分支（见图 6-4），这一工作

---

① 陈毓文：《灾难救援社会服务模式的建立：以莫拉克风灾为例——非营利组织于灾难中之整合与合作机制探究：以国内基督教团体因应莫拉克风灾为例》，2011，第 10 页。

② Zakour, M. J. , "Disaster Research in Social Work," *Journal of Social Service Research*, 1996, 22 (1)：7-25.

③ 陈毓文：《灾难救援社会服务模式的建立：以莫拉克风灾为例——非营利组织于灾难中之整合与合作机制探究：以国内基督教团体因应莫拉克风灾为例》，2011，第 10 页。

④ 陈毓文：《灾难救援社会服务模式的建立：以莫拉克风灾为例——非营利组织于灾难中之整合与合作机制探究：以国内基督教团体因应莫拉克风灾为例》，2011，第 10 页。

过程所需要的知识与技能来自社会工作、心理卫生及精神医疗体系三大部分，合作对象（医疗团队）有医师、药师、护理人员、职能治疗师和临床心理师等，他们来自不同的专业背景，各自有独特的技术与取向，运用不同专业技术与技巧处理团队共同面临的问题，同时通过不断进行沟通、审视与评估，针对病人需求提供完善的医疗服务。然而由于团队间不同的专业背景及价值观，在面对灾害社会服务时会有不同的本位观和价值观，如医疗取向和个人内在取向，往往与社工强调的社会心理、脉络化及社会取向观点有较大落差，而对于团队服务工作目标、执行方式和时间也容易产生不同的意见。虽然有的是资深社工，但在一个主要以医疗模式为服务导向的团队中加入社会工作模式是一个非常艰难的过程。当以医疗专长为主的其他成员（如医师和临床心理师等）面对服务对象时，通常在最有限的资源投入和最有成效收益之间进行考量，习惯性为高危险病人提供精神诊断与各项治疗。而精神社工则可以专业理念为基础，根据个案或社会环境的实际需要，弹性运用不同层面的综合知识与能力。

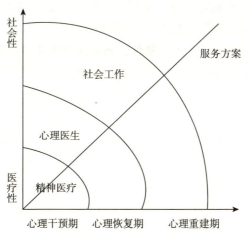

图 6-4　精神医疗、心理卫生与社会工作关系图

（二）精神社工在服务过程中的内外沟通

社工在灾害救援不同阶段尤其在重大创伤事件中扮演了重要

角色，精神社工更加扮演了从事直接疾病筛检和治疗者的角色。
在功能方面，精神社工在专业化团队之中，除了资源有效整合与
转介、受创个人及家庭问题评估与处理、规划与提供社区工作及
外展性服务之外，还需要在团队内提出有效建议、倡导政策与执
行方案。医生大多聚焦在服务成效和疾病治疗等领域，他们认为
在精神医疗范围内进行有效的治疗才是本职工作，而非医疗范围
的工作则不是医院的责任，因此，医生对于在此领域连续投入人
力资源会表示质疑，也继而会引发对社工的质疑：社工如何可能
既要扮演治疗者角色又要扮演好专业社工的角色？精神医疗社工
的边界是什么？精神社工不可能独自在精神救助脉络中发挥功能，
需要不同专业合作才能完成复杂的灾区心理康复工作①。

（三）精神社工在服务团队中互相合作

"灾害心理重建"是灾害重建多项工作中与卫生工作有关的一
环，精神社工在不同阶段都需要发挥资源链接功能，并且成为精
神沟通的桥梁。在有限的时间及人力资源下，服务团队为了有效
运作需要了解复杂的机构环境及资源系统，并且保持良好的合作
关系。仅凭临床服务技巧，心理卫生服务人员无法有效协助受灾
区幸存者。精神社工在规划心理卫生复原计划时，必须考虑社区
受灾害所影响的人口分布及特色，而且还要考虑社区需求、资源、
社区族群、文化特质、传统以及价值观等②。

灾区服务对象主要是儿童，通过采用沙盘游戏的形式对灾区儿
童进行治疗。而且心理干预是一项长期工作，因此需要培养基层社
区医务人员和基层干部，经过一段时间的培训，他们可以长期把这
项工作做下去。在对灾民进行心理工作的过程中，他们并不是作为
心理专家介入的，而是通过扮演社会心理工作者的角色为灾民提供

① 王美懿：《从灾难工作的一角看见社会工作专业》，"迈向优质服务—社会工作专业的对话与省思"研讨会，2012，第28～31页。
② 王美懿：《从灾难工作的一角看见社会工作专业》，"迈向优质服务—社会工作专业的对话与省思"研讨会，2012，第28～31页。

各种各样的帮助，看他们需要什么就给他们什么。灾区迫切需要的就是社会心理工作者，他们能够将社工的工作与心理治疗结合起来。[1]

　　在灾后重建的过程中，精神社工需要跨专业进行合作，社工以其独特的"技能"积极参与灾区心理服务工作。在卫生体系（如健康中心、复健工作坊和康复中心）以及专业体系合作模式下，社工通过团体带领、矫治性团体协助、机构工作人员及志愿者培训、个案研讨、主题演讲和专业课程教授等方式进行实务层面的合作。

（四）精神社工在不同阶段的不同服务目标

　　灾害危机管理主要有紧急期、恢复期和重建期三个阶段，随着个人医疗性服务需求（如药物治疗和咨询）渐渐减少，社区的社会性服务需求（倡导和灾难准备）则逐渐增加。一般说来，当灾害发生后，灾民的心理会经历接受痛苦事实、体验痛苦、重新适应失落的环境及将能量投入到其他事物或关系中的过程（见图6-5），社工需要掌握灾民心理变化过程。在重建期社工需要从心理层面和社工层面共同处理灾民心理问题，同时还要考虑更为广阔的灾区重建脉络及影响心理的其他层面问题，以便在服务处理计

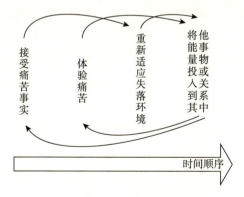

图6-5　灾民心理变化的时间顺序

　　① 赵佳月：《震中映秀的心理康复调查》，《南方日报》2008年9月10日。

划中强调"充权"与"使能"概念，增加目标的适当性，从而制定出有针对性的服务计划①。

（五）避免"福利依赖"及"二次灾难"

在灾区服务的社会工作人员都会碰到居民"福利依赖"及"二次灾难"，精神社工虽然为在灾害中受到心灵创伤的居民提供专业服务，但是灾害救助与重建的目的在于协助个案尽快恢复灾前的各项能力，而不是一味供给超过需要的同情、救助和福利资源。在救灾规划中应避免过多不当地使用资源，同时在规划每一项救助与服务时需要设法避免福利依赖并采取减少伤害的配套措施②。

社工对多个家庭进行了数次探访，协助伤亡家庭重建社会支持网络，教会其家庭成员一些放松方法，这产生了良好的效果。如较场村84岁的赵奶奶，她大儿子在地震中死亡，晚上必须开灯睡觉，在社工没去她家之前总是害怕地震再次到来，针对于此我们向其介绍地震发生的原理，讲清国家对地震预测的情况，随后传授她精神辅助疗法，通过放松训练改善其睡眠状况③。

灾后重建工作对于政府部门和非营利部门而言都是一项无可避免且又日趋复杂的任务，在灾后重建阶段，居民在面对灾害冲击后常常会不可避免地产生"二次灾难"的恐惧心理。因此，对于倡导心理服务的专业人员来说，在执行工作时对此也要有充分认知，及时关注灾民在精神层面存在的现实困境，并且预测可能产生的心理适应问题，同时也需要掌握一定的处理技巧和具体回

---

① 王美懿：《从灾难工作的一角看见社会工作专业》，"迈向优质服务—社会工作专业的对话与省思"研讨会，2012，第28~31页。
② 王美懿：《从灾难工作的一角看见社会工作专业》，"迈向优质服务—社会工作专业的对话与省思"研讨会，2012，第28~31页。
③ 廖鸿冰：《灾后重建的桥梁和纽带：社会工作本土化探索——基于四川理县社会重建的实践》，《社会工作》2009年第10期。

应措施。

（六）精神社工避免成为心理疾病患者

社工也需要注重自身或同工的心理问题，参与灾害社会工作服务的社工通常面临三类压力，即社工的损失或受伤、创伤性的刺激与任务失败。心理服务过程中的社工主要有四种类型，即旁观研究型、任劳任怨型、积极乐观型和情绪紧张型，其中情绪紧张型社工最容易出现心理疾病问题（见图6-6）。

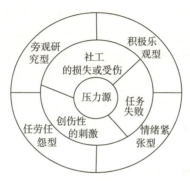

图6-6　社工心理压力源及应对类型

当社工抱有服务热情和专业使命感介入心理服务时，常常会面临一些社会人士的质疑："你们社工能干什么？我们已经有了心理医生，为什么还需要你们？你们比心理医生更厉害吗？你们的服务有什么不同？"，再加上实务经验的缺乏、专业发展的制约、参与灾害服务时过度劳累、亲眼看见灾害现场凄惨现象、受到惊吓、没有达到预期服务效果等主客观因素的影响，社工在服务过程的不同阶段都会面临不同的心理压力，有的社工因承受不了心理压力而出现了严重的心理问题，还有的社工对于那些在灾害中失去亲朋好友的灾民持有同理心，有时不自觉地会将自己卷入心理困境中。因此，如果社工不了解自己的心理压力源，而且没有及时进行恰当处理，可能会产生一些心理症状，反而导致自己成为需要帮助的"案主"。因此，每一次灾害服务暂时告一段落后，需要请专业心理工作人员向社工提供一些服务，也可以鼓励机构中的同工相互咨询、相互支持和相互督促。如果社工的心理已经处于能量过度耗损、症状持续不断及严重影响人际关系等情形时，则需要根据就近原则到附近相关专业机构寻求专业的心理服务。

二 心理创伤危机干预原则

在灾害社会工作心理干预的早中期，主要有五个原则：第一，保证人身安全。第二，告诉案主正常的灾后反应，以及一些促进神经系统稳定的方法。第三，自我激励，社工通过外在资源使案主感觉到自己力量的存在。即将个体和社区联合起来，帮助案主设定一些比较容易达到的目标，在回忆起创伤时教他们学会控制自己的情绪。第四，提供社会支持，使灾民遇到灾害之后，在觉得自己力量最薄弱和最无助的时候还能感觉到许多人在关心与支持着他们。第五，重塑案主对生活的信心，灾害尤其是大灾害很容易使人产生一些"破碎的世界观"，有必要让案主明白接下来要如何做才能帮助自己恢复到正常的生活状态①。

在"心理急救"中，灾害社会工作有八项核心行动：第一，最快速度介入；第二，保证人身安全；第三，稳定情绪；第四，收集信息；第五，物质救助；第六，争取社会支持；第七，制定具体的介入方案；第八，与其他社会救助机构保持联系。

三 心理创伤危机介入模式

学者们通过对社工在地震伤亡家庭社会心理服务过程的跟踪、效果评估及专业反思，归纳出社会工作介入灾后社会心理重建服务模式，即社会工作者、个案工作、小组工作和社区支持网络综合而成的社会心理和社会工作服务模式。灾害发生后，社工在第一时间介入，并在社区内寻找失去亲人的家庭和个人，协助案主形成自助小组，从而强化社区内的非正式支持和非正式网络。通过这一服务模式，在社工、案主与服务对象小组三者之间形成良

---

① Barbara Gilin：《灾害社会工作干预研究》，《重庆工商大学学报》（社会科学版）2012 年第 3 期。

性互动，同时依托外部生态系统即社区支持网络，促进社会工作介入灾民心理重建服务模式并发挥作用①。总而言之，这一服务模式的核心是在"全人"视角下，整合不同专业和不同资源为案主提供全面深入的服务。

四　心理创伤危机干预步骤

（一）高危人群的识别

对于所有直接和间接的受灾居民来说，地震是一个巨大的刺激事件。由于个体的应对方式、家庭功能及社会支持系统不同，灾害应激事件对于不同人群造成的影响也存在很大差别。因此，在"预防胜于治疗"的理念下，社工需要对高危人群进行有效识别和特别关注，这也是初级预防工作的重要部分。在灾后社会服务实践中，严格区分哪一部分人群更加高危往往较难，但仍可根据所在社区具体情况来进行确定，并继而为其提供积极的支持性资源和服务，以防止他们心理与社会功能的进一步恶化②。

在地震发生后，真正起作用的心理援助是在受灾民众安定下来的几个月后出现的。在灾害服务中，社工除了提供食物、设备和临时住宅外，还需要再扩大服务范围，归纳出一些较难从灾变中恢复的人，如老人、小孩、缺乏教育的人口、低收入户、身体严重伤残者、丧亲者、有心理和社会问题的人、目击灾难者、社会支持缺乏者、严重经济损失者、精神障碍者及失利或经济低迷的社区居民等。社会工作者可采取灵活多样的方式，民众通报、滚雪球方式、家庭探访、社区居委会介绍和社区居民反映都可以成为识别高危人群的有效途径，这些群体或者社区由于原有伤害造成失序和心理问题以至于很难从灾变中复原，对于这一类案主，

① 边慧敏、杨旭、冯卫东：《社会工作介入灾后恢复重建的框架及其因应策略》，《社会科学研究》2013年第5期。
② 徐文艳、沙卫、高建秀：《"社区为本"的综合社会服务：灾后重建中的社会工作实务》，《西北师大学报》（社会科学版）2009年第3期。

社工应该采取优势增强法，通过施压与纾解的方法进行服务[1]，如此才能取得较为理想的服务效果。

（二）了解创伤后的正常反应

重特大灾害后，绝大多数灾民都会普遍有较强的无力感，容易对未来缺乏信心和对生活感到迷茫，因此家访成为社工常见的灾民服务手段。面对失去父母的学龄孩子和失业家庭，社工需要定期探访，留意观察案主的情绪状况，对于有重度焦虑或抑郁症状的灾民应及时劝导，及早寻求精神专科或临床心理专业辅导，并且密切关注治疗的康复过程。通过这种非正式方式可以了解灾民信息，与精神科医生和心理治疗师不同的是，这种方式更容易为灾民所接受和认同。社工通过独有方式让案主明白，灾害后的生理和心理创伤属于正常反应，而不是精神异常或精神错乱。因此，帮助案主了解"什么是创伤，什么是创伤后的正常反应，什么样的举措是有效的"这样的问题，不仅可使案主减少自我怀疑，而且能够让他们重树信心，找到真正属于自己的办法以减轻精神压力。

（三）施压与纾解

对于那些较难从灾害中复原的案主，社工通过施压与纾解的专业知识和工作方法，减轻灾难所带来的创伤和压力[2]，从而在灾后心灵重建中发挥重要作用。

我并不担心社工的报名人数，而是究竟有多少人真正具备应对灾情的能力：社工很多人本身就有一些心理疾患，为了自救，把学习的过程当作一个疗程，所以究竟有多少人能真正去帮助别人，很值得担忧。如果要去，一定不能仅凭一腔热血，我们当然也会仔细筛选。否则，很可能到了现场，社工自己先吃不消（个案201，

① 陈淑妃：《灾变社会工作重建模式之研究——大安溪部落工作站的案例分析》，东吴大学社会工作学系硕士论文，2006，第19页。
② 陈淑妃：《灾变社会工作重建模式之研究——大安溪部落工作站的案例分析》，东吴大学社会工作学系硕士论文，2006，第19页。

LJL，女，46岁，副教授，GG社工服务机构负责人、督导）。

社工需要具备相关的心理学专业知识，如此才能更好地开展活动。同时需要与灾民建立信任关系，在此基础上倾听灾民心声，尊重其情感表达，将自己作为他们宣泄不良情绪的"心理垃圾桶"，尤其在互助小组中，允许他们自由地表达在创伤中的恐惧等情绪。此外，社工还需要协助灾民寻找外界资源，陪伴其走出心理困境，恢复和树立生活信心。同时需要注意，社工在助人的时候也有可能成为患心理疾病的人群。对此社工首先要维持平静，不能过于激动，当有悲伤情绪，不要压抑，要将这种情绪表达出来，与此同时多给自己一些鼓励。

（四）恢复安全感

面对灾民严重的心理创伤，最重要或最根本的是要恢复案主的安全感，包括人身安全以及心理上的安全感。为了使压力能够获得有效管理，避免因压力而产生失衡现象，社工需要尽量减少对案主的心理伤害。在灾害社会工作实务中，经常会出现"突发状况"或需要对"热线"进行处理，例如儿童虐待、家庭暴力、性侵害、自杀和独居老人问题等，这些往往会排挤先前的服务工作，形成较大的工作负荷，随着时间的累积非常容易使案主崩溃（burnout）①。因此，社工需要对案主心理状态进行评估，并制定自我康复计划来帮助案主重新获得安全感和自信心。幸存者的心理担忧尤其值得关注，社工需要帮助案主释放情绪和控制情感，尤其要注意负面情绪的释放，同时评估案主的消极行为及身体不舒适感，在此基础上制定服务计划，帮助灾民恢复心理健康。除此之外，社工还需要营造安全舒适的外部生活环境。

（五）心理降压技术

1. 深呼吸方法

首先由鼻孔慢慢地吸气，使肺的下部充满空气，这个过程一

---

① 左祖顺：《医务社会工作者面对严重急性呼吸道症候群（SARS）疫情压力因应之研究》，东海大学社会工作系硕士学位论文，2004，第20~21页。

般需要 6 秒，然后屏住呼吸保持 6 秒，最后由嘴呼气 8 秒。重复以上动作 3 次后，然后正常呼吸，在这里面，最重要的是要保证呼气时间大于吸气时间。

2. 尽量保持冷静

在与案主聊天的过程中，社工需要随时关注灾民的情绪状况，是否有呼吸急促、心率加快、脸色苍白和出冷汗等过度激动现象。如有上述情形出现，社工可通过以下方法使案主恢复平静：①让灾民回忆重要的人和事，或者想象一个快乐地方。通过积极记忆法，帮助案主回忆美好事物，让案主恢复平静。当案主情绪无法自控时，可以告诉他"让我们休息一会儿，不如你来跟我讲讲（指积极的人、事、物）"[1]，直到他冷静下来。②想象一个安全的地方。太极、功夫和瑜伽等健身运动可以帮助人们调整呼吸、心率、血压等，达到一个身心放松的状态。③转移注意力。身体不适可以引起灾害幸存者回忆起悲伤事件，社工可以通过转移案主注意力，多营造快乐轻松的氛围而避免不愉快感受，以这种方式达到放松效果[2]。

第三节　化危机为转机：灾害社会工作服务危机的应对策略

一　灾害服务中社工组织的介入

在四川大地震中，民间社会为这次地震灾害献出了空前的爱心，投入了大量的物力与人力，这也可以视为社会重建的一个重要契机。灾害发生后，受创伤的个人、家庭、社区、组织会出现脆弱状态（vulnerable states），尤其会引发灾民的生理伤害、心理

---

①　Barbara Gilin：《灾害社会工作干预研究》，《重庆工商大学学报》（社会科学版）2012 年第 3 期。

②　Barbara Gilin：《灾害社会工作干预研究》，《重庆工商大学学报》（社会科学版）2012 年第 3 期。

或情绪压力等，并产生心理及行为疾病，出现所谓的"新的创伤"。当"创伤"发生后，社会工作者非营利组织（nonprofit organizations）（简称"社工组织"）的介入就显得异常重要。社工组织介入的目标就是在有限时间内通过密集式服务方式提供支持性服务，使案主恢复以往的生活能力。在西方所谓的福利国家中，由于放弃了"全能政府"的管理模式，政府不再独自包揽灾害救助的责任，社工组织参与灾害救援行为越来越得到各界的重视，充分展现了"第三部门"所代表的民间力量的兴起。尽管如此，国外有关灾变社会工作的研究仍然处于起步的阶段①。研究灾害社会工作的专家扎考尔指出，西方学界和政府机构对于非营利组织投入救灾行列的现象很少进行探讨②。在国内，从社会学和社会工作角度研究灾害的成果也并不太多，如詹天庠介绍了灾害研究的新领域即灾害社会学的现状，赵延东从社会资本角度探讨了灾后重建问题③，灾害反应表面上是个体行为，实质是一种社会行为反应。在社会学领域内将视角进一步集中到社会工作理论与实务方面的研究则非常少见，因此，这是一个亟待开发的领域。

地震灾害的特殊性和复杂性给社工组织的发展带来了巨大挑战。由于缺乏行为策略，当地震发生后，一些社工组织直接奔赴灾区提供服务，直接面对受灾民众，往往会出现混乱、茫然、质疑与冲突等情形。因此，社工组织需要在多变的灾害环境中选择不同的行为策略，如此才能及时为灾区提供救助服务，从而获得更多的社会认同，化危机为转机。在地震发生后，社工组织如何面对问题丛生和失序的灾区系统，如何根据地震灾害的实际情况制定不同的行为策略，如何在灾害救助过程中发展出一套组织生

---

① Zakour, M. J., "Disaster Research in Social Work," *Journal of Social Service Research*, 1996, 22 (1): 7 - 25.

② Zakour, M. J., "Disaster Research in Social Work," *Journal of Social Service Research*, 1996, 22 (1): 7 - 25.

③ 赵延东：《社会资本与灾后恢复———一项自然灾害的社会学研究》，《社会学研究》2007 年第 5 期。

存法则，因应灾变的行为策略所产生的影响如何，上述种种已经成为社工实务界和学术界高度关注的重大现实和理论问题。

二 灾害服务中社工组织的应对策略

社工组织如何根据地震灾害的实际情况制定不同的行为策略①，以求组织生存与发展，化危机为转机？从权变理论来看，组织必须要根据环境的变化来调整其发展方式，以求得生存与发展。因此，组织行为策略是一个动态概念，强调必须与所处环境相适应。在灾害救助过程中，社工组织的行为策略主要指紧急介入策略。地震发生之初属于紧急救援阶段，生命、医疗和消防救援等都是灾区所迫切需要的，这就需要社工组织在第一时间介入。具体内容如下。

首先，社工组织可选择联合策略，成立社工抗震救灾联盟。社工专业人员在灾后第二天即自行集结前往灾区，协助资源整合分配、灾情调查、安置区服务等工作。但是这种无组织的救助服务可能带来许多负面影响，因此，社工可以考虑设置社工咨询专线，发放灾害快报，招募社工参与灾害救援，并联系其他社工组织进入受灾地区救灾。同时与其他社工组织共同商讨合作救灾的可行性，在此基础上筹组社工震灾联盟。单一的组织力量都是有限的，存在一定的优缺点，通过成立震灾联盟，可以实现社工组织之间优势互补。震灾联盟成立之后，可派遣先遣工作小组进驻灾区，实地评估灾民实际需要。通过对地震灾害受损情形的勘察与评估，先遣小组向震灾联盟提供政策和实务工作方法建议。在此基础上，震灾联盟组成梯队分批进驻灾区提供服务，社工人员分批轮流下到灾区。在四川大地震中，上海组建了社工灾区援助团，这是上海市继消防、医疗、防疫等支持队之后派出的又一支专业团队。这支先遣队由上海和香港两地的社会工作专家组成，

---

① 行为策略可分成"预应式"与"反应式"两种，预应式是预期未来危机而调整组织结构及行为进行预先反应，反应式则是碰到危机后立即变革反应。因为地震灾变的发生难以预期，所以无法采取"预应式"的行为策略，而是采取"反应式"的行为策略。

包括上海市社会工作培训中心副主任朱希峰、华东理工大学社工系主任张昱、上海师范大学社会学系主任张宇莲等。来自香港的专家有 3 位：香港社会工作协会前任会长梁魏懋贤、香港青年协会副总干事陈锦祥和香港基督教服务处的章绮莲。因为都是专业人员，因此能在短期内为这些灾民提供情绪支持、抚慰以及弥补政府调查人力不足的缺陷。

　　再以台湾为例，在 9·21 地震发生后的初期阶段，除了在台北市、台北县灾区帮忙的各大学社工师生团队外，台湾联合劝募协会和社会工作专业人员协会、残障联盟、老人福利联盟、智障者家长总会等组织立即组成"社工震灾行动联盟"，结合台北地区各机构团体的专业社工人员，进驻中部灾区协助埔里及台中进行县受灾状况的调查。中部地区则在东海大学社工系及当地社会福利机构的发起下，成立"中部社会福利机构专业社工人员资源整合促进会"，进一步整合中部地区的社会福利资源，提供人力的整合及资源的协调。通过专业社工组织，迅速就近在灾区提供所需的人力支持，而且在瞬息万变的情况下成立《921 社工咨询快报》，每天出刊，成为当时最快、最迅捷的信息来源。成立社工震灾联盟是希望整合全台湾社工力量，推动政府和民间团体组建专业的社会工作者队伍，参与整体的救灾救援行动，开启社工参与大灾害和社会大事件的整体救助和干预的先河，并借此倡导完善救助政策，形成社工合力，从而保证在大灾害或大事件来临时能够及时

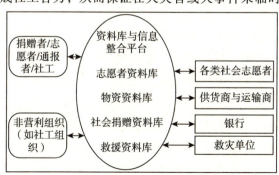

图 6-7　社工在灾害救助中的资源整合策略

有效地开展全方位的专业工作。

其次，在灾区成立社工前方工作站，及时处理各种灾害服务问题。根据先遣工作小组前期调查的情况，震灾联盟可以考虑在前线建立前方工作站即救灾协调中心，为灾区的社工人员提供支持，同时也为灾民提供救助服务。前方工作站主要从事人员疏散、协助政府管制交通、方便救护车队的通行、组织社工投入清除道路障碍、为救援人员提供饮食等工作。同时还可以协助政府对救援物资进行整理和分类，为灾民发放棉被、毛毯、食物、衣物、帐篷等日常用品及慰问金，使灾民能应付紧急需求。地震会造成信息和交通工具破坏，工作站应及时收集灾区相关信息，设置服务咨询管道，为灾民提供正确的灾害危机咨询服务，同时也为民众提供准确而及时的信息服务，以便了解灾区真实需求和采取有针对性的援助措施。

最后，设置流动性医疗救护队，进行紧急医疗救助。地震对人的生命安全直接构成威胁，灾民的人身安全问题是抗灾救灾的首要任务，也是民众最关注的问题。也就是说，医疗救援工作是灾害救助中的第一需求。灾害发生后至第十天是"危机处理期"，震灾联盟及前方工作站应迅速组织和派遣医疗社工组成救护队，或设置流动性医疗巡回服务队，对生命受到威胁及被困的灾民进行抢救，降低灾民伤亡率。同时，对受伤灾民进行慰问并提供日常照顾服务。地震期间还可能暴发各种疾病，医疗救护队可协助灾民清理环境，对一些可能暴发疫情的场所实行消毒、隔离等措施，将各种疾病的暴发率降至最低。

为了完成社工有组织地为灾区提供服务的构想，可成立专门的筹备组并适时转为行动团队，组织社工分批次下到灾区提供服务。社工进入工作场所后迅速介入地震灾民需求服务，运用所学的专业社会工作知识和技巧与灾民进行交谈，采取个案工作、小组辅导等社会工作方法引导灾民，以减轻灾害给其带来的各种痛苦。同时，运用心理社会治疗、理性情绪治疗、认知行为治疗等治疗模式逐步调整灾民心理，重建灾民的信心和希望，发掘个人潜能，促进其社会功能的恢复。

三　化危机为转机：社工组织应对策略及思考

随着灾害日益呈现复合型特点，每个国家面对的灾害问题越来越复杂，不可避免地会有更多的社会问题及不公正的事情发生，这使得社会工作服务格外艰辛。如何在关键时刻找到契机，化危机为转机，这不仅对提高社会工作的社会认同非常重要，而且有助于社会工作专业化和职业化的进一步发展。

萨拉蒙（Salamon）认为在灾害救助过程中，一些学者过于重视政府角色的扩张，围绕庞大科层体制进行探讨，而忽略了非营利部门活动这一重要现象①，显然失之偏颇。虽然一些学者对非营利组织尤其是社工组织能否在抗震救灾过程中扮演重要角色仍有质疑②，但本书认为，根据国外经验以及中国逐渐向"公民社会"转型的现状，社工组织在灾害救助中的地位将会日益突出。因此，只要社工组织在面对灾害时，能制定正确的行为策略，并彰显出组织的重要性，就能获得良好的发展契机。

一些学者如克莱默（Kramer）认为非营利组织具有扁平式弹性结构，因此动员力较强，能迅速介入灾害救助工作。但事实上，非营利组织本身也有一些缺陷③。肯特（Kent）指出许多草根性非营利组织所擅长的是小规模、区域性的救援行为，如果遇到区域较广的灾难发生，则会在救援技术和行为策略上产生困难，影响其救援成果④。因此，在灾害救助过程中，社工组织需要突破原有的组织规范与架构，适当调整或改变原有的行为策略，并建立危机管理机制来加以应对。社工组织领导者必须具备高度的危机管

① Salamon, L. M., "Partners in Public Service: The Scope and Theory of Government-Nonprofit Relations," in Powell, Walter W. (ed.), *The Nonprofit Sector: A Research Handbook*, New Haven: Yale University Press, 1987: 99 – 117.

② Kent, R. C., *Anatomy of Disaster Relief*, New York: Prnter Publishers, 1987.

③ Kramer, R. M., *Voluntary Agencies in the Welfare State*, Berkley: University of California Press, 1981: 235 – 247.

④ Kent, R. C., *Anatomy of Disaster Relief*, New York: Prnter Publishers, 1987.

理意识，与此同时社工组织也要具备高度灵活与弹性的危机处理流程，如此才能在时间有限、资源不足、人力缺乏的状态下及时有效地拯救灾民生命与财产安全。

　　虽然本书强调社工组织应采取合法性策略与政治回应策略，最大限度地争取外部资源的支持，但这并不意味着对内部资源整合策略的忽视。根据肯特的研究，由于内部未得到有效整合而导致组织行为失败的例子并不少见①。一些组织就面临着这样的困境：在灾害救助过程中，社工组织一般采取临时编制的办法，再加上社会工作专业认同率低以及灾害救助工作压力大等原因，往往对社工缺乏足够的约束力，造成社工流动率过高的状况。因此，在人力资源没有能够有效整合的情况下，社工组织就安排社工进入灾区，不但无法协助政府进行灾害救助，反而会因为社工一窝蜂涌入灾区，形成人力资源过剩而相应配套资源缺乏的现象，而延误救灾任务的开展，因此，社工组织应有效地进行人力资源整合，避免产生负面效果。

---

①　Kent，R. C.，*Anatomy of Disaster Relief*，New York：Prnter Publishers，1987.

第七章
结论与讨论

中国是世界上自然灾害最多、受自然灾害影响最大的国家之一，特别是 2000 年以后，中国重特大自然灾害更加频繁，所造成的损失也越来越大。国内外历史经验证明，如果一个国家救灾机制不完善，应对灾害出现重大失误，有可能引发灾区社会动乱，甚至会影响整个国家的稳定。在灾后重建过程中，灾区失业与就业、心理重建、社区医疗、人际网络瓦解和居住环境受损等许多问题都是灾民亟须解决的。尤其是生计问题，如产业复苏、工作机会与就业援助等，更是灾民关注的焦点，这些都远超政府所能负荷的程度（见图 7-1）。因此，灾后重建任务艰巨，重建之路漫长，政府的一己之力无法胜任，社会工作组织提供的非正式支持就显得尤为重要，探讨灾害社会工作的介入机制与组织策略就具有非常重大的意义。

同时，也是时候对四川大地震以来灾害社会工作实务经验进行总结了，是时候多一点问题意识与反思了。2008 年 5 月 12 日四川大地震对于大陆灾害社会工作发展来说注定是个特殊的日子，这是社会工作首次介入特大地震灾害服务。自此，社会工作实务发展迅速，这一领域已经成为研究热点和新的学术关注点。时至今日已过去了六年多，实务经验从无到有积累了不少，但理论反思与本土化总结却非常缺乏。为了使这几年的宝贵经验能够深远影响政府、实务界和理论界，有必要对灾害服务过程中繁琐复杂

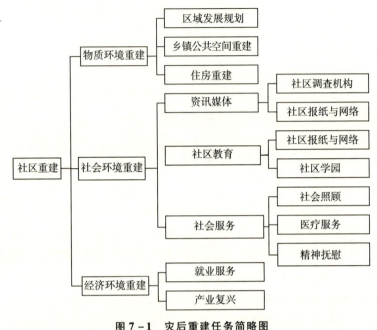

图 7-1 灾后重建任务简略图

的实务表象进行系统性反思。

本书在前面已经对灾害社会工作自身可持续发展的根本保障、不同服务对象及其需求、社会工作介入方式方法、灾害救援经验及面临的挑战和应对措施以及社会工作灾害救援可持续发展的体制和机制等进行了论述，这些不仅是灾害救援社会工作自身发展的基础和依据，也是灾害社会工作研究的核心内容①。同时，本书通过对灾害社会工作角色介入、实务介入和组织策略的研究，初步呈现灾害社会工作的一般特点、性质、方法和实务程序，在此基础上对灾害社会工作进行了有益的理论和实务探讨。

虽然汶川大地震后灾害社会工作得到了迅速发展，较为充分地发挥了恢复、预防和发展的功能，但作为一个新事物，它仍处于初步发展的阶段，还存在许多不足，日本、美国和我国台湾等

---

① 柴定红、周琴：《我国灾害救援社会工作研究的现状及反思》，《江西社会科学》2013年第3期。

国家与地区的经验表明了这一点。灾害社会工作的组织困境主要表现为从非持续性向持续性、从职业质疑向社会认同、从非专业性向专业性、从社会主流观向原住民在地观转变等问题，灾害社会工作的服务困境则有从边做边学向专业培训、从非均衡性向均衡性、从恢复重建向发展预防、从受灾群体向弱势群体转变等问题，而灾害社会工作的制度困境主要包括从制度排斥向制度接纳、从平稳机制缺乏向民非企业建构、从监督缺乏向服务评估、从社会救助向公平政策转变等问题。灾害社会工作发展需要考虑的是嵌入发展还是自主发展优先、是经济增长还是永续社区优先、是外在嵌入还是在地深耕优先等问题，以及在此基础如何逐步走上"政府让渡空间、专业自主发展"的健康发展轨道，同时推动社区重建迈向"永续社区"发展。社会工作介入灾害服务成功的标志是外地社工撤离后介入效果仍然能够长期持续，当地居民能自主推进社区有序发展。在本书的最后，希望通过对整个研究进行总结，归纳灾害社会工作的一些重要结论，进一步明确灾害社会工作中应值得深思的几个重要问题及观点。

第一节　灾害社会工作组织困境与反思

一　从"功利性"向"非营利性"转变

虽然社工组织投入灾后重建服务应该受到肯定，然而，当我们从更为理性的角度去审视时，却发现投入重建工作的社工组织各有各的动机，一些组织是受到组织使命感和社会责任心驱使，但也不排除一些组织是为了取得组织发展所需的资源，社工组织最容易被诟病的地方就是财务收支状况，社区灾民会怀疑社工组织进入社区的动机，以为是想承包工程或是取得不当利益。还有一些社会工作团体和社会工作者是为了搞研究，在助人过程中进行社会工作研究对推动社会工作发展有重要意义本无可厚非，但如果从一开始就带着功利主义色彩介入则失之偏颇，这将使社会工作功能与作用发挥大打折扣，在此动机下产生的行为方式也难免存在偏差。此外，一些学者和社会人士也常常批评社会工作沦为地方政府的功利性工具，在灾害发生时让社会工作人员去发放福利金，从而让民众觉得地方政府在关心他们。社工组织虽然接受了政府的资源和委托，进行社会政策倡导，但很多情况下也会出于功利心而不为弱势群体争取合法权益。

二　从"非持续性"向"持续性"转变

灾害社会工作服务模式一般有援建式和项目制两种类型，二者都具有短期性特点。项目制服务大多是三年左右的短期性行为，虽然提供了部分经费保障，但项目期满结束后，服务对象的问题不一定能够解决。同时，社工也是根据服务项目来开展工作的，往往随着项目结束或社工机构撤离而撤离，但许多服务如心理康复需要社工的长期服务。大多数社工机构的服务也是临时性的，往往缺乏详细的计划。此外，社会资源基本流向政府部门或者红十字会系统，许多在一线服务的社工机构无法获得支持，常常面临经费短缺难以为继的局面，甚至许多执行中的项目也出现了"断炊"和"休克"现象[1]。尤其是过了紧急救援期，许多自发性组织因为完成阶段性任务或其他因素撤离灾区，居民的热情也会随着社工的离去而冷淡下来，又重新回到"等""靠""要"旧有的生活模式中[2]。因此，委托项目完成后或者灾后重建结束后如何提供持续性服务，如何避免成为紧急救援时的"匆匆过客"，这是社工组织面临的一个重要问题。

---

[1]　韦克难、黄玉浓、张琼文：《汶川地震灾后社会工作介入模式探讨》，《社会工作》2013 年第 1 期。
[2]　马云馨：《灾害社会工作的本土实践：一种优势视角的分析——基于汶川县大同社会工作服务站的调查》，中国社会科学院研究生院硕士专业学位论文，2012。

三 从"职业质疑"向"社会认同"转变

灾害不仅会在物质层面造成重大损失，还会在精神和心理层面造成危机，灾民迫切需要心理服务，即便如此在灾区也出现了"防火、防盗、防心理医生"的现象，更何况更加陌生的社工，民众知之甚少，就连灾害管理人员、基层兼职人员和相关工作人员都普遍缺乏认识。因此，社工机构往往面临着"什么是社会工作，社工会干什么，能干什么"的质疑。对社工而言，由于缺乏相关理论知识及实务经验，再加上培训不足和针对性不强，组织自我增能和树立良好形象往往成为最大的难点。一些社工机构也没有在当地民政部门注册，导致社工组织的合法性、生存空间和社会认同非常缺乏。因此，对于社工机构而言，通过与政府和社会建立良好的合作关系，取得政府认同和社会资源支持是组织生存和发展的关键①。对于政府而言，给予那些在灾害救助过程中配合程度较高和服务成效较明显的社工机构表彰或奖励，就等于直接或间接帮助其获得了"合法性"身份。

四 从"非专业性"向"专业性"转变

在开展灾害服务时，社工组织普遍存在着专业性不足的问题：首先，专业人员缺乏。一方面社工机构聘用的员工大多学历不高，而且多数是非社工专业人员。此外，受制于薪酬、发展空间和职业规划等因素，也经常出现"留不住人"或者"留得住人，但留不住心"的现象，导致社工专业性难以保障。其次，专业服务方法缺乏。目前社工主要以直接或初级服务为主，但由于实践技巧不足服务很难深入。从服务实践来看，社工主要在增权和辅导两方面介入，而对于救助、照料和维权能发挥的作用相当有限。再次，从服务方法使用来看，社工往往不能灵活运用个案工作、小

① Singh，J. V.，et al.（eds.）Organizational Legitimacy and the Liability of Newness，*Administrative Science Quarterly*，1986，31：93－171.

组工作、社区工作等方法，一些社工怀揣"拯救"热情而来，却发现自己无力改变而产生了强烈的挫折感，专业服务变成了"个人挣扎"。最后，专业督导缺乏。社工督导主要有四种类型，即管理督导、训练督导、咨询督导和教师督导，一线社工非常需要训练督导、管理督导和咨询督导定期或不定期进行指导，但这些方面的督导往往比较缺乏（见图7-2）。就形式而言，有个人督导和团体督导两种形式，由于许多督导身兼数职，很难达到一对一督导，大多只能以团体督导形式进行，而且是书面反思和电话交流等间接形式，因而严重影响了督导效果。

图7-2　灾害社会工作中督导、社工、机构与政策倡导的关系

五　从"社会主流观"向"原住民在地观"转变

在灾害社会服务中，社会工作者往往以主流社会长期对原住民所建构的价值观为基础，进而形成了以"技巧为本、割裂的和修修补补"的实务特点。由于没有深入了解原住民既有的社会文化脉络和长期处于社会弱势地位的现实，重建规划无法与原住民生活需求及村落文化契合，也无法满足社区可持续发展的需求。而且受灾地区多属于偏远山区再加上村民根深蒂固的土地认同，他们往往不愿"离土又离乡"，在实践中推行机构安置和住房安置存在着许多困难。因此，在原住民原有生活形态与功能瓦解后，社工机构要善于运用原住民最熟悉的在地资源与实务模式才能有效开展工作。同时，社工需要借助在地组织推动生活重建以避免原住民在混乱中还要适应不习惯的服务模式。对于社工组织而言，如果不全面了解原住民的文化及生活习惯，良好的服务愿景反而给灾民生活带来更大困扰，因此在灾害服务面向与执行面向都需

要从"社会主流观"向"原住民在地观"转变。

六　从"日常管理"向"危机管理"转变

灾害社会工作对社工提出了特殊的危机管理要求，这在四川汶川特大地震中得到了很好的印证。但是，社工是否能达到这一要求非常值得怀疑。事实上目前社工普遍危机管理与服务意识淡薄，他们对行业发展和组织危机管理关注度低。虽然灾害社会工作受到政府和社会的一时重视，但这种势头能够维持多久，政府和社会的耐心能有多大，这些都需要社工机构管理者深思。社工机构只有通过加强危机管理意识，才能有效应对组织生存与发展问题。社会工作本身也具有预防的功能，社工不仅需要解决灾害服务过程中的服务危机问题，也需要重视组织发展的危机问题，在此基础上采取预防措施有效化解危机的发生和降低灾害冲击程度。社会工作的预防功能主要通过预警和应变来实现，通过强化个人风险管理意识、加强风险管理及强化社会支持进行有效应对，但是社工机构管理者大多没有接受过系统的危机管理培训，只能依靠港澳台地区的督导来加强相关方面的学习，无法有效为社工进入灾害管理领域做好准备。因此，社工机构需要根据专业特质提高救灾能力和风险管理水平，使之能在灾前预防、灾中应急及灾后重建中发挥重要作用。尤其在灾害预防阶段，社工机构应做好各种危机管理工作，以便日后能够有效应对突发性灾害。同时，在危机管理过程中，社工机构也需要将专业服务力量整合起来，不同组织的零散行动很难达到共同预防危机的效果。

第二节　灾害社会工作服务困境与反思

一　从"狭义灾民"向"广义灾民"转变

如何正确认识灾害受创问题，如何正确确定服务对象及服务范围，这是社工组织在参与灾后重建过程中必须高度关注的问题。不论日本还是我国台湾地区对于"受灾户"一般都是以房屋全倒、半倒的方式来认定，以家中有罹难者或因灾致残者为主要受灾民众，这种基于社会救助观念的认定也容易被广泛使用在社工组织重建服务规划中。社会学家埃里克森将创伤分为个人创伤及集体创伤（collective trauma）两种类型，集体创伤被定义为破坏人们彼此的维系而使社会基本生活受到打击，进而破坏社区的共同体感觉。从这个意义上来说，"受灾户"并不仅仅包括"个人创伤"，还包括"集体创伤"，整个地区的居民其实都是受创者。因此，如果社工组织将服务对象仅仅局限于有"个人创伤"的灾民，就会显得过于狭隘了，容易造成灾民被污名化（或被标签化）（stigmatized），不但不能有效帮助灾民完成灾后重建，反而会造成新的心理创伤，这是社工组织在参与过程中特别要注意的问题。

二 从"广义灾民"向"弱势群体"转变

在灾后重建阶段，灾区和灾民的基本需求得到了满足，个性化和差异性需求则逐渐占据了主导地位，同时一些长期性、内隐性社会矛盾开始显现，因此，社会工作的服务对象需要由"广义灾民"向"弱势群体"转变。社工本来也是以弱势群体服务为主，弱势不仅指经济和政治方面的弱势，也指缺乏资源、获得资源的机会不足、生活处境恶劣、应付外界的冲击能力弱和抗逆力差等，弱势群体主要包括儿童、青少年、老年人、残障人士及单亲家庭等①。在灾害服务过程中，所有受灾群体都应被作为广义上的弱势群体纳入服务范围，以便接受危机介入、心理疏导、关系重建和秩序恢复等专业服务。但社工往往只能照顾少部分人，真正教育程度低或者没有能力为自己争取合法权益的弱势群体常常被忽略。同时，社工应减弱灾民的受害者心理，通过增权使其避免污名化处境，减少其在社会结构中弱势地位所造成的"习得的无助"，李

---

① 谭祖雪：《灾后重建社会工作的转变与升级》，《中国减灾》2012年第6期。

（Lee）因此指出在灾害服务过程中社工是弱势群体的工作伙伴，能够唤醒灾民意识、采取行动并反思实践①。

三　从"边做边学"向"专业培训"转变

大陆社会工作者参与灾后重建还属于新现象，由于平日缺乏相关训练，在时间紧迫和救援压力大的情况下基本处于"边做边学、边学边做"和"摸着石头过河"的状况，虽然精神可嘉，但不利于灾区服务质量的提升，甚至有可能伤害到服务对象。而且，许多草根性社工组织擅长的是小规模和区域性的救援行为，如果遇到范围较广的灾害发生则会在救援技术和行为策略上产生困难，从而影响救援效果。因此，社工机构需要通过召开经验交流会和培训等方式提高资源动员能力、项目管理能力和自我经营能力，同时，外地社工需要通过组织培训、开展交流和建立督导体系等活动"传、帮、带"培养在地社工，形成灾区自我发展和自我培养的专业人力资源体系。此外，由于基层灾害救助人员数量多、分布广和没有接受过系统的培训等，灾区需要培养一批服务意识好、协调能力强和有一技之长的基层管理人员。

四　从"非均衡性"向"均衡性"转变

服务非均衡性首先表现为组织分布不均衡，社工组织分布应与地区人口成正比，但由于政府与社工组织之间、组织与组织之间及组织内部缺乏协调，以及微观行动领域中无序的、充满策略性的和交互行动产生的合作困境②，组织之间各自为政、缺乏联系和重复服务等情形出现，罗巴德斯（Robards）等学者因此强调在

① Lee, J. A., *The Empowerment Approach to Social Work Practice*, New York: Columbia University Press, 1994.
② 谭祖雪、周炎炎、邓拥军：《我国灾害社会工作的发展现状、问题及对策研究——以"5.12"汶川地震为例》，《重庆工商大学学报》（社会科学版）2011年第6期。

灾害服务过程中应澄清和强调不同组织之间协作的重要性①。其次是社工分布不均衡，由于缺乏制度安排、组织依靠及沟通渠道等，部分社工以志愿者身份单枪匹马进入灾区寻找服务资源和服务对象，出现由帮忙到添乱、由专业救援人员变成被救援对象、由社会资源援助者变成挤占地方有限资源者等"无组织无秩序"现象。再次是服务地域不均衡，社会工作服务大多集中在重灾区，特别是人员伤亡、房屋损毁严重的地区及媒体频繁报道的所谓"明星灾区"，非重灾区和非明星灾区则出现了无人问津的现象。最后是服务对象的不均衡，在实践中社工服务对象以丧亲人员、康复人员、青少年、儿童、老人和妇女等特殊群体/弱势群体为主并辐射延伸到其家庭及所在社区，而其他普通灾民则很少得到应有的服务。

五 从"恢复重建"向"发展预防"转变

在紧急救援和过渡安置阶段，面对灾区民众"生计归零"的现实，社会工作的主要任务就是危机创伤干预、灾民情绪安抚、灾区秩序维护和灾民心理疏导等，主要目的是恢复社区居民的生活和生产能力。当紧急救助结束后，灾区主要的需求就变为能力建设、发展性需求和灾害预防需求，包括灾民心理康复、特殊群体照顾、生计发展、人与环境关系修复、社会关系重生、生活品质提高、减灾防灾、社区关系重建、社会秩序恢复、社区可持续发展、民众自助与互助等，工作重心逐步从短期、非常态、救助型模式向长期、常态化和发展预防模式转变。根据香港和台湾等地社会工作的服务经验，即使灾区重建过程基本结束，专业社会工作发展预防服务仍然是灾区非常需要的，这也是灾后社区永续发展的关键。但目前，社会工作恢复重建功能较为突出，发展预

---

① Robards, K. J. , Gillespie, D. F. , & Murty, S. A. , "Clarifying Coordination for Disaster Planning. " In M. J. Zakour (ed.), *Disaster and Traumatic Stress Research and Intervenetion*, New Orleans, LA: Tulane Studies in Social Welfare, 2000: 41 – 60.

防功能则明显不足。

第三节　灾害社会工作制度困境与反思

一　从"制度排斥"向"制度接纳"转变

由于社会工作没有被纳入灾害救助体系和重建规划制度内，导致社工介入身份不明、信任度低和服务绩效难以彰显，因此，将社会工作纳入灾害救助制度体系内就成为迫切需要[①]。首先需要建立社会工作介入灾害服务机制和可操作性介入机制，包括社工机构准入制度、监管机制、协调机制、信息共享机制、激励机制和评价机制等[②]。其次需要明确规定非营利组织和志愿团体及相关专业人员在灾害服务领域中的责任、使命、地位、角色和权利等。各灾区也需要结合实际设立专门的社会工作服务管理机构，如社会工作办公室等，统一管理灾区社会工作事务及搭建社会工作者交流平台。最后，建立社会资金输入为主和政府财政投入为辅的经费保障体系，通过政策性整体规划以及经费补助策略或购买服务契约促使服务合理化和持续化，促使社工组织与政府部门之间形成伙伴关系。

二　从"平稳机制缺乏"向"民非企业建构"转变

随着国家救灾任务的结束，灾区进入了漫长的社区恢复重建阶段，留住一支专业的社工队伍则成为重中之重，但现实往往是在最困难的紧急救援阶段表现优秀的社工却在重建"平稳过渡"阶段流失了。因此，只有成立具有独立法人资格的在地民办非企业机构才能留得住社会工作者。这几年来，灾区涌现了一些管理

---

① 柴定红、周琴：《我国灾害救援社会工作研究的现状及反思》，《江西社会科学》2013 年第 3 期。

② 谭祖雪、杨世箐、张江龙：《社会工作介入灾害救援机制研究——以 5.12 汶川大地震为例》，《天府新论》2011 年第 2 期。

规范、作用明显的民办社工机构，如 2011 年 1 月中国社工教育协会和中国青基会联合在广元市利州区成立的"希望社工服务中心"，2011 年 4 月在成都市民政局登记注册的"心家园社会工作服务中心"，安县政府与中国红十字会和南都基金会等社会组织合作成立的"红十字社工服务中心"等，这些在地职业机构的成立，推动了灾害服务的持续开展。因此，政府需要积极推动社会管理和公共服务方式创新，放宽社工机构准入条件，适当降低登记门槛，简化登记程序，充分调动社会力量兴办民办社工机构的积极性[①]。

三 从"监督缺乏"向"服务评估"转变

目前灾害社会工作的职业化起步不久，职业监督机制、评估机制和退出机制还没有完全建立，导致分工不明、责任主体缺位、资金监管失灵、服务质量不高和效果不明等问题，在灾民中造成了一些负面影响。因此，服务评估机制的建立有利于规范和加强社会工作服务。政府需要建立灾害服务质量评估体系，因为政府既是政策制定者、计划执行者、资源援助者和项目审查者，同时也是服务质量与效果的鉴定者，需定期和不定期开展服务评估来规范行业发展（见图 7-3）。同时，还需要建立灾区社会工作者协会，以便在灾害社会工作救援培训、标准建设、部门协调、社工考核、资格认证、行业规范、注册管理、评估监督、社会保障、岗位配置和物资管理等方面肩负起促进专业成长和发展的责任。此外，还需要组织具有深厚理论造诣的专家学者和经验丰富的实务工作者，针对丧亲人员、伤残人士、老年人、儿童及被迫迁移群体等重点服务对象制定各项服务规范和服务标准，以更好地指导和促进灾区社会工作的开展。

---

① 边慧敏、林胜冰、邓湘树：《灾害社会工作：现状、问题与对策——基于汶川地震灾区社会工作服务开展情况的调查》，《中国行政管理》2011 年第 12 期。

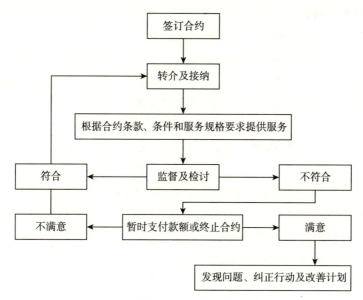

图 7 – 3　灾害社会工作服务质量监督流程

四　从"社会救助"向"公平政策"转变

与灾民一起争取合法权益并进行社会政策倡导，是灾害社会工作的基本价值观和伦理要求，但是大部分社工机构为了接受政府项目委托和资助或者为了组织利益而不去为弱势群体争取合法权益。在灾害中受灾最深最严重的群体都是弱势群体，如穷人、妇女、老人、儿童与少数民族等，卡特（Cutter）在"卡特丽娜"飓风研究中发现，新奥尔良市灾民脆弱性程度与阶级和种族高度相关①，博林（Bolin）认为由于阶级、族群与性别等灾前社会不平等因素的存在，同一地区的个人与家庭受灾风险呈现不平等现象②，这种不平等在灾后会进一步恶化，易于受灾的弱势群体将更

① Cutter, S. L., et al., The Long Road Home: Race, Class, and Recovery from Hurricane Katrina, *Environment*, 2006, 48 (2): 8 – 20.

② Bolin, B., Race, Class, Ethnicity, and Disaster Vulnerability, in Rodriguez, H. E. L. et al., (eds.), *Handbook of Disaster Research*, NY: Springer, 2007: 113 – 129.

加弱势。而且，灾后重建资源分配在本质上具有很大的主观判断成分，政府分配决策的正当性（legitimacy）往往成为大众瞩目的焦点和质疑的对象。因此，社会工作者不能仅对受灾户进行补偿救助，还需要倡导改善社会不平等及促进公平分配机制的建立，从而获得灾民、捐助者和全国民众的认同。

第四节　反思启示与实务完善

近年来，随着人类活动日益频繁，不同灾种和复合型灾害已经成为新趋势和社会常态，进一步增加了灾害社会服务的复杂性和艰巨性。国内外经验表明，如果一个国家的灾害服务机制不完善，应对灾害出现重大失误，就有可能引发灾区社会动乱，甚至影响整个国家稳定。因此，反思灾害社会工作对于推动我国灾害服务发展具有非常重要的借鉴意义。在前述反思的基础上，本章强调还需要进一步思考几个问题。

一　"嵌入发展"还是"自主发展"

社工组织大多通过政府对口援建或基金会资助等方式"嵌入"服务，同时帮助灾区政府有效回应灾民需求而主动嵌入政府体制内。这虽然获得了政府认同与资源支持，但也影响了专业独立性和服务成效，如果不及时进行纠偏，社工组织容易成为又一个民政派出机构。而且，在"举国救灾"结束后灾区转入漫长的灾后重建阶段，社工需要发挥专业优势，秉持"弱势优先、公平公正"的专业理念，审慎评估居民需求及确定服务出发点，而不是为了专业一时的发展强迫自己一味迎合政府的要求。灾害社会工作需要走上"政府让渡空间、专业自主发展"的健康轨道，从微观层面推动个人、家庭和社会群体摆脱灾难困境，同时通过个人、群体和社区生活环境的改变去推动宏观社会政策、社会结构乃至全球生态政治的转变。

二　"经济增长"还是"永续社区"

社工在推动灾后重建过程中往往将社区经济（生计）作为突破口，这虽然推动了经济跨越式发展，但忽视了人与人、人与自然关系的重生，也没有深刻反省灾前不可持续的发展模式，导致社区民众生计、生态和社会文化之间出现"新陈代谢断裂"及"人与环境相互侵害"现象的产生。因此，灾后重建需要在"与灾害共存"、"预防胜于治疗"、"与水共存"（Living with Water）、"还地于河"（Room for the River）及"为水留下空间"（Making Space for Water）等新理念下尊重和顺应自然规律才能获得永续发展。如果灾后重建破坏了人与自然的关系，可能会带来另一场生态灾难。因此，社工在推动民众生计发展的同时，更需要推动社区公共参与、社会互助和生态恢复，从而迈向"天人合一"和"永续发展"。此外，社工还需要以"社区减灾"为目标提高社区的灾害复原能力，并且加强社区能力建设，建构以社区为本的灾害管理模式，从而实现"永续社区"的发展目标。

三　"外在嵌入"还是"在地深耕"

外地社工无法在灾区提供长期深耕服务，常常出现外地社工一撤离，各项工作就停顿的局面，而社会工作介入成功的标志恰恰是外地社工撤离后介入效果仍然能够长期持续，当地居民可以自主推进社区发展。首先，社工要以"在地人服务在地人"为理念。在偏远地区，由于外地社工不熟悉地方资源，往往一个早上才能访问一个案主，作用不及在地社工。以受灾女性为例，她们大多是长期居住在当地的居民，拥有丰富的在地知识，如果她们能够灵活、有效地运用地方知识对灾民进行心灵抚慰和伤亡陪伴，就能胜任扮演照顾者、支持者和整合者的角色，因此，考克斯（Cox）认为社会工作者要善于运用灾区女性的当地者知识

（insider knowledge）①。其次，社工要促进在地组织的发展。在四川
大地震中，灾区内已经产生了一批在地社工机构，它们越来越被
地方政府和民众认同。最后，外地社工需要由原来的直接服务者
角色逐渐转化为间接服务者、支持者和咨询者角色，在服务后期，
外地社工要逐渐将工作重心转移到对在地社工培训与督导、项目
扶持及机构培育等间接服务上来②。

四 "服务过度"还是"关怀适中"

随着恢复重建时间的推移，有关灾区的报道会越来越少，从
而出现从"报道过度"到"报道遗忘"的局面，因此，在后期服
务过程中媒体需要加强报道救援者和灾后重建事迹。与此同时，
社工也需要注意"关心过度""满足过度"及"哀伤辅导过度"
现象，机构需要制作相关的宣传册进行服务培训，使各界人士共
同关注这一现象所带来的负面影响。首先，灾民的正常生活和工
作会因此受到严重干扰，社工也只能机械地完成专业要求和既定
服务目标，往往只关注自身发展和专业服务开展而忽略了灾民的
实际需求。其次，"过度服务"虽然力图将专业发展、行业规范和
专业服务等连接起来，但这也可能导致专业服务向"非专业服务"
或"半专业服务"滑落。再次，会造成社会服务角色混乱和专业
服务模糊，社工可能扮演了"照顾者"和"协调者"的角色，但
其他专业性角色会被遗忘与抛弃，使得社工的服务与其他机构甚
至普通民众的服务并没有太大差别，从而导致专业自主性发展缺
乏和服务边缘化的产生。最后，这会占用本来就有限的人力资源，
挤占行业生存与发展的空间。灾区内本来就缺乏专业服务人员，
同时，每个案主也不一定都需要专业人员全面而深入的帮助，因

① Cox, H. , Women in Bushfire Territory In E. Enarson & B. H. Morrow (eds.) *The Gendered Terrain of Disaster. Through Women's Eyes.* , Westport, CT: Praeger Publishers, 1998: 133 - 142.
② 杨发祥、何雪松：《灾后社会重建中的社工介入：理念、目标与方法——基于四川省都江堰 Q 安置点的实证研究》，《甘肃社会科学》2010 年第 3 期。

此，过度服务问题需要高度关注，社工在服务过程中需要保持高度警惕。此外，社工需要对服务角色、职能和服务技巧进行更多的讨论和反思，通过积累经验和提升服务技巧等途径来应对过度服务困局。

五 "原子化介入"还是"服务对接"

从"5.12"汶川大地震和雅安地震等灾害服务经验来看，社会工作"原子化"介入即是一种各自为政、匆忙进入的介入，这会导致介入交叉和重复浪费等现象出现，进而影响服务效率和服务效果的彰显。社工在灾害服务过程中扮演着社会福利推动者与输送者的角色，也是社会正义和公平的最佳守护者。因此，社工机构需要整合各种社会资源，同时借助各种外在或内在的修复手段，促使社会逐步恢复自我组织能力。社工需要通过摸清需求、编制项目、确定领域、发布信息、协调对接和协同落地等方法强化项目服务能力以及服务对接力度，尤其需要在服务资金、教育培训、医疗卫生和就业创业等领域推动服务对接。同时，灾后重建是一个长期的、延续的过程，而社会工作是一种新的服务方式和工作模式，这种新的方式或模式能否与之很好地契合是一个重要问题。社工服务并不是忽视现有社会资源另起炉灶或者重新开始，而是在充分挖掘和整合现有资源的基础上积极主动地向专业化和职业化服务转型，从而在灾区内现有资源与灾区外新增社会服务资源对接的基础上实现有序、理性的介入。

总之，这些年，灾害社会工作在灾后服务中取得了明显效果，社会工作专业也得到快速发展。一些社工机构由最初的被质疑、不被认可，最终得到政府与群众的一致肯定，社工用真心与专业精神换来了灾区的新生。因此，虽然社工组织参加灾后重建必然会受到自身的局限，但是社工组织的参与能使受灾社区、受灾居民及民间社会更积极地参与到灾后重建工作中来，齐心协力应对灾后重建的各种挑战，降低灾民所面对问题的严重程度，其重要性毋庸置疑。对于社工组织而言，如果能为灾民提供及时而全面的灾后重建服务，彰显组织优势，规避或弥补组织缺陷及不足，不仅可成为灾民可信赖和可依托的重要的社会资源，也可以将灾后重建困境化为组织发展的契机，化为非营利组织兴起的重大转机。本书最后强调只有深入反思四川大地震以来实务发展的经验，才能有效建立起多层次、本土化的、有中国特色和行之有效的灾害社会工作服务体系，这不仅对于推进大陆相关实务发展和理论研究具有极为重要的意义，也有利于最终实现"灾害损失最小化"的战略目标。

后 记

自从 2007 年灾害社会工作课题立项以来，历时七年多才将这一成果以专著形式整理出来，我有种如释重负的感觉。拙著虽然存在许多不足，但我已经尽力了，它不仅是我这些年对这一领域的经验总结与理论反思的结晶，也融进了学院领导、专家学者、同事、课题组成员、师兄弟及亲人的期望、关心和支持，我想对他们表示衷心的感谢。

我首先要感谢广州大学公共管理学院的支持，能够来这里工作是我的荣幸，从最初的胡潇院长，到后来的卢汉桥院长及现在的陈潭院长都给予我许多的学术关心，他们不仅在学理上经常启发我，同时也创造了宽松与愉快的研究环境。学院书记谢俊贵教授更是给我长期鼓励和大力支持，由于我们都从事灾害社会学方面的研究，因此在思想上有许多交集，我们经常进行热烈的讨论，从中受益良多。刘雪明副院长、谢建社副院长、王枫云副院长、甘建强副书记也提供了许多便利与关心，一并表示感谢。

由于这些年一直从事灾害社会学研究，也因此认识了一批该领域的专家学者，他们也提供了各种形式的支持与帮助。广东工业大学刘静林教授经常给予我启发。刘教授领导的社工团队是最早赶赴四川灾区提供服务的专业组织之一，在实务和理论上取得了丰硕成果，她不仅无私分享自己的实务经验，而且从理论上帮助我厘清研究思路，破解研究困境。广东省委党校段华明教授在研究中不时点拨与提携，广东商学院社会学系郭景萍教授、华南师范大学蓝宇蕴教授曾在研究成果鉴定中给予了许多中肯意见，我的导师复旦大学范丽珠教授也是一如既往地指导和支持。南京大学童星教授是国内灾害社会科学研究的著名学者，也给予了我一些帮助与支持，我也经常拜读他的学术论文，在研究视角、研究方法和研究思想等方面获得了重要启发。自从 2007 年参加天津工业大学阎耀军教授隔年举办的社会学年会灾害社会学分论坛以来，我们便成了学术上的朋友，阎教授也非常关心和支持我的研究，我们进行了一些学术上的探讨与合作。此外，还有南京大学肖唐镖教授、张海波教授，中国社会科学院的张倩助理研究员、王晓毅研究员，华南师范大学的王建平教授和张兴杰院长，我也曾经当面请教他们或者拜读过他们的大作，受益匪浅。

我还要感谢我的课题组成员长期以来的合作，广州大学谢小平老师，西南交通大学程中兴副教授，广州大学方英副教授、王亮副教授、徐军辉副教授、罗忆源副教授、栾俪云副教授、刘念博士和袁渭锟老师等，他们为课题的顺利完成作出了重要贡献，也为我的专著最终付梓提供了坚实基础，广州大学公共管理学院社会学系的其他老师也给予了许多便利和帮助，在此不再一一赘述。我还要感谢所有在调查进入与资料获取方面为我提供方便的父老乡亲和一线社工，他们热情接待和尽力协助，没有他们的鼎力协助，这本专著是不可能完成的。

最后，我尤其要感谢我的爱妻谢小平，这些年来，她始终坚定地站在我身后，当我的好妻子与孩子的好母亲，承担了抚养孩子的重任，为我提供了一片宁静的港湾，使我能够静下心来专心做研究。还要感谢我可爱的女儿周雨茜，小家伙活泼可爱，每当我研究疲惫时，她的嬉戏欢闹使我立即忘却了辛苦，浑身充满无穷的活力。最后，我也要感谢我的父母亲、岳父岳母和其他家人，谢谢你们的支持。

我的灾害社会科学研究道路还很漫长，我定将一如既往地努力，永不停步，力争攀登学术高峰，将我的这本专著献给所有我衷心感谢的人！

周利敏

2014 年 3 月 29 日于广州大学城广州大学榕轩居室

索 引

图书在版编目（CIP）数据

灾害社会工作：介入机制及组织策略/周利敏著.—北京：社会科学文献出版社，2014.10
ISBN 978 - 7 - 5097 - 6134 - 2

Ⅰ.①灾…　Ⅱ.①周　Ⅲ.①救灾 - 社会工作 - 研究 - 中国
Ⅳ.①D632.5

中国版本图书馆 CIP 数据核字（2014）第 126496 号

灾害社会工作
——介入机制及组织策略

著　　者 / 周利敏

出 版 人 / 谢寿光
项目统筹 / 童根兴
责任编辑 / 谢蕊芬

出　　版 / 社会科学文献出版社·社会政法分社(010)59367156
　　　　　　地址：北京市北三环中路甲 29 号院华龙大厦　邮编：100029
　　　　　　网址：www.ssap.com.cn
发　　行 / 市场营销中心（010）59367081　59367090
　　　　　　读者服务中心（010）59367028
印　　装 / 三河市尚艺印装有限公司

规　　格 / 开本：787mm × 1092mm　1/20
　　　　　　印 张：15.8　字 数：272 千字
版　　次 / 2014 年 10 月第 1 版　2014 年 10 月第 1 次印刷
书　　号 / ISBN 978 - 7 - 5097 - 6134 - 2
定　　价 / 59.00 元

本书如有破损、缺页、装订错误，请与本社读者服务中心联系更换
▲ 版权所有 翻印必究